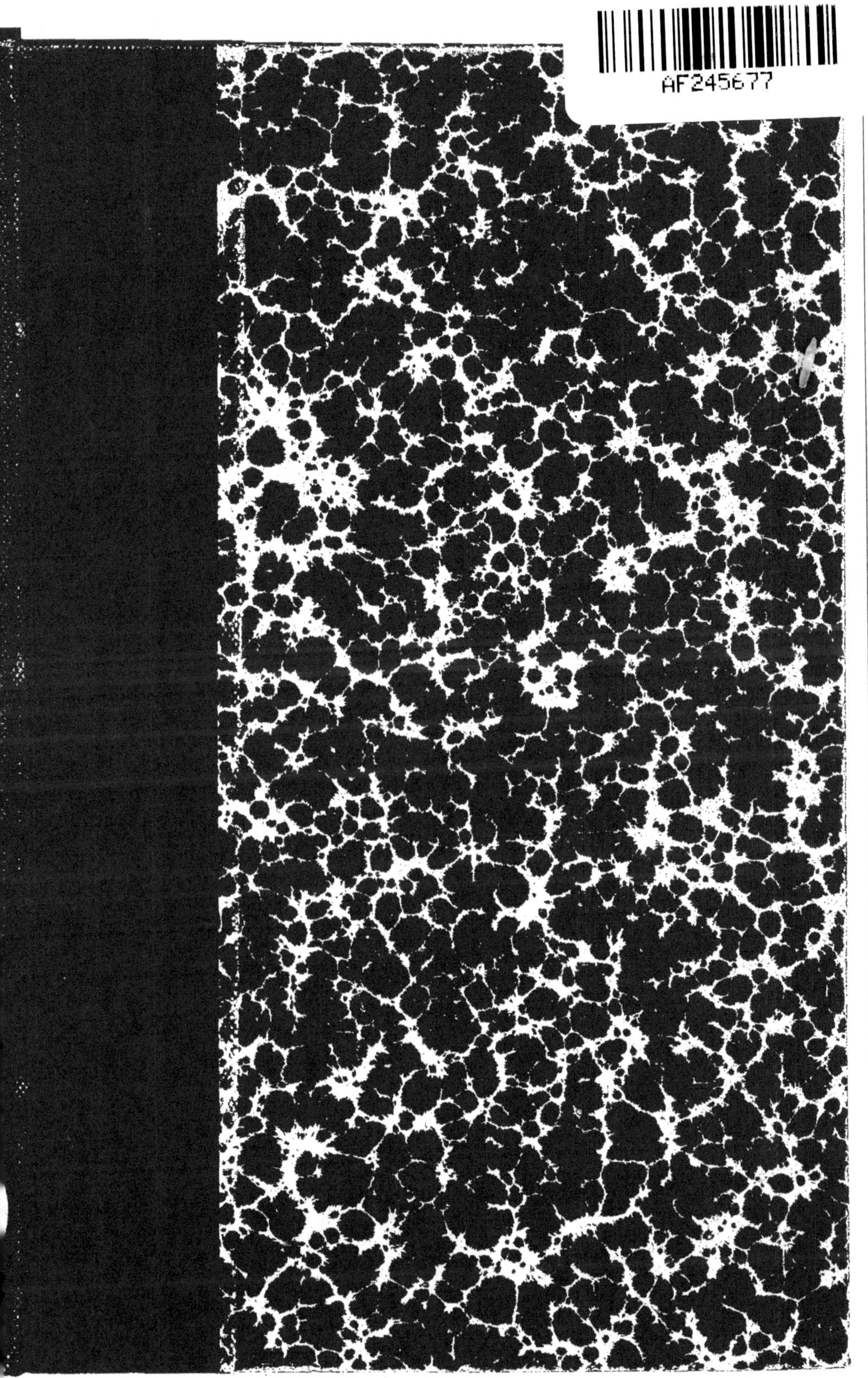

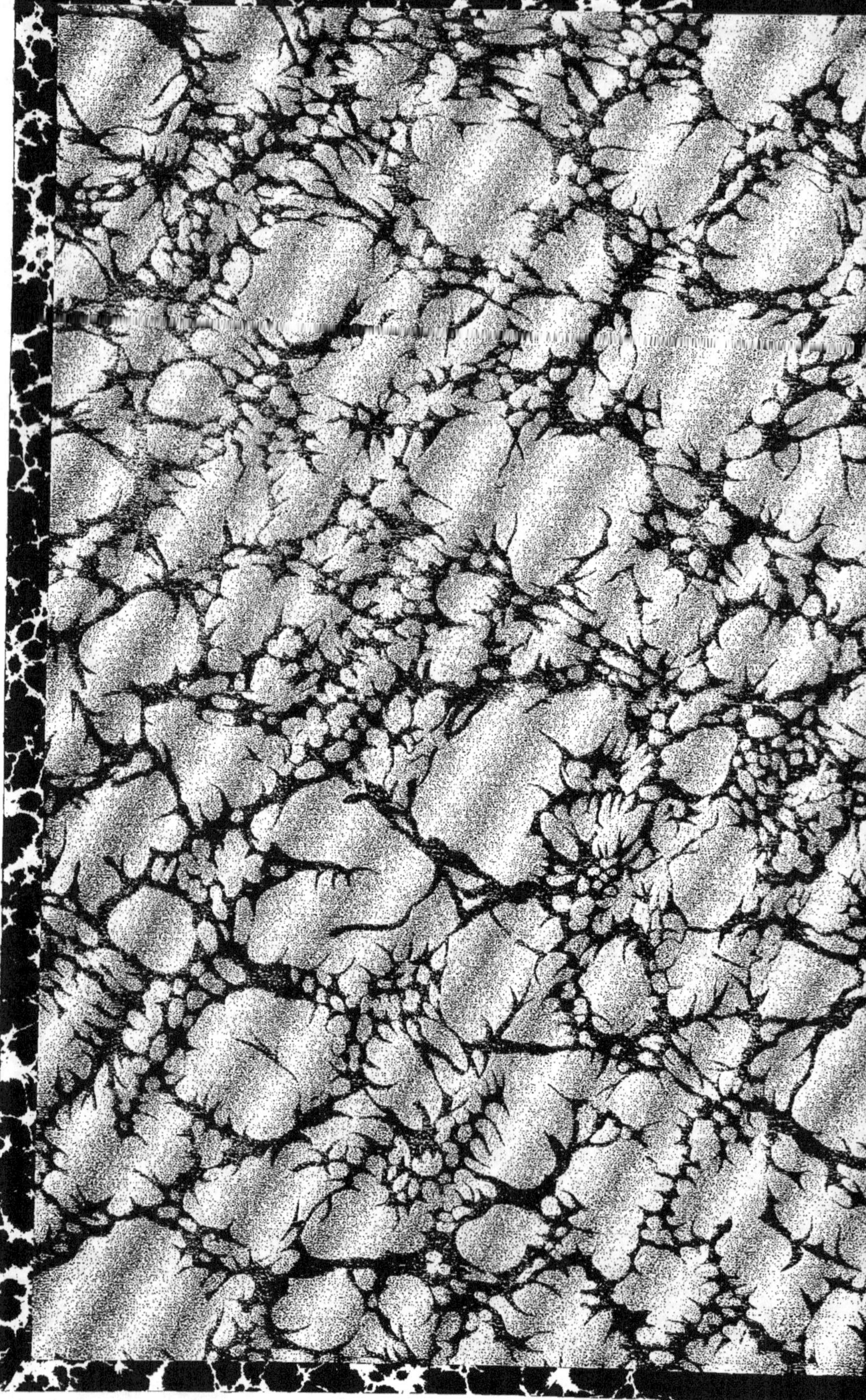

L'ÉGYPTE

SON AVENIR AGRICOLE ET FINANCIER

PARIS

TYPOGRAPHIE GEORGES CHAMEROT

19, RUE DES SAINTS-PÈRES, 19

L'ÉGYPTE

SON AVENIR AGRICOLE ET FINANCIER

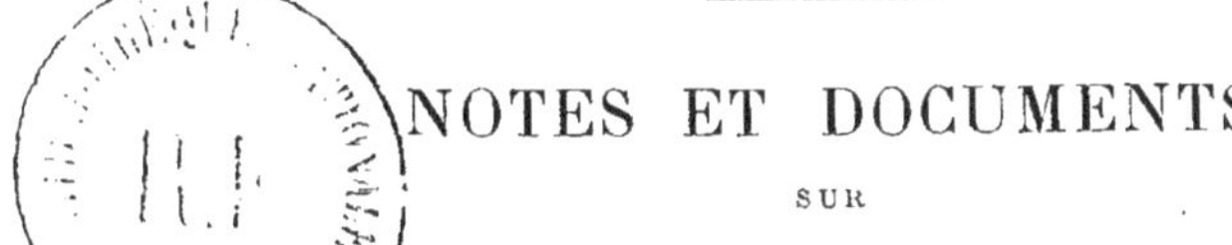

NOTES ET DOCUMENTS

SUR

LA RICHESSE ET LA FÉCONDITÉ DU SOL

SUIVIS

D'une nouvelle Étude sur les irrigations
avec description des travaux à faire et indication des moyens d'y parvenir
complétée par l'Exposé du projet de canal d'Ismaïlia à Port-Saïd
le Tewfickieh

PAR

FÉLIX PAPONOT

INGÉNIEUR

Pax et Labor.

PARIS

LIBRAIRIE POLYTECHNIQUE BAUDRY ET Cⁱᵉ, ÉDITEURS

15, RUE DES SAINTS-PÈRES, 15

1884

AVANT-PROPOS

A toute époque de son histoire, l'Égypte a pourvu à ses besoins, soit qu'elle ait été conquérante et dominatrice, soit qu'elle ait été elle-même conquise et soumise à son tour; l'abondance de ses produits, le courage de ses habitants, l'ont toujours placée au premier rang des nations. Elle a brillé par les arts et par les sciences et rayonné sur le monde par sa philosophie et sa dialectique source de lumière d'où semblaient venir la délivrance et la paix des hommes.

Aussi les yeux du monde étaient-ils fixés constamment sur ce beau pays, qui, en dehors de dons si précieux, joignait, par sa position géographique, celui d'être le chemin qui conduit à la riche Asie, berceau du genre humain.

Ces avantages l'ont ainsi indiquée à la convoitise de ses puissants voisins, Perses, Grecs, Romains et autres, qui se sont succédés au gré du Destin et qui tour à tour l'ont conquise dans le but d'utiliser et profiter pour eux mêmes des richesses et de la puissance que la possession d'un tel pays leur assurait.

Tous les historiens sont unanimes sur ce point,

comme ils le sont tous également pour reconnaître que la fécondité de son sol est due non seulement à son climat, mais aussi, et surtout, à son merveilleux fleuve *le Nil,* dont le parcours atteint jusqu'à 6,000 kilomètres, couvrant dès sa source et lors de ses débordements périodiques et annuels des espaces immenses sur lesquels il recueille les débris organiques les plus variés et les plus riches, principes fécondants qu'il tient en suspension et qu'il transporte dans son lit, *pour les déposer partout où la main de l'homme lui ouvre une issue et sait le diriger*. Telle est la principale base de la fertilité et de la fécondité proverbiale du sol :

L'aménagement des eaux.

L'ÉGYPTE

SON AVENIR AGRICOLE ET FINANCIER

DISSERTATION

SUR LA RICHESSE ET LA FÉCONDITÉ DU SOL ÉGYPTIEN

Hérodote, qui a parcouru l'Égypte environ 450 ans avant J.-C., et Strabon qui la visitait quatre siècles plus tard, nous ont donné, par la relation de leurs voyages, des renseignements précieux et dignes de fixer l'attention des siècles.

Ce qui apparaît d'abord dans leurs relations, c'est l'enthousiasme unanime qu'ils éprouvent et dont ils pénètrent le lecteur par la brillante description qu'ils font des beautés du climat, de la fécondité du sol et des abondantes récoltes qu'un peuple gai, doux et sobre, obtient par une distribution savamment combinée des eaux du grand fleuve fertilisateur, le Nil.

Après eux, Amrou-ben-el-Ass, conquérant de l'Égypte vers 638 de notre ère, écrivait au khalife Omar une lettre d'un style si coloré et si saisissant que nous ne pouvons résister au désir de la citer *in extenso :*

1

LETTRE D'AMROU-BEN-EL-ASS AU KHALIFE OMAR

« O prince des fidèles! peins-toi un désert aride et une
« campagne magnifique au milieu de deux montagnes
« dont l'une a la forme d'un monticule de sable et l'autre
« celle du ventre d'un cheval maigre ou bien du dos d'un
« chameau, telle est l'Égypte. Toutes ses production,
« toutes ses richesses, depuis Isoar jusqu'à Manoha (1),
« viennent d'un fleuve béni qui coule avec majesté au
« milieu d'elle; le moment de la crue et de la diminution
« de ses eaux est aussi régulier que le cours du Soleil
« et de la Lune; il y a un temps fixe où toutes les sour-
« ces de l'univers viennent payer à ce roi des fleuves le
« tribut auquel la Providence les a assujetties envers lui;
« alors les eaux augmentent, elles sortent de leur lit et
« elles couvrent la surface de l'Égypte pour y déposer un
« limon productif. Il n'y a plus de communication d'un
« village à l'autre que par le moyen de barques légères
« aussi nombreuses que les feuilles du palmier. Ensuite,
« lorsqu'arrive le moment où les eaux cessent d'être né-
« cessaires à la fertilisation du sol, ce fleuve docile rentre
« dans les bornes que le Destin lui a prescrites pour lais-
« ser recueillir les trésors qu'il a cachés, dans le sein de
« la terre.

« Un peuple protégé du ciel et qui, semblable à l'abeille,
« ne paraît destiné à travailler que pour les autres, sans
« profiter lui-même du fruit de ses peines et de ses
« sueurs, ouvre légèrement les entrailles de la terre et y
« dépose les semences dont il attend la prospérité de la
« bienfaisance [de cet Être suprême qui fait croître et

(1) Depuis Assouan jusqu'à Ghasa.

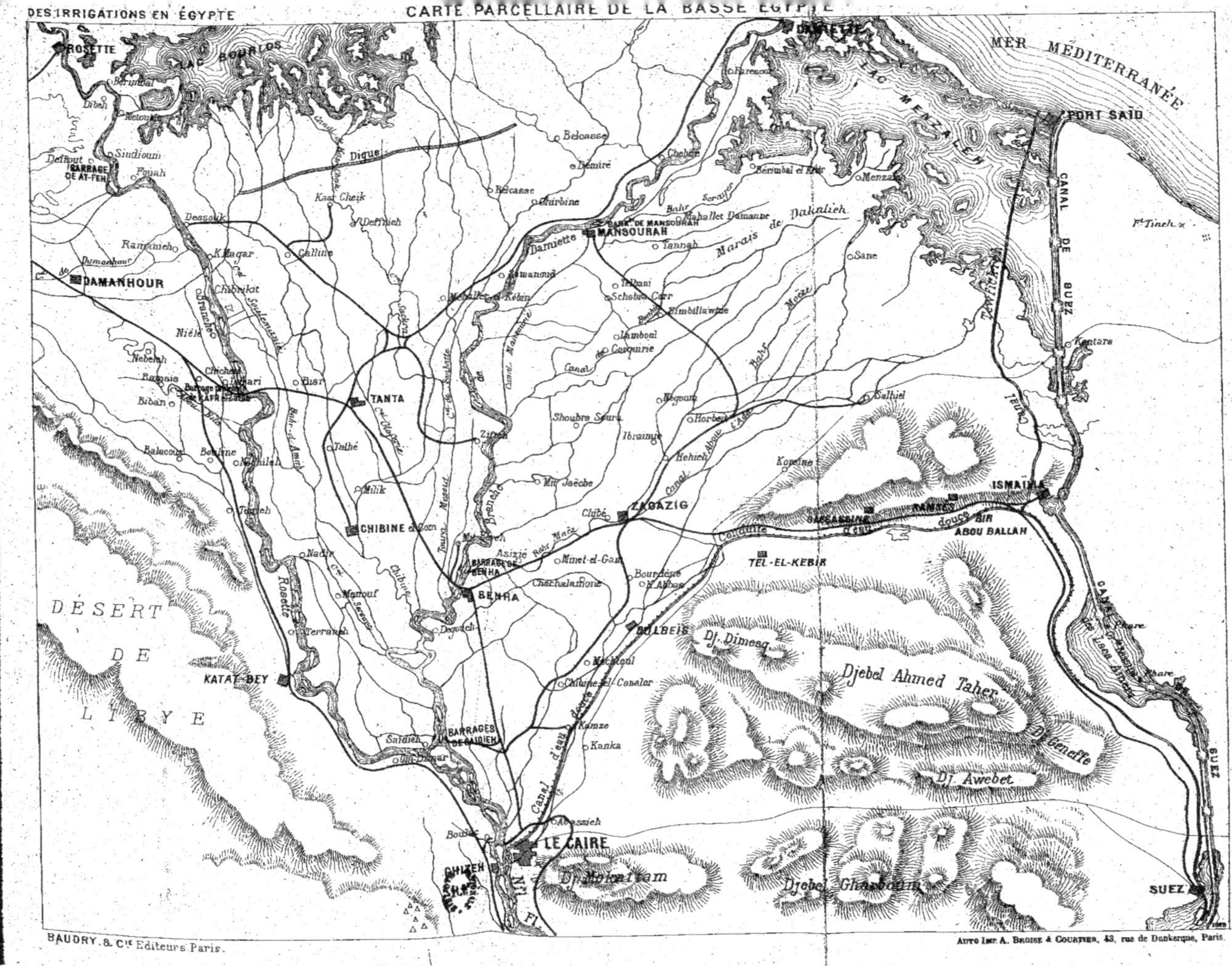

DES IRRIGATIONS EN ÉGYPTE
CARTE PARCELLAIRE DE LA BASSE ÉGYPTE
MER MÉDITERRANÉE
LAC BOURLOS
LAC MENZALEH
ROSETTE
PORT SAÏD
CANAL DE SUEZ
DAMIETTE
MANSOURAH
Marais de Dakalieh
DAMANHOUR
TANTA
ZAGAZIG
ISMAÏLIA
TEL-EL-KEBIR
CHIBINE el Com
BENHA
BILBEIS
Dj. Dimesq
Djebel Ahmed Taher
Dj. Beneffe
Dj. Awebet
KATAT-BEY
DÉSERT DE LIBYE
LE CAIRE
Dj. Mokattam
Djebel Gharbaun
SUEZ
ABOU BALLAH
BARRAGES DE DAIRIEH
BAUDRY & Cie Editeurs Paris.
Auto Imp. A. Broise & Courtier, 43, rue de Dunkerque, Paris.

« mûrir les moissons ; le germe se développe, la tige
« s'élève, son épi se forme par le secours d'une rosée
« bénigne qui supplée aux pluies et qui entretient le suc
« nourricier dont le sol est abreuvé.

« A la plus abondante des récoltes succède tout à coup
« la stérilité ; c'est ainsi que l'Égypte offre successive-
« ment, ô prince des fidèles ! l'image d'un désert aride et
« sablonneux, d'une plaine liquide et argentée, d'un ma-
« récage couvert d'un limon noir et épais, d'une plaine
« verte et ondoyante, d'un parterre semé de fleurs les
« plus variées et d'un vaste champ couvert de moissons
« jaunissantes.

« Béni soit à jamais le nom du créateur de tant de mer-
« veilles.

« Trois déterminations contribuent merveilleusement à
« la prospérité de l'Égypte et au bonheur de ses enfants.

« La première est de n'adopter aucun projet tendant à
« augmenter l'impôt ;

« La seconde, d'employer le tiers de ses revenus à
« l'augmentation et à l'entretien des canaux, des digues
« et des ponts ;

« La troisième, de ne lever l'impôt qu'en nature sur
« les fruits que la terre produit.

« SALUT ! »

Avec quel art cette lettre a été dictée et surtout avec
quelle vérité de description elle a été inspirée ! On remarquera surtout la sagesse et la simplicité, ainsi que la grandeur de vues des trois recommandations qui terminent
cette mémorable lettre ; c'est au point qu'elles seraient
encore de nos jours, non seulement d'une application possible et immédiate, mais capables de produire les plus
heureux résultats.

Après ce conquérant sont venus les auteurs arabes

Abd-el-Latif et Abou-Fedda dont les ouvrages, *traduits par le savant orientaliste Silvestre de Sacy*, chantent et louent également la richesse et la fécondité de cette contrée splendide; enfin, la commission française du siècle dernier composée d'une pléiade de savants illustres adjoints à l'état-major du général Bonaparte pendant un séjour de quatre années et malgré ce peu de temps relatif et les périls continuels de chaque jour, recueillit tant de documents, avec des données si précises sur le pays qu'il leur fut possible d'établir des cartes topographiques d'Alexandrie à Assouan et de Suez à Saint-Jean-d'Acre, tellement exactes que jusqu'à présent on les a consultées sans y avoir jamais reconnu d'erreurs notables. Elle a, en outre, étudié la faune et la flore, l'industrie et les mœurs des indigènes, leurs lois et leurs coutumes; elle a pu enfin établir un ensemble historique qui restera à la postérité comme un monument et le témoignage le plus frappant du labeur que peut enfanter une grande idée lorsqu'elle est conçue par le génie poursuivant un grand but.

Depuis, de nombreux voyageurs qui ont successivement visité l'Égypte, et de nombreux Européens qui y ont séjourné et en ont fait leur pays d'adoption, attestent encore à l'unisson sa fécondité traditionnelle.

Il est donc sans conteste admis et reconnu que l'Égypte a été de tout temps un pays fertile et d'une grande richesse de production, mais à la condition d'une bonne crue de son unique fleuve et de la répartition intelligente de ses eaux. C'est à quoi se sont appliqués les souverains du pays depuis les Pharaons jusqu'à nos jours, témoin le fameux lac Mœris endigué et formé sur un vaste plateau dont l'altitude du fond, supérieure aux terrains environnants, mais inférieure à la cote des hautes eaux, permettait de le remplir lors de la période d'inondation, puis d'utiliser ensuite cet immense réservoir d'eau, pendant la période de l'étiage et de sécheresse, pour l'irrigation de la province au moyen de canaux de décharge qui allaient fertiliser la terre et accroître les richesses nationales (1).

De nos jours, et dans le même ordre d'idées, le grand Méhémet-Ali, lui aussi toujours soucieux et préoccupé du bien-être du pays, a voulu léguer à la postérité un ouvrage digne de ses savantes conceptions; il décréta l'érection d'un barrage gigantesque à la séparation des deux branches du Nil pour élever les eaux en ce point et les porter, au moyen de grands canaux, jusqu'à la limite la plus reculée; mais il ne lui a pas été permis de jouir du résultat de son œuvre qui, actuellement encore, attend son achèvement complet.

Comme on le voit par cet exposé succinct, la richesse de l'Égypte dépend uniquement de la bonne utilisation des eaux du seul fleuve qui la traverse; c'est donc à l'étude de ce problème que doivent s'appliquer les hommes qui sont soucieux des destinées du pays, problème intéressant à tous les titres, puisque de la plus ou moins grande attention qui y est apportée dépend la prospérité du pays.

Grâce à la solution de ce problème, doit-on espérer que les traces des secousses et des malheurs qu'il a subis disparaîtront sous la haute direction dont l'Angleterre a pris l'initiative, et, que grâce à l'aide, au bon vouloir et au désintéressement de tous ceux qui ont accepté la tâche de travailler au relèvement de l'Égypte, ce résultat sera promptement atteint? Puisse-t-il en être ainsi!

Tous les amis de l'Égypte s'en réjouiront; nous croyons toutefois devoir rappeler ici les sublimes pensées d'un grand philosophe du siècle dernier qui écrivait, dans la préface de son livre *l'Esprit des lois :*

(1) Les traces de ce grand ouvrage ont été retrouvées par S. E. Linant-Pacha. Voir l'ouvrage que ce savant ingénieur a publié en 1873 sous le titre de : *Mémoire sur les travaux d'utilité publique exécutés en Égypte.*

« Je n'écris point pour censurer ce qui est établi dans
« quelque pays que ce soit; chaque nation trouve les rai-
« sons de ses maximes et on en tirera naturellement cette
« conséquence : *qu'il n'appartient de proposer des change-*
« *ments qu'à ceux qui sont assez heureusement nés pour pé-*
« *nétrer d'un coup de génie toute la constitution d'un État.*

« Il n'est pas indifférent que le peuple soit éclairé. Les
« préjugés des magistrats ont commencé par être les pré-
« jugés de la nation.

« Dans un temps d'ignorance, on n'a aucun doute même
« lorsqu'on fait les plus grands maux.

« Dans un temps de lumière, on tremble encore lors-
« qu'on fait les plus grands biens; on sent les abus an-
« ciens. On en voit la correction, mais on voit encore les
« abus de la correction même; on laisse le mal si on
« craint le pire, on laisse le bien si on est en doute du
« mieux. On ne regarde les parties que pour juger du tout
« ensemble, on examine toutes les causes pour voir les
« résultats.

« C'est en cherchant à instruire les hommes que l'on
« peut pratiquer cette vertu générale qui comprend
« l'amour de tous.

MONTESQUIEU.

Comme ces sublimes pensées s'appliquent à toutes les
époques de l'humanité, nous avons cru devoir les reproduire, au moment surtout où l'Angleterre essaie de donner à l'Égypte une nouvelle forme de gouvernement.

Sans préjuger des résultats obtenus pour le relèvement
progressif de ce pays que nous aimons, nous examinerons
sans parti pris les meilleurs moyens pratiques qui pourraient être tentés pour lui assurer une distribution abondante des eaux du Nil, seule base qui lui permette d'accroître ses richesses et relever ses finances.

Exposé des moyens
pour assurer au pays une bonne, sage, économique
et prompte distribution des eaux

Pour arriver à détailler les moyens propres à assurer un fécond avenir à l'Égypte, il serait nécessaire d'écrire un long ouvrage; mais, tout en nous bornant à un résumé sommaire, nous espérons arriver à donner assez de développement à notre pensée pour faire pénétrer dans l'esprit du lecteur toute l'économie de notre projet.

Tout d'abord, nous croyons nécessaire de recommander l'application à nouveau de la législation dont Amrou-ben-el-Ass constatait avec enthousiasme l'existence lors de son arrivée en Égypte, et à laquelle il attribuait la prospérité du pays; nous la recommandons surtout au point de vue des prescriptions qui affectaient chaque année le tiers des revenus de l'État à l'augmentation et à l'entretien des canaux, digues et ponts. Sages prescriptions dont la pratique (sauf quelques changements à y introduire), devrait encore être la base fondamentale d'une politique prévoyante en Égypte, où les travaux d'irrigation donnent un revenu annuel immédiat égal à plus de 50 p. 100 des dépenses.

Quelles que soient donc les dettes actuelles de l'État, notre opinion, basée sur une vieille expérience du pays, nous permet d'affirmer que, si l'on faisait revivre son antique législation, avant cinq ans l'Égypte aurait quintuplé ses revenus.

Avant d'aller plus loin, nous croyons devoir cependant examiner quelles sont les charges de l'État et de quel chiffre elles grèvent chaque individu en particulier. Nous savons qu'elles passent généralement pour être lourdes et accablantes; mais, ainsi que nous le verrons plus loin, elles n'ont rien d'excessif comparées à celles des autres nations d'Europe, qui sont loin d'avoir un sol aussi fertile et un peuple ayant des goûts aussi simples que les Égyptiens.

Le budget des dépenses qui a été établi pour l'année 1883 indique pour recettes. . . . . 8,804,627 £. »
contre un chiffre de dépenses de. . . . 8,581,918 £. »

présentant un boni de. . . . . 222,709 £. »

La moitié environ du budget est affectée au service de l'intérêt de la dette, 3,748, 164 £., le tribut de Constantinople y figure pour 678,397 £., tandis que le service des travaux publics, qui devrait s'élever au chiffre de deux millions et demi de livres, n'atteint même pas celui du tribut turc; il figure au budget seulement pour 546,584 £., soit quinze fois moins que ce qu'il devrait être ou huit fois moins, si l'on ne considère comme revenu disponible et réel de l'Égypte que la portion restant libre après le payement du coupon de la dette.

C'est donc, croyons-nous, en grande partie à cette parcimonie dans la répartition du budget pour les travaux publics, que l'on doit attribuer les difficultés que l'on rencontre depuis longtemps non seulement à l'équilibre du budget, mais encore à la stagnation du rendement des impôts et des revenus généraux. Cependant, comparé aux autres nations, le peuple égyptien n'est pas accablé, car un budget de 8,800,000 £., soit 220,000,000 de francs à répartir sur cinq millions d'habitants, donne pour chaque habitant le chiffre unitaire de 44 francs seulement, tandis que, d'après un tableau statistique dressé en 1878, il est pour la France sans les taxes locales, de 108 francs; pour l'Angleterre, de 80 francs; la Hollande, 75 francs; l'Italie, 60 francs; la Russie, 50 francs, etc., etc.

On peut objecter en outre, et avec raison, que ce ne sont

pas les États qui ont les dettes les plus fortes qui sont les moins prospères; car la prospérité d'un État tient à plusieurs causes primordiales : d'abord à l'industrie des habitants, à la fécondité du sol, ensuite et surtout à la sécurité du lendemain. De la paix intérieure et du calme naissent la confiance qui engendre la hardiesse de concevoir et d'exécuter de grandes entreprises par le crédit qui en résulte.

L'habitude du bien-être et le désir du confortable qui découlent de cet état de choses font naître les échanges; la civilisation progresse et les mœurs s'adoucissent; aussi voit-on s'accumuler les épargnes et s'accroître alors les importations dans une notable proportion au grand avantage des revenus publics.

En Égypte, les importations, quoiqu'en croissance annuelle, comme le démontrent les articles importés, tels que meubles et articles de luxe, sont loin d'atteindre le chiffre qu'elle pourrait supporter, car ses importations doivent être limitées à cause de la dette qui est presque en entier à l'étranger : aussi, jusqu'à ce que cette dette soit éteinte ou changée de mains ou bien entrée dans les mains des indigènes, pour ne pas succomber au drainage annuel résultant de la sortie de son numéraire, faut-il que le pays produise plus qu'il ne consomme et que la différence de l'importation se traduise par une somme de rentrée supérieure à celle sortie pour suffire aux intérêts de sa dette ainsi placée. C'est d'ailleurs ce qui a lieu, le budget en fait foi, il annonce 200,000 £ de plus à la recette qu'à la dépense.

En pareille occurrence et avec un budget dans lequel on affecte seulement la quinzième partie de l'ensemble aux travaux publics, doit-on concevoir le plus brillant avenir pour le pays lorsque ses gouvernants pourront augmenter le chiffre de ce chapitre, en dotant le ministère des travaux publics non pas de 550,000 £.; mais bien de 1 million et demi à 2 millions de livres, car avec le budget actuel des travaux publics, l'examen détaillé des travaux qui y figurent indique que les dépenses afférentes ne sont que celles d'un parcimonieux entretien pour la plus grande partie. Or, nous l'avons déjà dit, et d'ailleurs chacun connaît en Égypte cet axiome : « Qu'un travail affecté à la distribution intelligente de l'eau rétribue considérablement la dépense faite. »

Il y aurait nécessité impérieuse à ce que le gouvernement voulût bien prendre en main l'étude toute spéciale d'un projet qui comprît l'ensemble de l'Égypte, pour arrêter d'une façon générale le meilleur mode de distribution des eaux du Nil en adoptant, comme on l'a fait en Europe et dernièrement en France, un plan d'ensemble d'après lequel, après avoir déterminé les besoins d'eau pour les irrigations à toutes les époques de l'année, d'abord pour subvenir aux besoins des terrains actuellement cultivés, et ensuite pour ceux susceptibles de l'être.

Après l'exécution de ce programme, on classerait alors par catégories les canaux en grandes et moyennes artères, en déterminant leurs dimensions et leur régime par bief, ainsi que l'altitude du plafond et du plan d'eau aux hautes et basses eaux, les rigoles et les ouvrages d'art, etc.; puis on adopterait un programme de marche annuel, en affectant à ces travaux, après en avoir *a priori* déterminé l'importance, les ressources nécessaires à leur réalisation.

Les moyens budgétaires pour parvenir à faire face à ces dépenses seraient l'objet d'une recherche qui nous semble facile en vue du but important et fructueux à atteindre; comme les travaux augmenteraient considérablement dès la première année le rendement des terres, chaque habitant y trouverait une source de richesse dont il serait facile de distraire une partie, sous forme d'impôt spécial, et dont chacun s'acquitterait avec empressement.

Dès lors et sans faire appel à un emprunt à l'étranger, nous croyons qu'après avoir déterminé le chiffre des dépenses du projet, chaque province pourrait être taxée et apporter le contingent effectif qui lui incomberait. En outre de ce moyen tout naturel, rationnel et pratique, nous entrevoyons que le gouvernement pourrait même mettre à profit dès maintenant, pour ses besoins de budget, le surplus de recette qui résulterait pour lui de l'exécution des travaux dès la première ou deuxième année.

La question primordiale consiste à procéder tout d'abord à l'étude d'ensemble dont nous venons d'entretenir le lecteur. A cet effet, le gouvernement, sans déranger en rien les services actuels, nommerait une commission composée des hommes les plus considérables du pays par leur notoriété, honorabilité et connaissances pris parmi toutes les professions.

Cette commission dresserait d'abord un programme qu'elle soumettrait au gouvernement ; ensuite, avec le concours du ministre des travaux publics, elle rechercherait les documents utiles et précieux déposés successivement par la pléiade d'hommes de talent et de grand mérite qui se sont succédé aux affaires, depuis le grand Méhémet-Ali jusqu'à nos jours, et qui ont contribué à la bonne marche des travaux publics. Ils ont produit des ouvrages remarquables et fait de grands projets ; il y aurait donc lieu de réunir toutes les archives de ce ministère, de les examiner avec soin, de les classer avec ordre et méthode pour utiliser les documents susceptibles de faciliter l'étude du programme à établir.

Programme de la Commission.

1° Procéder à un nivellement général de l'Égypte, qui aurait pour base celui de l'isthme de Suez, établir des repères fixes et dresser un recueil avec carte pour chaque province.

Ce travail préalable est de la plus haute opportunité et reconnu tel dans tous les pays ; aussi chaque État y affecte-t-il annuellement de grosses sommes. Pour n'en donner qu'un exemple, nous citerons la France : elle qui cependant possède plus de 30,000 kilomètres de chemins de fer, des routes et chemins atteignant un développement d'environ 250 à 300,000 kilomètres, des rivières et des chaînes de montagnes, *tous nivelés,* et cependant elle a reconnu dernièrement (ainsi que l'atteste un article paru tout récemment au *Moniteur officiel*) que les opérations restant à faire pour avoir un nivellement général complet entraîneraient encore une dépense d'environ 22 millions de francs, dont 19 millions pour les frais proprement dits du nivellement auquel prendront part les agents des travaux publics, et 3 millions pour l'établissement et la publication de nouvelles cartes ; et cette note ajoute :

« Le nivellement présente un intérêt particulier parce « qu'il doit fournir de précieuses facilités à la détermi-« nation du relief du sol, à l'étude et à l'exécution des « voies de communication et, en général, à tous les tra-« vaux intéressant la mise en valeur du territoire.

« Les départements, d'ailleurs aussi intéressés que « l'État à posséder la définition exacte du relief de leur « territoire, ne refuseront pas de concourir à cette œuvre « nationale, en faisant voter par leurs Conseils généraux

« des subventions qui élèveront les ressources attribuées
« à chaque budget annuel, afin de hâter l'achèvement de
« cette œuvre de première utilité. »

On voit donc quel intérêt s'attache pour un pays à la possession d'un nivellement général permettant de déterminer
ipso facto et presque sans erreur sérieuse non seulement
le tracé d'une voie ferrée, d'une route, d'un chemin de fer
ou d'un canal, et aussi d'évaluer approximativement la
dépense.

C'est surtout pour l'Égypte qu'il y a intérêt de délimiter
sur la carte les surfaces irrigables à telle ou telle cote
d'eau, soit par les canaux existants, soit par ceux à projeter. Ce travail devrait donc être entrepris sans délai sur
les indications de la commission qui, après avoir déterminé les grandes lignes générales, indiquerait celles par
lesquelles il serait urgent de commencer. Il compléterait
celui déjà commencé par le cadastre et permettrait de dresser la topographie par province et moudirieh.

Des brigades spéciales feraient connaître :

1° La position exacte du Nil, l'état des berges et les travaux de défense contre les inondations;

2° La position des grands et des petits canaux d'alimentation, leur régime, plan d'eau et plafond, les rigoles d'arrosage, leur section et leur pente, la disposition des berges
en vue des dragages, l'état des petites rigoles, leur direction
et leur utilité, etc. (1) ;

3° La position des travaux d'art existants, leur nombre
par catégorie et par ouvrage, tels que : écluses ou barrages-
déversoirs, prises d'eau et ponts, leur état d'entretien,
leur mode de fonctionnement et leur utilité;

4° Les moyens de communication, l'état de viabilité des
chemins des villages entre eux, l'état de salubrité de ces

(1) Ces documents si précieux font généralement défaut à la plupart des
ingénieurs de districts.

derniers et des habitations, des écuries et des étables, les moyens en usage pour abreuver les animaux à chaque époque de l'année (*ce qui est de la plus haute importance pour l'hygiène générale et pour éviter le retour si fréquent des épizooties*), les améliorations à faire dans ce but; en évaluer la durée, les dépenses et les motifs, car les moyens actuels de locomotion des habitants, sont en général des plus primitifs, lorsqu'il est reconnu partout que « la richesse d'un pays est en rapport avec ses moyens de communication ».

Que se passe-t-il dans les pays où les routes manquent et où il n'existe que des sentiers? Tous les transports se font à dos d'animaux, ce qui force les habitants à en élever un nombre considérable, à les nourrir et entretenir lorsqu'avec de bonnes routes et des charrettes un seul de ces animaux transporterait dix fois autant; dès lors, économie d'animaux pour le cultivateur et, par conséquent, vente supplémentaire de grains et fourrages dans la même proportion, au grand bénéfice des revenus du propriétaire. On a pu déjà reconnaître le bien fondé de ce dire par l'apparition des petits et grands véhicules dans les villes d'Alexandrie, du Caire, de Zagazig, de Mansourah et autres lieux au fur et à mesure que la viabilité s'est améliorée.

En Égypte, nous voyons qu'à peu de frais et avec une bonne organisation du service des canaux on pourrait, en attendant les ressources nécessaires pour mieux les confectionner en les empierrant, utiliser de suite les berges des canaux et rigoles en les aménageant pour servir de chemins et routes; le terrain dans la plupart des cas se prêterait à cet usage, à la seule condition de ne plus permettre de couper les chemins pour y faire passer à ciel ouvert les rigoles d'arrosage.

Ainsi, en améliorant la viabilité aux abords des villages et des habitations, on augmenterait l'hygiène des habitants, et la mortalité des enfants, si grande jusqu'à présent, diminuerait considérablement ; grâce à la fécondité des femmes fellahs, à l'amour et aux soins si grands qu'ont les indigènes pour leurs enfants, la population augmenterait en très peu de temps et la fortune publique s'en accroîtrait.

5° Décréter l'obligation d'abriter les animaux et encourager la construction d'étables ; recueillir les déjections des animaux pour les utiliser à l'amendement de la terre et rendre à cette dernière l'engrais qu'un mode routinier lui enlève pour le chauffage ; car la terre d'Égypte, quoique riche en éléments fertilisateurs, s'accommoderait parfaitement de l'engrais que lui offriraient les étables, et le cultivateur en retirerait un immense bienfait par la plus grande abondance des récoltes. Il trouverait une facile compensation de l'engrais ainsi employé en combustible, en faisant des plantations d'arbres et d'arbustes sur les bords des rigoles, des canaux et des chemins qui, en général, en sont dépourvus.

6° Examiner d'une façon toute spéciale et statuer sur l'achèvement complet des barrages établis sur le Nil à Foum-el-Bar ; voir s'il conviendrait de reprendre le premier projet ou le modifier.

Malgré les énormes dépenses effectuées jusqu'à présent à ce gigantesque ouvrage, il est resté inachevé ; une grande partie du radier n'ayant pas été placée sur une base solide se trouve dans les plus mauvaises conditions de résistance : aussi a-t-on, depuis un certain nombre d'années, étudié divers projets pour mettre l'ouvrage en état de répondre au but auquel il était affecté ; mais, soit que ces projets fussent d'un prix trop élevé, soit qu'ils ne satisfissent pas l'administration, jusqu'à présent l'ouvrage est resté inachevé.

Cependant il y a intérêt à assurer la conservation de ce monument dû à la conception du grand Méhémet-Ali ; il y a même urgence à le mettre en état de défense contre le courant du Nil, qui peut, dans l'état où il se trouve, lors d'une grande crue, entraîner sa chute.

D'après les connaissances acquises aujourd'hui sur le régime des fleuves, leur endiguement et l'utilisation de leurs eaux, il y a lieu de concevoir les plus grandes espérances de réussir promptement, sans de grandes dépenses, à la réparation et mise en bon état de résistance du double barrage actuel de Foum-el-Bar à Saïdieh.

On étudiera si aujourd'hui, par suite de l'expérience acquise, l'adoption d'un barrage unique retenant $4^m,50$ ou 5 mètres d'eau au même point, pour irriguer le Delta de ce point à la mer, serait préférable à l'établissement de plusieurs retenues successives de $2^m,50$ à 3 mètres sur le parcours du fleuve, retenues bien plus faciles, plus promptes et moins onéreuses.

On voit donc que cette question a besoin d'être approfondie ; elle doit résoudre un des problèmes les plus importants, parce que, si cette idée de plusieurs barrages successifs prévalait, ainsi que nous le pensons, le double barrage actuel au moyen d'une réparation et d'un aménagement de peu d'importance pourrait parfaitement retenir $2^m,50$ à 3 mètres d'eau ; attendu qu'une des branches retient jusqu'à 2 mètres, grâce aux soins permanents d'enrochements et de grosses dépenses dont il est l'objet chaque année, mais sans que ces travaux d'entretien ajoutent rien à sa consolidation qui reste toujours précaire. On examinera donc l'avantage qu'on retirerait de l'adoption de plusieurs barrages successifs, puisque, dans l'éventualité de l'adoption de cette hypothèse, il en résulterait :

1° La réduction des dimensions des grands canaux à construire ;

2° La réduction de la cote de leur plan d'eau et, par conséquent, la diminution des terrassements ainsi que celle

de la hauteur des berges, le but qui avait motivé la retenue
de 4ᵐ,50 à 5 mètres à Foum-el-Bar avait pour base le remplissage des canaux en vue de rendre possible l'irrigation
des terrains pendant l'étiage jusqu'à la mer ; on éviterait
donc ces grandes hauteurs d'eau sur un même point, souvent nuisibles par suite des efflorescences salines qu'elles
provoquent, et inutiles pour les terrains qui en sont rapprochés, on éviterait en outre les grandes dépenses qu'elles
entraînent.

Nous faisons ici cette digression parce que nous pensons
que l'élévation de l'eau au moyen de barrages est préférable à tout autre système, ainsi que nous le démontrerons
plus loin en citant l'opinion des hommes les plus compétents.

La commission se prononcera donc à ce sujet et déter-
minera les points où l'établissement de ces ouvrages devra
être effectué.

7° Dresser un inventaire du matériel de toute sorte
appartenant au gouvernement et à la disposition des
travaux publics, un état des magasins des ateliers, et des
lieux où se trouvent chaque engin et chaque chose, en
faisant connaître leur destination, et notamment pour les
engins de dragage qui sont appelés à rendre d'immenses
services pour l'entretien des canaux.

8° Pendant que les commissions diverses procéderont
aux travaux préliminaires qui viennent d'être décrits, une
commission spéciale aurait pour mission d'étudier pour
chaque province le système d'irrigation actuel, le nombre
des grands canaux, des rigoles, etc., leur plan d'eau, leur
régime et leur débit à chaque époque de l'année, et de
comparer l'ensemble avec les besoins réels de la province ;
elle arrêterait et déterminerait une classification par grands
et petits canaux, leur direction, leur nombre, leur débit
et leur plan d'eau, le type des berges, ainsi que la quantité

de biefs de partage, pour les retenues d'eau à observer, le type de ces canaux devant autant que possible être établi dans le but d'utiliser les dragues à couloirs; elle déterminerait le nombre des ateliers de réparation, des magasins ainsi que leur importance et leur emplacement.

9° Enfin, pour procéder à la formation de toutes les commissions indiquées au programme ci-dessus, il faudrait nécessairement un personnel nombreux, capable et dévoué, et nous croyons qu'en grande partie ou pourrait le rencontrer parmi les indigènes ou Européens actuellement en fonction, au gouvernement; le choix d'ailleurs pourrait s'établir par le dossier de chacun d'eux, en y comprenant également les militaires faisant partie de l'État-major égyptien, duquel sortent en majorité les ingénieurs des travaux publics, tous instruits, actifs, soumis et dévoués.

Il suffit de lire ce programme pour concevoir combien son exécution serait féconde en résultats et capable d'assurer une grande prospérité au pays.

Il est évident que l'exécution d'un pareil programme exigerait du temps et des dépenses, mais ses bienfaits seraient si immédiats qu'en procédant avec soin on pourrait en cinq ou six années arriver à l'exécution complète, non seulement sans compromettre, momentanément même, les finances de l'État, mais en provoquant au contraire chaque année leur amélioration. D'ailleurs, par l'aperçu que nous venons de donner, il serait facile de déterminer le temps et les dépenses nécessaires.

Il résulterait immédiatement de l'exécution de ces travaux :

1° La substitution progressive au travail manuel, contingent peu productif et très onéreux, celui des machines, mode de travail, plus expéditif, moins coûteux, plus digne et permettant en outre de faire les travaux à toute époque;

2° Par un système d'ouvrages éclusés sur les canaux, en rapport avec les moyens de notre époque, les retenues d'eau devenant générales et permanentes, leur plan d'eau plus élevé et plus régulier, les arrosages seraient plus faciles et moins onéreux; l'abondance d'eau qui en résulterait permettrait la culture de quantités considérables d'excellentes terres restées jusqu'à présent improductives; les revenus de l'État s'accroîtraient avec ceux des propriétaires, et les indigènes eux-mêmes y gagneraient une augmentation notable dans le taux de leurs salaires.

Tels seraient les effets que nous entrevoyons de l'application du programme dont nous venons d'exposer les grandes lignes. Maintenant, nous allons entrer dans le détail des moyens que nous croyons être les meilleurs pour l'élévation de l'eau pendant l'étiage, question si importante pour l'Égypte qu'elle a toujours préoccupé quiconque a habité ce pays exceptionnel.

Chaque année, divers projets surgissent et tout récemment encore une Société civile a proposé au gouvernement un système complet d'irrigation au moyen de pompes à vapeur embrassant toute la basse Égypte; c'est d'ailleurs le moyen qui se présente à l'esprit de tous ceux qui sentent le besoin si grand d'avoir de l'eau pendant l'étiage dans les canaux.

Le gouvernement lui-même, impatient dans sa sollicitude pour les intérêts généraux du pays et pensant aussi que ce moyen pourrait utilement répondre aux besoins du moment, n'était pas éloigné d'adopter ce système précaire et si peu approprié aux besoins d'un pays comme l'Égypte, où ne se rencontre aucun des éléments industriels pour la construction des machines et aucun combustible pour leur marche et leur fonctionnement.

L'emploi de ce système obligerait donc le pays à recourir à une importation nouvelle qui ferait sortir encore une grande quantité de numéraire, non seulement pour les achats des machines, mais encore chaque année ensuite pour l'acquisition obligatoire du charbon.

Pourquoi lui imposer ce nouveau drainage de l'or et ce tribut obligatoire ?

C'est déjà bien assez de ne pouvoir l'éviter pour les chemins de fer dont l'approvisionnement, soumis à toutes les vicissitudes de la politique européenne, peut à un moment donné être entravé et les transports en Égypte gravement compromis.

Or, qu'adviendrait-il si toutes les récoltes du pays se trouvaient sous le coup de pareilles éventualités ?

Le moyen le plus sage et le plus rationnel est donc de remplir les canaux par des barrages sur le Nil, ouvrages qui *assureront à jamais* l'irrigation naturelle des terres et pourraient au besoin, le cas échéant, suppléer à la voie ferrée pour les transports par le Nil et les canaux qui seront toujours remplis, à toute époque de l'année.

En dehors des avantages résultant de l'exemption du tribut à payer pour le combustible et les machines, il y a ceux même qui résulteraient de la construction qui, aujourd'hui, peut se faire relativement bon marché avec les matériaux du pays et dans un délai aussi prompt que celui qui serait nécessité pour l'installation de tout autre mode d'élever l'eau en grandes quantités.

Le moyen d'élévation de l'eau par des barrages en travers des rivières a été de tout temps reconnu le plus efficace, parce qu'il remplit deux buts à la fois, celui d'élever l'eau non seulement au point où l'ouvrage est construit, mais encore et en même temps sur une longue distance en amont et suivant un plan décroissant avec la distance dans une progression constante à la hauteur de retenue et de la pente.

Les riverains ont ainsi la facilité d'utiliser l'eau sur

tout ce parcours et sur chacune des rives du fleuve, puis enfin la navigation s'en trouve en même temps facilitée notablement.

Un barrage est un ouvrage qui peut se faire, pour la plus grande partie, *avec les matériaux qui se trouvent dans le pays,* et par conséquent l'argent dépensé resterait sur place; puisqu'il est l'objet d'une répartition du gouvernement qui dépense aux indigènes qui reçoivent, le coefficient de richesse ne subit donc aucun dommage : or un ouvrage de cette nature et de cette importance est une œuvre stable et perpétuelle dans sa durée, l'entretien et la manœuvre en sont relativement insignifiantes comme dépense, il s'y joint une considération des plus intéressantes, à savoir : qu'*à chaque plan d'eau de retenue correspond un débit certain d'une quantité de mètres cubes d'eau déterminée, et que nulle fraude ni mauvais vouloir ne peut empêcher l'eau de s'écouler dans les canaux et, par conséquent, en assure la distribution équitable.*

De ce côté le gouvernement serait assuré qu'aucune plainte ne serait possible, tandis que le contingent d'eau à fournir par des pompes, quelle que soit l'activité déployée par le contrôle, donne lieu souvent à discussion.

Ce sont là des avantages si considérables qu'il suffit de les entrevoir pour en comprendre toute l'importance; l'adoption du double barrage par Méhémet-Ali sur les deux branches du Nil à Foum-el-Bar démontre suffisamment le bien fondé des avantages que nous venons d'énoncer. Nous verrons plus loin, à l'appui de ce dire, le rapport le plus enthousiaste sur les heureux effets que devait produire pour le pays la construction de ce barrage.

Ce rapport a été fait par S. E. Linant-Pacha et signé par les plus éminents ingénieurs égyptiens de l'époque. Aussi a-t-on été surpris que le plus enthousiaste d'entre eux ait, dans ces dernières années, émis des conclusions

opposées, et se soit associé aux promoteurs du système
des pompes, après avoir été si convaincu du merveilleux
résultat qu'offrait le barrage. Nous avons donc recherché
la cause de ce changement d'attitude et nous avons reconnu
que lui-même, comme ceux qui préconisent le système des
pompes, avait dû être également effrayé par les responsa-
bilités à encourir sur la non-réussite de nouveaux barrages
en présence du précédent, encore tout récent qu'il avait
devant les yeux, « le barrage de Foum-el-Bar, non achevé
et incapable même, dans l'état où il se trouve, de pouvoir
être utilisé après avoir tant coûté d'argent et de temps ».
Il préféra donc comme *pis aller* le système des pompes
qui lui paraissait sinon meilleur, mais du moins plus
prompt à établir et qui surtout lui enlevait toutes per-
plexités et assurait la quiétude pour l'avenir. C'est là, il
faut en convenir, une base de raisonnement très judicieuse
au point de vue personnel, mais qui ne détruit en rien
les avantages immenses qui existent entre le mode d'élever
l'eau au moyen de barrages et celui de l'élever au moyen
de pompes, surtout si les difficultés à vaincre et les
dépenses à faire sont aujourd'hui maintenues dans des
limites modérées et économiques.

Nous relaterons ici, pour venir à l'appui de notre exposé,
l'opinion d'hommes compétents qui, depuis longtemps,
ont étudié la question des irrigations, et nous citerons :

1° Le rapport adressé à Son Altesse Méhémet-Ali, en 1837,
sur l'efficacité qui résulterait de la construction du barrage
de Saïdieh à Foum-el-Bar, il y a quarante-sept ans déjà,
auquel nous avons fait allusion à la page précédente ;

2° Le rapport de la Commission de savants venus en
Égypte pour arrêter les bases du projet du canal de Suez,
en 1855, il y a vingt-huit ans ;

Et enfin le rapport de l'éminent ingénieur Fowler,
adressé également à Son Altesse, en 1874.

Ces trois documents émanent d'autorités si compétentes que nous pensons qu'il y a la plus grande opportunité à les reproduire ici, parce qu'ils contiennent des aperçus généraux sur les irrigations en Égypte, intéressants et utiles à consulter aujourd'hui.

1° Rapport de la Commission de 1837 (1).

« La commission nommée par S. E. le ministre des « travaux publics, conformément à l'ordre de Son Altesse « le vice-roi en date du 11 Rabiakher 1254 (1837), s'est « réunie le 19 du même mois sous la présidence du mi- « nistre.

« L'ordre de Son Altesse porte :

« Ayant creusé cette année le canal du Katatbé (séfi), il « y aura cette année beaucoup d'eau dans la province. « L'année prochaine, on creusera aussi dans la même pro- « vince du Béhéré le canal d'Abou-Diab et, par consé- « quent, on aura par ces deux canaux suffisamment d'eau « pour les arrosages.

« Dans le Cherkich et le Dakalieh, Ab-der-Aman-bey a « fait creuser presque tous les canaux séfi nécessaires à « cette province.

« Pour le Garbieh, avec les canaux qui existent et ceux « qu'on y fera on aura aussi assez d'eau dans cette pro- « vince.

« On voit donc par là qu'il n'y a que la province de « Gallioub pour laquelle les travaux du barrage du Nil « pourraient être nécessaires, mais avec les canaux que « l'on va faire dans le Gallioubieh.

« *A quoi alors les barrages serviraient-ils?* Et dans le

____

(1) Cité dans l'ouvrage de S. E. Linant-Pacha sur le projet du barrage à établir à Saïdieh.

« cas où ils seraient exécutés, quels *seraient les avantages*
« *comparés aux dépenses de leur construction ?*

« La commission, après avoir examiné les différentes
« questions, a reconnu :

« Pour les canaux déjà creusés ou qui doivent l'être séfi
« dans les provinces du Béhéré, de Cherkieh et Dakalieh, le
« creusement séfi est à recommencer tous les ans, parce
« que les canaux servant à la fois pour l'irrigation et
« l'inondation se comblent très vite à cause des barrages
« établis sur ces différents canaux, pour retenir les eaux
« et les élever afin d'arroser facilement les terres dans
« toutes les saisons ; d'ailleurs le creusement séfi et les
« barrages n'éviteraient pas l'emploi des sakiehs et des
« chadoufs pendant les basses eaux jusqu'à 18 ou 20 lieues
« de leur prise d'eau dans le Nil et il n'y aurait donc à
« cette distance qu'une très petite partie des terrains qui
« pourrait être arrosée par de simples saignées aux
« berges pendant les basses eaux.

« D'ailleurs, dans les cas qui malheureusement peuvent
« être fréquents, comme cette année et les précédentes, les
« canaux séfi, se comblant et ne pouvant être curés dans
« l'année même et tous à la fois, restent à sec et ne
« donnent plus d'eau du Nil.

« On peut citer comme exemple le Nanakieh, le Ser-
« sawé, le Bagourieh, le Barchibin, qui, cette année, sont
« tout à fait à sec, et par conséquent le système de ces
« canaux séfi, étant même complété, ne peut être consi-
« déré comme suffisamment bon pour les provinces sus-
« nommées.

« Que, relativement à la province de Gallioubieh, les
« canaux séfi lors même qu'ils seraient achevés seraient
« également insuffisants pour les raisons exposées plus
« haut et que, de plus, dans le Gallioubieh, ces canaux ne
« pourraient servir à l'arrosage qu'en élevant les eaux à

« une grande hauteur au moyen de sakiehs ou autres
« machines, parce que toutes les terres de cette province
« traversée par ces canaux se trouvent à une distance trop
« rapprochée des prises d'eau.

« Il est bon d'observer aussi que la plus grande partie
« du Ménoufieh est dans une position plus désavantageuse
« que le Gallioubieh pour l'emploi des canaux séfi; car
« dans cette partie l'arrosage ne peut se faire que par le
« moyen de machines élévatoires, sakiehs, chadoufs ou
« autres.

« Par conséquent, l'emploi seul des canaux séfi pour ces
« diverses provinces, et principalement pour celles de
« Gallioubieh et de Ménoufieh, ne peut suffire à tous les
« besoins d'irrigations, quelque multiplié que soit le
« nombre de ces canaux; ce qui s'explique d'ailleurs parce
« que ces canaux ne peuvent que prendre l'eau à la hau-
« teur où elle se trouve dans le fleuve.

« Le système des canaux ne peut donc être amélioré
« que par un autre système pouvant élever les eaux à la
« prise d'eau de ces canaux mêmes.

« C'est là le but des barrages sur le Nil, qui dans son
« lit même et à la prise d'eau des canaux, ont pour effet
« d'élever d'une manière permanente les eaux pour ainsi
« dire à la superficie des terrains.

« La commission arrivée à ce point de son examen a dû
« apprécier les avantages généraux des barrages du Nil
« comparés aux effets produits non seulement dans la
« province de Gallioubieh, mais aussi dans les autres pro-
« vinces, par le système des canaux séfi et l'emploi des
« sakiehs, et en second lieu comparer les dépenses de la
« construction des barrages avec les bénéfices qu'ils pro-
« duiraient et les dépenses nécessaires actuellement par
« le système des canaux séfi.

« Les avantages généraux des barrages énoncés par

« M. Linant-bey, discutés d'après les documents et rensei-
« gnements fournis par lui sont les suivants :

« 1° L'arrosage possible de 3,800,000 feddans en aval
« des barrages dans les plus basses eaux, sans employer
« aucune machine, mais seulement par de simples saignées
« dans les berges. La moitié de ces terrains pourrait être
« cultivée en produits d'été ou par irrigation ; et il est à
« remarquer que dans la culture par inondation pendant
« les crues, on pourrait par l'abondance des eaux faire
« jusqu'à trois récoltes.

« 2° L'arrosage de la même manière des terrains en
« amont des barrages jusqu'au Caire, et de ceux jusqu'à
« une distance de 8 lieues au-dessus des barrages par des
« tapoutes, comme maintenant dans la basse Égypte seu-
« lement.

« 3° L'énorme avantage de pouvoir tous les ans, malgré
« les mauvaises inondations, les compléter entièrement
« dans toute l'étendue des provinces de la basse Égypte.

« 4° Pouvoir améliorer sensiblement la navigation pour
« les canaux et faciliter les transports si longs et si coû-
« teux aujourd'hui.

« 5° Donner au Mahmoudieh assez d'eau dans toutes les
« saisons par le canal Katatbé, pour permettre d'y faire
« naviguer les plus grandes barques et leur faciliter l'en-
« trée et la sortie du Nil à l'Atfé, au moyen de la construc-
« tion d'un sas éclusé, ce qui ne peut se faire maintenant,
« n'ayant pas d'eau à fournir pour la dépense du sas.

« 6° L'avantage de n'avoir plus à creuser que des ca-
« naux de 3 ou 4 mètres de profondeur ou nili, au lieu
« d'en creuser de séfi, opération si dispendieuse occupant
« tant d'hommes qui doivent creuser souvent à 8 mètres
« de profondeur, dont deux dans l'eau et dans la boue;
« opération qu'il faut recommencer tous les ans pour
« beaucoup de canaux.

« 7° L'avantage de pouvoir, dans le kalig du Caire,
« avoir une eau courante toute l'année à la hauteur de
« celle des inondations, sans avoir besoin de creuser le
« canal plus qu'il ne l'est; et il est à remarquer que l'on
« ne peut atteindre ce but d'avoir l'eau au Caire, intention
« spéciale de Son Altesse, sans d'énormes frais seulement
« pour ce canal.

« 8° Entretenir sans aucun frais l'eau dans l'ancien
« canal de Suez, qui conduisait autrefois par Ras-el-
« Ouadie à Birk-el-Timsah sur la route de Syrie et dans
« les lacs Amers, ce qui alors donnerait dans ces lieux
« beaucoup de terrains cultivables à ensemencer ou à
« mettre en pâturages pour y nourrir des troupeaux qui
« n'auraient pas à souffrir comme en Égypte, soit de
« l'humidité, soit de pâturages peu convenables; de plus,
« par ce facile écoulement d'eau on pourrait former vers
« la Syrie, de Suez à la Méditerranée, par des inondations
« une frontière naturellement fortifiée alors par des lacs
« et des marais que l'on formerait facilement.

« 9° La suppression des sakiehs et des chadoufs.

« La comparaison des bénéfices dus aux barrages avec
« les dépenses de leur construction présente les résultats
« suivants ;

« *Bénéfices dus à l'augmentation des cultures.* — Les
« barrages étant construits, les terrains anciennement
« cultivés par irrigation au moyen de sakiehs, tapoutes et
« chadoufs, deviennent plus facilement cultivables, de
« sorte qu'un même nombre d'hommes peut cultiver une
« plus grande quantité.

« La commission admet qu'il faut un homme par feddan
« pour la culture par irrigation, indépendamment des
« hommes employés aux sakiehs, tapoutes et chadoufs.
« Cela posé, il y a environ 100,000 hommes employés à
« ces sakiehs, tapoutes, etc., dans la basse Égypte, et

« environ 600,000 occupés à cultiver 600,000 feddans asnaf
« (ou *produits d'été, cotons, riz,* etc.), à raison d'un homme
« par feddan; ce qui fait ensemble 700,000 hommes.

« Le barrage fini, les sakiehs, tapoutes, etc., sont sup-
« primées et, la culture étant devenue plus facile, la com-
« mission admet qu'un homme employé auparavant à la
« culture d'un feddan pourra suffire à la culture de trois
« feddans, et ce chiffre est pris au plus bas possible.

« D'après cette base, les 700,000 hommes disponibles
« pour la culture pourront cultiver 2,100,000 feddans,
« ce qui fait 1,500,000 feddans en plus de ce qui existe
« aujourd'hui, par le moyen des canaux séfi.

« Sur cet objet déjà, le bénéfice du cultivateur sera triplé.

« Comme culture générale, au lieu du nombre de
« 2,140,000 feddans actuellement cultivés par inondation
« et par irrigation, il y en aurait 3,649,000, ce qui est près
« de la surface cultivable de la basse Égypte, évaluée à
« 3,800,000 feddans.

« Pour le gouvernement, on peut évaluer le bénéfice dû
« à cette augmentation de culture de la manière suivante :
« Ou bien les 1,500,000 feddans en plus seront cultivés
« en denrées non achetées par le gouvernement, et alors
« le bénéfice aura lieu par l'impôt seulement qui, à raison
« de 45 piastres par feddan, terme moyen donne, pour les
« 1,500,000 feddans rendus à la culture une somme de
« 67,500,000 piastres ; ou bien la moitié de ces 1,500,000
« feddans, ou 750,000, seront cultivés en denrées achetées
« par le gouvernement, et alors, indépendamment de la
« recette par les impôts de 67,500,000 piastres, le gouver-
« nement faisant par la vente de ces denrées qu'on ne
« peut évaluer au-dessous de 100 piastres par feddan, soit
« pour les 750,000 feddans 75,000,000 de piastres, le
« bénéfice total serait de 142,500,000 piastres ; ou bien
« enfin la totalité des feddans, 1,500,000, sera cultivée en

« denrées achetées par le gouvernement et alors le béné-
« fice à joindre à l'impôt, qui est de 67,500,000 piastres,
« serait de 150,000,000 piastres, ce qui porterait le
« bénéfice du gouvernement au total de 217,500,000
« piastres.

« Or, d'après le devis, la dépense totale des barrages,
« y compris les écluses, les quais, etc., s'élève à 155,163,280
« piastres, d'où il résulte qu'en adoptant une des hypo-
« thèses ci-dessus, les dépenses des barrages pourraient
« être couvertes par cette seule classe de bénéfices dus
« aux barrages en une année et au plus tard en trois
« années de produit.

« Mais les bénéfices dus aux barrages ne sont pas
« bornés à un seul résultat; il en est d'autres dont voici
« l'énumération :

« Bénéfices réalisés par la suppression de travail annuel,
« auquel donnent lieu les travaux des canaux séfi.

« La mise en exécution des barrages amène aujourd'hui
« la suppression des travaux indiqués dans le tableau
« suivant :

LOCALITÉS.	HOMMES EMPLOYÉS à la totalité des travaux annuels *.	NOMBRES TOTAUX des hommes existants dans les provinces.
Cherkieh................	40.020	96.041
Dakalieh..............	68.277	68.277
Garbieh..............	83.677	167.354
Ménoufieh............	8.673	26.021
Béhéré................	18.517	55.552
Gallioubieh...........	43.608	130.825
	262.772	544.070

* Cette colonne ne porte que la moitié environ des hommes employés à la totalité des travaux annuels.

« Ces 262,772 hommes sont employés au moins pen-
« dant 40 jours, ce qui, à raison de 1 piastre et demie
« par jour, au travail devenu inutile du creusement
« des canaux séfi, donne la somme de 15,766,320 pias-
« tres.

« Au canal de Katatbé, il y a 34,000 hommes pendant
« 100 jours, à 1 piastre et demie par jour, et 30,000 au
« Cherkawé pendant 50 jours, à 1 piastre par jour, qui
« sont employés aux mêmes travaux, ce qui fait 6,600,000
« piastres ; en tout, dépenses annuelles devenues inu-
« tiles par la construction des barrages : 22,843,320
« piastres.

« Il faut ajouter à ce résultat que les hommes consacrés
« jusqu'ici à ce travail pourront être employés à d'autres
« travaux profitables.

« *Économie produite par la suppression des sakiehs et*
« *des tapoutes.* — Il y a dans la basse Égypte en ce mo-
« ment environ 50,000 sakiehs et tapoutes, sans compter
« les chadoufs, dont l'entretien est plus coûteux pourtant,
« car ce sont des hommes qui y travaillent en plus grand
« nombre au lieu de bœufs ; 50,000 sakiehs à trois bœufs
« par machine, cela fait 150,000 bœufs ; à chaque machine
« il faut un homme au moins, ce qui fait 50,000 hommes.

« La durée de l'ouvrage par l'arrosage est de six mois
« ou 180 jours, ce qui fait pour 150,000 bœufs, à raison
« de 2 piastres de nourriture par jour pour chaque
« bœuf, une somme de 54,000,000 de piastres.

« Les journées d'hommes à 1 piastre et demie donnent
« pour 50,000 hommes 13,500,000 piastres.

« L'entretien annuel des sakiehs étant, terme moyen, de
« 120 piastres, l'entretien total des 50,000 sakiehs sera de
« 6,000,000 de piastres.

« Total de la dépense annuelle pour les 50,000 sakiehs,
« 73,500,000 piastres.

« La suppression de cette dépense par la construction
« des barrages n'est évaluée ici que comme bénéfice des
« cultivateurs, qui auront encore l'avantage d'appliquer
« leurs bœufs à d'autres travaux.

« *Création d'une force motrice considérable par la
« chute d'eau aux barrages.* — La chute d'eau due à la
« construction des barrages peut être utilisée pour fon-
« der des ateliers, des usines nouvelles, ou pour rempla-
« cer les moteurs qui existent aujourd'hui. En l'évaluant
« au plus bas, cette chute équivaudrait à 12,000 chevaux-
« vapeur travaillant deux cent treize jours par année;
« ce qui, en comptant 20 piastres pour la valeur jour-
« nalière de chaque cheval-vapeur donne pour la valeur
« annuelle de cette nouvelle force due aux barrages
« 51,120,000 piastres.

« Ces quatre classes de bénéfices dus aux barrages,
« quoique de nature très différente doivent être envi-
« sagées ensemble pour établir les immenses avantages
« financiers des barrages du Nil; mais la première classe,
« à savoir : l'augmentation de culture applicable directe-
« ment au Trésor du gouvernement ne donne son produit
« annuel de 67,500,000 ou de 142,500,000 ou enfin de
« 217,500,000 piastres, selon l'hypothèse adoptée sur les
« 1,500,000 feddans excédants, qu'après la construction
« des barrages.

« Il en est de même de la quatrième classe, à savoir : la
« force motrice annuelle évaluée 51,120,000 piastres, dont
« le produit peut avoir une réalisation plus ou moins
« éloignée.

« Pour la troisième classe, à savoir : la suppres-
« sion des sakiehs et tapoutes, son bénéfice annuel
« de 73,500,000 piastres n'est applicable qu'indirecte-
« ment au Trésor, et il exige aussi l'achèvement des
« barrages.

   DES IRRIGATIONS EN ÉGYPTE.

« Pour la deuxième classe, à savoir : la suppression et le
« non-achèvement des canaux séfi, qui donne un bénéfice
« annuel de 22,843,320 piastres, elle est réalisable immé-
« diatement avant la construction des barrages, et par
« conséquent, dès aujourd'hui en disponibilité pour le
« Trésor.

« Si donc il s'agit de se rendre compte de la possibilité
« et de la facilité des moyens d'exécution des barrages, il
« suffit de remarquer que :

« Les travaux des barrages doivent durer cinq ans, et la
« dépense totale de 155,163,280 piastres, partagée en
« cinquièmes, est par année de 31,721,093 piastres.

« La dépense annuelle des canaux séfi à supprimer dans
« le cas de l'exécution des barrages et applicable, comme
« on l'a vu, à cette exécution même, est de 22,843,320
« piastres.

« Il n'y aurait donc en surcroît annuel de dépenses
« pour le Trésor que la différence de ces deux sommes, ou
« 8,887,773 piastres.

« Une pareille avance annuelle pendant cinq années est
« certes assez faible, surtout relativement aux immenses
« bénéfices des barrages.

« D'ailleurs, au bout de trois ans les piles, et les portes
« des barrages peuvent être achevées, et l'effet des barrages
« aurait lieu ; puis après la quatrième année, les produits
« effectifs étant réalisés en partie, le Trésor se trouverait à
« couvert et bien au delà de cette avance.

« D'après toutes ces considérations, la commission est
« d'avis :

« 1° Que le système des canaux est insuffisant pour
« l'irrigation actuelle, et qu'à lui seul et sans le secours
« des barrages du Nil, il ne peut réaliser aucun des avan-
« tages énoncés plus haut.

« 2° Que quelque élevées que paraissent les dépenses
« de la construction des barrages, elles sont plus profi-
« tables aux intérêts de Son Altesse et du pays que
« celles également considérables auxquelles donne lieu le
« système actuel, puisque, outre beaucoup d'autres avan-
« tages, elles produisent pour le Trésor des bénéfices
« susceptibles, en les évaluant au taux le plus modéré,
« de couvrir en un an de produit les avances faites pour
« l'exécution desdits travaux.

« 3° Qu'en prolongeant le système actuel, on accroît
« chaque année les dépenses, sans constituer un système
« permanent d'inondation et d'irrigation et, par con-
« séquent, sans détruire les dangers du mauvais Nil et
« des eaux trop basses, ce qui est évidemment contraire
« au but et aux espérances de Son Altesse.

« 4° Que, d'ailleurs, les dépenses déjà faites aux barrages
« resteraient sans objet et en pure perte, s'il n'était pas
« donné suite aux travaux commencés.

« 5° Que, pour toutes ces raisons, il est plus avantageux
« de continuer avec activité les travaux des barrages,
« qui deviendraient beaucoup plus coûteux si l'on pro-
« longeait l'entreprise.

« 6° Qu'enfin, comme moyens d'exécution, il résulte des
« documents fournis à la commission que, les travaux
« destinés à compléter le système actuel des canaux ne
« devant pas être continués et les hommes et les capitaux
« affectés à ces travaux devenant libres : d'une part, la
« somme à ajouter annuellement comme surcroît de
« dépense pour le Trésor serait assez faible et rapidement
« recouvrée ; d'autre part, le nombre d'hommes devenus
« libres seraient suffisants pour l'exécution des barrages,

« sans l'emploi effectif d'un plus grand nombre d'hommes
« dans le pays. »

Ont signé :

CHARLES LAMBERT, Ingénieur des Mines.

LIBERT, Secrétaire au Ministère.

STÉPHAN BRESM, Chef du Matériel.

THIBAUDIER, Ingénieur Militaire.

BAYOUMMI, Ingénieur arabe, sorti de l'École Polytechnique
de France.

MUSTAPHA BAGHAD, Ingénieur arabe, sorti de l'École Polytechnique de France.

BRUNEAU, Capitaine d'artillerie, de l'École Polytechnique
de France.

JOSEPH. HEKEKYAM, Ingénieur, ayant fait ses études en
Angleterre.

EPERING, Ingénieur anglais.

SALIM-BEY, Officier d'État-Major, élevé en France, Chef
du Personnel au Ministère.

AHMED-BEY, Officier d'État-Major, élevé en France.

MOUKTAR-BEY, Ministre et Président.

RAPPORTS

DE LA COMMISSION DES SAVANTS

VENUS EN ÉGYPTE POUR ARRÊTER LES BASES DU PROJET
DU CANAL DE SUEZ EN 1855

ANNEXE N° 1

Rapport à Son Altesse le Vice-Roi
sur le système d'irrigation à établir dans la haute
et moyenne Égypte.

« Son Altesse le vice-roi a demandé l'avis de la com-
« mission internationale du Canal de Suez sur le système
« d'irrigation qu'il conviendrait d'établir dans la haute et
« moyenne Égypte.

« Après une exploration du terrain pendant laquelle
« elle s'est éclairée de l'expérience de Linant-bey, la com-
« mission a formulé, dans le présent rapport, l'avis qui
« lui est demandé.

« Le territoire de la haute et moyenne Égypte est une
« plaine d'alluvions de deux cents lieues de longueur sur
« trois à quatre lieues de largeur, encaissée entre deux
« chaînes de montagnes à très peu près parallèles qui se
« réunissent aux cataractes. A mesure que l'on remonte
« les vallées, les terrains cultivables diminuent de largeur
« par degrés insensibles, ils ne disparaissent qu'en un
« seul point, à Djebel-Silsileh, où les contreforts des deux
« montagnes descendent jusqu'au lit du fleuve. Cette

« plaine uniforme, inclinée vers la mer de trois quarts par
« lieue, offre l'aspect général d'un sillon large et peu pro-
« fond, parallèle au gisement des montagnes; la partie
« saillante du sillon formée par les berges du Nil est dans
« l'Est de la plaine, la partie creuse est dans l'Ouest; elle
« sert de lit à une dérivation du fleuve alimentée par trois
« bouches : le Rasman, le Sohagieh et le Baryoussouf.

« Le Nil longe de très près la chaîne orientale, dont il
« baigne parfois les contreforts; il ne laisse dès lors sur la
« rive droite que des lambeaux insignifiants de terres cul-
« tivables, tandis que sur la rive gauche les rives s'éten-
« dent en moyenne sur la largeur de trois lieues.

« Le sol de la vallée offre invariablement une première
« couche de terre végétale de 7 à 8 mètres d'épaisseur,
« reposant sur un dépôt de sable de mer d'une profon-
« deur indéterminée descendant probablement jusqu'au
« roc; ces sables affleurent en général le niveau du Nil
« à l'étiage; par suite, ils sont toujours humides. En creu-
« sant sur un point quelconque de la plaine, on trouve
« l'eau dès qu'on les atteint; les eaux de ces puisards
« étant légèrement saumâtres, on doit en conclure que
« les sables sont imprégnés de sel. La couche de terre
« végétale qui leur est superposée n'étant pas entière-
« ment imperméable, l'humidité la pénètre de bas en
« haut et remonte par l'action de la capillarité jusqu'au
« sol qu'elle recouvre d'efflorescences salines. Ce sol
« deviendrait bientôt improductible s'il n'était délavé an-
« nuellement par les eaux du Nil.

« L'inondation et l'irrigation des terres sont donc, dans
« la haute et moyenne Égypte, les conditions indispen-
« sables à toute culture.

« La culture par inondation se pratique dans la partie
« centrale de la plaine, c'est-à-dire dans les terrains bas;
« susceptibles d'être recouverts par les eaux pendant les

« crues du fleuve. On l'a développée et régularisée dans
« la haute et moyenne Égypte, en rendant les berges du
« Nil insubmersibles et en coupant la plaine par une série
« de levées transversales allant du fleuve à la montagne
« Ouest. On a ainsi obtenu une série de bassins d'inon-
« dation étagés, traversés dans leur partie basse par la
« grande dérivation du Nil qui alimentait la bouche du
« Rasman, Sohagieh et Baryoussouf.

« Indépendamment de cette artère commune qu'on a
« progressivement rétrécie aux diverses levées, chaque
« bassin est mis en communication avec le Nil par deux
« saignées, l'une en amont, l'autre en aval, pratiquées
« dans les berges du fleuve, les eaux y affluent lorsque
« le Nil monte par la grande dérivation, par la saignée
« d'amont ; elles se retirent lorsqu'il baisse par la grande
« dérivation, par la saignée d'aval, et au besoin par des
« ouvertures pratiquées dans la levée qui le sépare du
« bassin inférieur.

« Ces dispositions ont réglé les inondations et les ont
« étendues sur deux millions de feddans, c'est-à-dire sur
« la presque totalité des terrains inférieurs au niveau du
« Nil dans les grandes crues. La culture par inondation
« a donc reçu déjà à très peu près le développement dont
« elle est susceptible. Les seules améliorations qu'elle
« comporte devront avoir pour but de suppléer à l'insuf-
« fisance des crues du Nil dans certaines années.

« La culture par irrigation est généralement pratiquée
« sur les bords mêmes du fleuve, au moyen de machines
« mues par des hommes (le *chadouf*) ou par des bœufs
« (la *sakieh*).

« Ces machines primitives et grossières puisent l'eau
« dans le Nil et l'élèvent au niveau des terres.

« Ce travail exige, par chaque feddan à arroser, 486
« journées d'hommes ou bien 108 journées d'hommes et

« 142 journées de bœufs. En admettant que les deux sys-
« tèmes de machines fournissent par moitié l'eau néces-
« saire à l'arrosage des 500,000 feddans cultivés actuelle-
« ment par irrigation, le service de ces machines enlève
« aujourd'hui aux travaux agricoles proprement dits
« 55,000 *hommes* et 15,000 *bœufs*.

« Le mode suivi jusqu'à ce jour pour élever les eaux
« est donc trop cher et exige trop de bras pour être sus-
« ceptible d'extension. On ne pourra dès lors songer à
« développer sur une grande échelle les irrigations dans
« la haute et moyenne Égypte, qu'en employant des
« moyens nouveaux pour se procurer l'eau nécessaire à
« l'arrosage.

« Deux moyens se présentent tout d'abord :
« 1° Un canal d'irrigation alimenté par une prise d'eau
« faite au moyen d'un barrage ;
« 2° Une série de machines à vapeur convenablement
« espacées le long du Nil.

« Dans ce premier système, la dépense d'établissement
« est considérable et doit être accomplie en totalité avant
« de produire un résultat utile. Mais elle peut être abais-
« sée de moitié en faisant exécuter les terrassements par
« corvées.

« La dépense d'entretien est d'ailleurs très faible. Quant
« à la gêne que la prise d'eau à Djebel-Silsileh apporterait
« à la navigation du haut Nil, elle paraît compensée par la
« faculté d'accroître, au moyen du canal, l'étendue des
« terrains inondés dans les faibles crues.

« Dans le deuxième système, la dépense d'établissement
« est médiocre, et elle peut être fractionnée par parties
« donnant chacune un résultat immédiat. Mais la dépense
« d'entretien, qui serait considérable en tout pays, est
« accrue en Égypte par un chômage de trois mois, par
« l'obligation de tirer le combustible de l'étranger, par

« la difficulté de remplacer les ouvriers mécaniciens et de
« réparer les machines.

« Chaque système a donc des avantages et des inconvé-
« nients qui lui sont propres ; le choix à faire n'est pas
« une question de principe ; c'est une simple question de
« chiffres, dont la solution est tout entière dans la com-
« paraison des dépenses afférentes à chacun d'eux.

« La commission, n'ayant pas toutes les données néces-
« saires pour établir avec précision le chiffre des dépen-
« ses dans les deux systèmes, a dû se borner à un aperçu
« bien vague, sans doute, mais toutefois suffisant pour
« motiver son choix.

« Le nombre des machines et les dimensions du canal
« sont en raison de la masse d'eau que l'on devra élever.
« Cette quantité d'eau dépendra de l'extension qui sera
« donnée à chaque genre de culture, elle est subordonnée
« par conséquent au développement de la population et
« aux vues du gouvernement égyptien, qu'il n'appartient
« pas à la commission de préjuger.

« Sans se préoccuper de cet élément de la question, la
« commission adopte pour base de l'aperçu des dépenses
« le chiffre entièrement hypothétique de 3 millions de
« mètres cubes d'eau pour 24 heures et pendant neuf mois
« qui, à raison de 10 mètres cubes par jour (1) pour chaque
« feddan, suffiraient à l'irrigation de 300,000 feddans.

(1) L'exposé du Ministère des Travaux Publics publié au mois d'avril de
cette année indique pour la région du canal Ibraïmieh 34,000 feddans
seulement de culture séfi ; elle prévoit 33 mètres cubes par feddan et
1,115,000^{m3} d'eau par jour pour toute la région s'élevant à 101,000 feddans,
ce qui corroborerait le chiffre de 3 millions de mètres cubes par jour pour
300,000 feddans indiqué ci-dessus par la commission.

APERÇU DE LA DÉPENSE DU CANAL.

1° *Dépenses d'établissement.*

« Barrage à pierres perdues et écluse
« à sas . . . . 2.500.000 fr.
« Travaux de terrassements du canal
« sur 700 kil. . . . . 25.000.000 »
« Déblais dans le rocher, murs de sou-
« tènement, seuils et déversoirs. . . . . . 8.000.000 »
« Somme à valoir pour les omissions
« et l'imprévu. . . . . 4.500.000 »
« Total. . 40.000.000 fr.

2° *Dépense annuelle.*

« Intérêt à 10 p. 100 du capital d'éta-
« blissement. 4.000.000 »
« Entretien et personnel . . . . 500.000 »
« Total. . . 4.500.000 fr.

APERÇU DE LA DÉPENSE DES MACHINES.

1° *Dépense d'établissement.*

« Achat et installation de 100 machines
« à vapeur de 50 chevaux chacune. . . 15.000.000 fr.

2° *Dépense annuelle.*

« Intérêt à 10 p. 100 du capital d'éta-
« blissement. 1.500.000 fr.
« Combustible à 4 fr. par 24 heures et
« par chevaux pendant 9 mois. . . . . . 5.400.000 »
« Entretien et personnel . . . . 1.800.000 »
Total. . 8.700.000 fr.

« L'eau nécessaire à l'irrigation de 300,000 feddans coû-
« terait donc 4,500,000 francs, soit 15 francs par feddan, si

« elle était fournie par le canal ; et 8,700,000 francs, soit
« 29 francs par feddan, si elle était fournie par les ma-
« chines à vapeur.

« Ces chiffres sont le résultat d'un simple aperçu ; toute-
« fois, ils établissent trop complètement la supériorité du
« canal sur les machines au point de vue d'un système
« général d'irrigation dans la haute et moyenne Égypte,
« pour que cette supériorité puisse être mise en doute.

« La construction de ce canal ne présentera pas de dif-
« ficultés graves ; Djebel-Silsileh offre pour la prise d'eau
« toutes les conditions désirables, niveau suffisant, fond
« de roc, resserrement du lit du fleuve, matériaux à pied
« d'œuvre. Le développement du tracé sur les flancs de la
« montagne permet de maintenir partout le plafond du
« canal au niveau des terrains les plus élevés de la plaine.

« Les dispositions générales du projet sont en quelque
« sorte commandées par la configuration du sol. Mais
« l'examen des dispositions de détails serait prématuré,
« tant qu'une étude approfondie du terrain n'aura pas été
« faite.

« La commission n'a pas cru devoir l'aborder. En indi-
« quant quel est à son avis le meilleur système d'irriga-
« tion pour la haute et moyenne Égypte, et en motivant
« son opinion, elle a répondu autant qu'il était en elle à
« là question que lui a posée Son Altesse le vice-roi. »

Les membres de la Commission internationale
du Canal de Suez.

Signé :

F.-W. CONRAD, *président*,

De NÉGRELLI, A. RENAUD, Mac CLEAU,
LIEUSSOU, rapporteurs.

Assouan, le 7 décembre 1855.

On remarquera que la commission a basé ses chiffres, un peu faibles, d'abord pour le barrage qui, contrairement aux conditions énoncées, ne devrait ni ne pourrait s'établir en pierres sèches, parce que, quelles que soient les dimensions qu'on lui eût données, il n'eût pu résister au courant produit en ce point, et parce qu'il n'aurait aucune adhérence au fond du lit du fleuve ; en outre, un barrage est fait pour surélever l'eau pendant les basses eaux, et ne doit pas faire obstacle permanent lorsque la crue arrive ; il faut au contraire à ce moment que le lit du fleuve soit libre.

Il y a donc eu dans la rédaction de ces devis et prévisions manque de temps et de documents pour vérifier ; d'ailleurs ces messieurs l'ont dès le début déclaré. En outre, une digue en pierre sèche ne pourrait pas conserver l'eau, on l'a vu plus tard au barrage de Saïdieh, où ce moyen avait été adopté pour les hauts-fonds ; la longueur développée nous paraît également considérable ; en un mot, ce projet nous semble trop sommairement expliqué. Cependant le gouvernement a suivi ce conseil, puisque, depuis, il a, sur ces données, exécuté le canal Ibraïmich qui part de Siout au lieu de partir d'Assouan, comme il était recommandé de le faire.

ANNEXE N° 2

** Séance du 30 décembre 1855. Au Caire. **

« Étaient présents : MM. Conrad, Renaud, de Négrelli
« et Lieussou.

« Le président met à l'ordre du jour les questions sui-
« vantes en rappelant que les deux premières ont été
« posées à la commission par Son Altesse le vice-roi et
« que la troisième lui a été soumise par M. l'ingénieur

« Mouchelet, qui est chargé de prolonger jusqu'à Suez le
« chemin de fer existant d'Alexandrie au Caire.

« *1° Quelles dimensions doit-on donner aux trois grands*
« *canaux d'irrigation qui auront leur prise d'eau au bar-*
» *rage de Saïdieh?*

« *2° Convient-il d'adopter pour ce barrage le mode de*
« *fermeture proposé par Mougel-bey?*

« *3° Le chemin de fer du Caire à Suez présente-t-il des*
« *difficultés d'exploitation en raison des courbes et des*
« *pentes adoptées dans le projet?*

« MM. Linant-bey, directeur général des ponts et chaus-
« sées ; Mougel-bey, ingénieur en chef, chargé spéciale-
« ment de la construction des barrages, et Mouchelet,
« ingénieur chargé des travaux du chemin de fer du Caire
« à Suez, exposent successivement la nature du sol et le
« mode de culture pratiqué dans la basse Égypte ; le but
« du barrage et le système de fermeture projetée, les
« données et les dispositions générales du projet de che-
« min de fer.

« *Nature du sol et mode de culture.* — Le territoire de
« la basse Égypte se développe en éventail entre les pentes
« extrêmes des chaînes libyques et arabiques et la mer ;
« il forme un triangle de 1,375 lieues carrées, dont le
« Caire, Alexandrie et Suez occupent les sommets. Le
« Nil, en se bifurquant à Saïdieh, au sommet du triangle
« à 20 kilomètres en aval du Caire, divise ce territoire
« en trois provinces : le Béhéré à l'Ouest, le Delta au
« Centre et le Cherkieh à l'Est.

« Cette vaste plaine d'alluvions, uniformément inclinée
« vers la mer d'environ 0^m,40 par lieue, est ridée dans le
« sens transversal par deux légères ondulations, au som-
« met desquelles est le lit du fleuve.

« Elle offre au-dessus du sol primitif, qui est formé de
« sable de mer, une couche de terre végétale dont l'épais-

« seur diminue à mesure qu'on s'éloigne du fleuve. Les
« eaux du Nil, en s'infiltrant à travers les sables, les ren-
« dent en quelque sorte mouvants et maintiennent sous
« la couche de terre végétale une humidité saline qui, en
« remontant par les interstices capillaires à la surface du
« sol, le couvre d'efflorescences et tend à le rendre impro-
« ductif.

« Le délavage des terres par les eaux douces du Nil
« est donc également dans la basse Égypte la condition
« première de toutes cultures. Ces eaux sont portées au
« loin dans la plaine par une série de canaux transversaux
« plus ou moins inclinés vers la mer. Celles de la branche
« de Damiette, le plus en saillie sur le sol, se déversent
« à droite et à gauche, dans le Cherkieh et le Delta;
« celles de la branche de Rosette se déversent par la rive
« gauche dans le Béhéré.

« Tous ces canaux sont séfi , c'est-à-dire creusés en
« contre-bas de l'étiage. Mais, au moyen de barrages en
« terre établis dans leur lit, on y élève l'eau au-dessus des
« terrains qu'il s'agit d'arroser. Placés dans la zone des
« sables mouvants, ils se comblent avec une rapidité
« extrême et se bouchent plus rapidement à leur prise
« d'eau dans le Nil. Leur entretien occupe plus de bras
« que les travaux agricoles proprement dits.

« Le sol cultivable, qui embrasse aujourd'hui une éten-
« due de 4 millions de feddans, est divisé irrégulièrement
« en bassins d'inondation ou d'irrigation : chaque bassin
« est enclos entre des levées de terre qui l'isolent des
« canaux qui sillonnent la plaine et permettent d'y intro-
« duire ou de faire écouler les eaux par des coupures
« pratiquées dans les levées d'amont et d'aval.

« La culture par irrigation, limitée dans le système
« des canaux séfi aux terrains bas qui ne dépassent pas
« de $2^m,50$ le niveau de l'étiage, n'embrasse guère aujour-

« d'hui que 300,000 feddans. Le barrage de Saïdieh, en
« surélevant de $4^m,50$ les eaux du Nil dans les temps
« d'étiage, permettrait d'étendre les bienfaits de l'inon-
« dation à la plus grande partie des terres de la basse
« Égypte qui en sont privées.

« Toutefois, la culture par irrigation exigeant beaucoup
« plus de bras que la culture par simple inondation, on
« ne peut songer à donner à cette culture toute l'extension
« que comportera le régime du fleuve après l'achèvement
« des barrages ; la population n'y suffirait pas ; ce sera
« tenir largement compte des ressources que présente
« sous ce rapport le pays, que de préparer les moyens
« d'arroser le quart environ des terres cultivables de la
« basse Égypte, c'est-à-dire

        200.000 feddans dans le Béhéré.
        450.000   —   —   Delta.
        300.000   —   —   Cherkieh.
        ____
    Total. 950.000 feddans.

« L'irrigation de ces terrains, à raison de 20 mètres
« cubes d'eau par feddan en vingt-quatre heures, exigera
« un débit d'eau journalier de :

        4.000.000^{m3} d'eau pour le canal de l'Ouest.
        9.000.000   —   —   du Centre.
        6.000.000   —   —   de l'Est ; soit en
        ____
Total. 19.000.000 de mètres cubes.

« Ces trois canaux ont été commencés sur les dimen-
« sions suivantes :
« Canal de l'Ouest ou du Béhéré : largeur 60 mètres,
« profondeur 2 mètres.

« Canal du Centre ou du Delta : largeur 100 mètres,
« profondeur 2^m,60.

« Canal de l'Est ou de Cherkieh : largeur 100 mètres,
« profondeur 2 mètres.

« Leur plafond devait avoir la pente générale de la
« plaine, qui est de 0^m,12 par kilomètre, mais la pente de
« superficie aurait été ramenée par une série de barrages
« établis dans leur lit à 0^m,03 environ.

But du barrage et système de fermeture projeté. — « Le
« barrage établi à Saïdieh à l'origine du Delta, en vue de
« faciliter et d'étendre la culture par irrigation dans la
« basse Égypte, a pour but de surélever de 4^m,50 le niveau
« des eaux à l'étiage. Il servira à régler le partage du
« fleuve entre les branches de Damiette et de Rosette, et
« permettra de substituer aux canaux séfi qui, creusés
« dans les sables mouvants, se bouchent et se comblent
« sans cesse, trois grands canaux creusés dans la terre
« végétale au-dessus de la zone des sables voyageurs. Ces
« trois canaux, dont le plafond à partir du barrage sera
« réglé dans une pente moindre que celle du sol, seront
« les trois grandes artères d'irrigation sur lesquelles vien-
« dra se souder le système des canaux secondaires existant
« dans chaque province.

« Ils affranchiront la population égyptienne de curages
« incessants, qui enlèvent aujourd'hui aux travaux agri-
« coles proprement dits plus de la moitié des bras dispo-
« nibles. L'artère du Delta devant traverser la forteresse
« en construction à Saïdieh, le génie insiste pour que sa
« largeur en dehors de l'enceinte ne dépasse pas 15 mètres.
« Il serait peut-être rationnel d'accommoder les dispositions
« défensives aux besoins de l'irrigation, qui est l'affaire
« essentielle du pays, que de resserrer outre mesure le
« canal au passage des fortifications.

« Le barrage n'est pas terminé ; un tiers des radiers,

« 400 mètres d'arrière-radiers et 6 arches sur la branche
« de Damiette, restent à faire. Ces travaux complémen-
« taires devront précéder la fermeture du pertuis. Les
« portes projetées sont des secteurs en tôle, à double
« paroi, tournant autour d'un axe horizontal. Elles se fer-
« meront ou s'ouvriront d'elles-mêmes selon qu'elles
« seront remplies d'eau ou d'air comprimé. L'air comprimé
« sera fourni par une pompe mue par le courant du
« fleuve au moyen d'une soupape réglée par un flotteur. Il
« s'échappera librement tant que le niveau normal de $4^m,50$
« assigné à la retenue, ne sera pas atteint, et il s'intro-
« duira dans les portes dès que ce niveau sera dépassé.
« Le Nil se maintenant ainsi de lui-même à un niveau
« constant, la seule manœuvre qu'exigera le système des
« portes à air comprimé consistera à les surélever hors de
« l'eau à l'époque des crues.

Données et dispositions du projet de chemin de fer. —
« Pour le chemin de fer du Caire à Suez, Son Altesse le
« vice-roi ayant prescrit d'économiser le plus possible le
« temps et l'argent et d'épargner les propriétés particu-
« lières, l'ingénieur a dû admettre dans son tracé des
« rampes et des pentes qui n'étaient pas absolument com-
« mandées par la topographie du sol.

« Les rampes, séparées par des lignes de niveau de 1 ou
« 2 kilomètres, ont généralement de 10 à 12 kilomètres de
« longueur et 4 millimètres de pente. La plus forte pour
« franchir le point culminant d'Awebet aura une pente
« de 8 millimètres, mais sur 1 kilomètre seulement;
« elle sera précédée et suivie d'une ligne de niveau.

« Les courbes ont généralement 4 à 6 kilomètres de
« rayon, excepté aux abords du Caire où l'on a tracé trois
« courbes avec des rayons de 1,500, 1,200 et 800 mètres;
« cette dernière courbe touche à la gare.

« Après avoir entendu ces explications données sur les

« trois questions à l'ordre du jour par MM. Linant-bey,
« Mougel-bey et Mouchelet, la commission émet l'avis
« suivant :

« 1° Le canal de l'Est aura 75 mètres de largeur au
« plafond, sur 2 mètres de profondeur; celui de l'Ouest,
« 50 mètres sur 2 mètres; celui du Centre, 80 mètres sur
« $2^m,50$. Pour ce dernier, qui doit traverser Saïdieh, la
« profondeur initiale sera de 5 mètres et la largeur de
« 40 mètres dans la forteresse et de 15 mètres seulement
« au mur d'enceinte.

« 2° Le système des portes mues par l'air comprimé
« est trop compliqué pour qu'on puisse en garantir le
« succès. La commission préférerait un système plus
« simple ayant déjà reçu la sanction de l'expérience; par
« exemple, les portes à axe horizontal ou vertical, les
« portes avec des vannes à persiennes ou avec des vannes
« à ventelles superposées.

« 3° Les courbes et les pentes maxima adoptées par
« par M. Mouchelet pour le chemin de fer du Caire à Suez
« sont des courbes et des pentes que l'on admet même
« sans y être forcé. On les rencontre dans la plupart des
« chemins de fer d'Europe, où elles ne présentent aucune
« difficulté sérieuse d'exploitation.

« Le secrétaire de la commission est chargé de rédiger,
« conformément à ces conclusions, un rapport à Son Altesse
« le vice-roi sur les deux premières questions, et une note
« pour M. Mouchelet pour la troisième. »

<table>
<tr><td>Le Secrétaire,</td><td>Le Président,</td></tr>
<tr><td>LIEUSSOU.</td><td>F.-W. CONRAD.</td></tr>
</table>

ANNEXE Nº 3

Rapport à Son Altesse Mohammed-Saïd Pacha,
vice-roi d'Égypte.

« Son Altesse a demandé l'avis de la commission inter-
« nationale du Canal de Suez sur le mode de fermeture
« proposé par M. Mougel-bey pour le barrage de Saïdieh
« et sur les dimensions qu'il convient de donner aux trois
« grands canaux d'irrigation qui auront leur prise d'eau à
« ce barrage.

« En déférant aux désirs de Son Altesse, la commission
« n'a pas à craindre de paraître vouloir donner un conseil
« sur des questions élémentaires au savant ingénieur qui,
« en surmontant les plus grands obstacles dans la con-
« struction du barrage, a donné les plus sûres garanties
« d'un heureux achèvement.

« Dans le mode de fermeture projeté par M. Mougel-
« bey, la porte de chaque pertuis du barrage est un cais-
« son en tôle, à parois cylindriques, tournant sur un axe
« horizontal ; lorsqu'elle est remplie d'eau, elle coule et se
« ferme ; lorsqu'elle est remplie d'air comprimé, elle s'ou-
« vre et flotte. L'air comprimé est fourni par une pompe
« mise en mouvement par le courant du fleuve. En réglant
« l'introduction de l'air au moyen d'une soupape mue par
« un flotteur, de manière qu'elle soit interrompue dès que
« le niveau de $4^m,50$ assigné à la retenue baisse et qu'elle
« soit rétablie dès que ce niveau monte, on forcera le fleuve
« à se maintenir par lui-même à un niveau constant. On
« n'aura plus dès lors à recourir à des moyens mécani-
« ques qu'à l'époque des crues, pour surélever les portes
« hors de l'eau.

« Ce système est très ingénieux et très rationnel, la com-
« mission n'a rien à y objecter si ce n'est qu'il est nou-

4

« veau et qu'il n'a pas encore été appliqué. Elle n'oserait
« conseiller de l'adopter pour la fermeture d'un barrage
« gigantesque, tant qu'un essai préalable, fait sur une
« plus petite échelle, n'en aura pas garanti le succès.

« L'emploi de l'air comprimé pourrait amener des mé-
« comptes pour un résultat peu important, puisque la ma-
« nœuvre directe des portes, qu'il tend à supprimer serait
« peu coûteuse. Le Nil croissant avec une lenteur et une
« régularité extrêmes, cette manœuvre pourrait être néces-
« saire. Elle serait dès lors facilement exécutée par six ou
« huit hommes au moyen d'une grue mobile.

« En supprimant dans le mode de fermeture proposé
« par M. Mougel-bey le mécanisme relatif à l'air com-
« primé, on rentre dans un système de portes déjà appli-
« qué sur la Seine et d'un succès assuré.

« On pourrait adapter également les portes tournantes
« à un axe horizontal ou vertical, les vannes à persien-
« nes, les vannes à ventelles superposées ; tous ces systè-
« mes sont bons et ont été trouvés d'une manœuvre facile
« sous des charges bien supérieures à celle de la retenue
« du barrage. La commission les indique sans en recom-
« mander spécialement aucun ; elle laisse au directeur des
« travaux du barrage le soin de choisir le plus simple, le
« moins coûteux et le mieux approprié aux dispositions
« préexistantes des pertuis.

« Les dimensions qu'il convient de donner aux trois
« grands canaux d'irrigation qui auront leur prise d'eau
« au barrage de Saïdieh ont été calculées par la commis-
« sion d'après les données suivantes qui lui ont été four-
« nies par M. Linant-bey :

« 1° Le plafond de chaque canal aura la pente générale
« de la plaine, qui est de $0^m,12$ par kilomètre, mais la
« pente de superficie sera ramenée par une série de bar-
« rages à $0^m,03$.

« 2° Le nombre de mètres cubes d'eau débités en
« 24 heures sera de : six millions pour le canal de l'Est,
« neuf millions pour celui du Centre et quatre millions
« pour celui de l'Ouest.

« D'après la formule de Prony, ces conditions seront
« satisfaites sans que le courant atteigne la vitesse de $0^m,5$
« par seconde, menaçante pour la stabilité des berges, si
« l'on donne aux canaux les dimensions ci-après :

« Canal de l'Est, largeur au plafond 75 mètres, profon-
« deur 2 mètres ;

« Canal du Centre, largeur au plafond 50 mètres, pro-
« fondeur $2^m,50$;

« Canal de l'Ouest, largeur au plafond 50 mètres, pro-
« fondeur 2 mètres.

« Le canal du Centre devant traverser Saïdieh, il paraît
« utile de réduire sa largeur à 40 mètres dans l'intérieur
« de la forteresse et à 15 mètres au mur d'enceinte. Ces
« étranglements n'auront aucun inconvénient, si on donne
« au canal une profondeur initiale de 5 mètres, convenable-
« ment raccordée avec la profondeur normale de $2^m,50$. »

Les membres de la Commission internationale
du Canal de Suez.

Signé :

CONRAD, *Président.*
RENAUD, DE NÉGRELLI, LIEUSSOU, *rapporteurs.*

Le Caire, 13 décembre 1855.

Rapport de M. John Fowler
sur les irrigations et la mise en état du barrage
de Saïdieh en 1876

« Le rôle principal du barrage sera l'irrigation com-
« plète, à toutes les époques de l'année, de trois millions
« de feddans de terrain cultivable dans la basse Égypte.

« Pour atteindre le même but, on peut établir un sys-
« tème de canaux à niveau élevé ; si ce canal se faisait
« sur la rive droite du Nil, la prise d'eau devra se faire
« à Querrémat, 110 kilomètres en amont du barrage ; s'il
« se faisait sur la rive gauche, la prise d'éau devrait se
« faire à Echment, 114 kilomètres en amont du barrage.
« Le capital à dépenser pour l'un ou l'autre de ces canaux
« serait 2 £. 7 sh. 8 p. 5 d. par feddan.

« Le barrage du Nil se compose essentiellement d'un
« viaduc en briques assez massif et bien construit, fondé
« sur une masse large mais peu profonde de béton, et
« traversant les branches de Rosette et de Damiette à la
« pointe du Delta.

« Dans le plan original, il était projeté de fermer par-
« tiellement les arches du viaduc lors de l'étiage, au
« moyen de vannes en fer d'une construction spéciale, afin
« d'élever le niveau du fleuve à 4 mètres et demi au-dessus
« du niveau des basses eaux. On pensait ainsi pouvoir
« fournir l'eau d'irrigation aux principaux canaux de
« la basse Égypte, à une hauteur telle que la plupart
« des sakiehs et des chadoufs pourraient être supprimés.

« On s'attendait aussi à ce que les travaux du barrage
« rendissent la basse Égypte indépendante des inonda-
« tions, qu'elles fussent selon leurs niveaux ou bonnes ou
« mauvaises, vu qu'il serait possible d'inonder un terrain
« quelconque à volonté au moyen de vannes régulatrices.

« Les études du barrage furent complétées en 1843, et

« pendant les dix années qui suivirent les travaux furent
« poussés avec plus ou moins de rapidité et de succès.

« La longueur totale du barrage en travers la branche
« de Rosette (y compris 61 arches d'environ 5 mètres de
« largeur et deux chambres d'écluses de 12 mètres et
« 15 mètres de largeur) est de 465 mètres. La longueur
« totale du barrage en travers la branche de Damiette, y
« compris 10 arches de plus, est de 545 mètres.

« Lors de l'étiage, avec toutes les vannes et les écluses
« ouvertes, l'eau au barrage a un débouché superficiel
« d'au moins 990 mètres carrés; tandis qu'à une distance
« de 1 ou 2 kilomètres en aval du barrage, la superficie
« est de 890 mètres carrés, à Querrémat, à peu près à
« 114 kilomètres en amont du barrage, elle est de 1,130
« mètres carrés. Lors des hautes eaux, en 1874, la super-
« ficie du courant était de 7,000 mètres carrés au barrage,
« 6,500 au pont de Kasr-el-Nil et de 6,850 à Querrémat.

« L'examen des arches et des piles du barrage visibles
« au-dessus de l'étiage prouve qu'elles ont été bien con-
« struites et avec de bons matériaux, qu'elles sont d'une
« solidité suffisante pour résister à la pression voulue de
« l'eau et qu'elles suffisent en général à remplir le but
« auquel elles furent destinées.

« Néanmoins il a été considéré jusqu'ici comme peu
« judicieux et même comme impossible de faire servir le
« barrage à plus d'une fraction du travail auquel il fut
« destiné dès l'origine. La cause principale de ce fâcheux
« résultat et de la faiblesse inhérente qui rend cette
« œuvre importante et grandiose sinon entièrement inu-
« tile, au moins d'une utilité très limitée, est attribuable
« à la construction primitive et à l'état actuel du radier.

« Ma conviction est que les fondations du radier, dès
« le principe, ont été portées à une profondeur insuffi-
« sante, et, si le barrage actuel doit être réparé et achevé

« de manière qu'il puisse être exposé sans crainte et
« pendant de longues années à l'action des eaux du Nil,
« il faudra ajouter des travaux importants et coûteux,
« pour le mettre en l'état dans lequel il se serait trouvé
« si les fondations eussent été jetées dans le principe à la
« profondeur voulue.

« Je persiste (après études et renseignements) dans la
« conviction qu'aucun expédient simple et peu coûteux ne
« peut suffire pour mettre le barrage à même de rendre
« avec sûreté les services précieux qu'on en attend.

« Les fondations du barrage ont été minutieusement
« examinées au moyen de sondages et d'épreuves por-
« tées sur leur surface entière et effectuées à l'aide d'un
« radeau; la condition exacte et le niveau de la surface,
« la qualité de la maçonnerie et du ciment, la portion
« des lézardes et le degré d'intégrité que possède le
« radier, ont été ainsi mis au jour; au moyen d'un sys-
« tème d'épreuves, j'ai pu constater l'épaisseur actuelle
« du béton et me renseigner sur la qualité de la masse ;
« les résultats sont dans les dessins 1 à 6.

« Les changements survenus dans le lit du fleuve d'an-
« née en année, depuis le commencement du barrage,
« ont été rapportés à leur source autant que l'ont permis
« les plans et les indications possédés par les bureaux
« des travaux publics. Les variations qui ont eu lieu
« depuis que j'ai entrepris l'étude de la question ont été
« naturellement notées avec une exactitude très minu-
« tieuse, et elles se trouvent indiquées avec d'autres
« détails sur la grande carte et dans les dessins n°s 9 à 12,
« tous deux compris.

« La quantité de moellons que l'on jeta dans les en-
« droits les plus profonds du fleuve, pour servir de fon-
« dations aux barrages, et de ceux que l'on y ajouta pour
« protéger le lit du fleuve contre l'érosion et pour com-

« bler des trous déjà creusés, a été constatée aussi exacte-
« ment que possible au moyen de sondages, d'épreuves
« et de comparaisons avec les cartes déjà existantes.

« Pour connaître la nature probable des matières di-
« verses que l'on rencontrera lors de la pose des fonda-
« tions profondes pour l'achèvement du barrage, j'accom-
« plis un forage d'environ 40 mètres de profondeur sur
« la rive droite de la branche de Damiette, à l'endroit
« indiqué dans le dessin n° 7.

« Dans l'intervalle de 7 mois, entre novembre 1874 et
« juin 1875, l'on constata des variations de pas moins de
« huit mètres dans le niveau du lit du fleuve immédiate-
« ment en aval du barrage. S'il s'opère de telles varia-
« tions, maintenant que le barrage ne sert pour ainsi dire
« que de pont, il est de toute évidence que des travaux
« d'abris, et efficaces, seront nécessaires, si le barrage est
« achevé; et le lit du fleuve sera par cela même soumis
« à l'action de forts volumes d'eau se précipitant avec
« rapidité.

« La surface supérieure du radier, pavée de briques et
« de pierres, se trouve être comme ensemble dans un
« meilleur état que je n'avais raison d'espérer, mais la
« masse du béton du dessous de ces pavés est dans un état
« très peu satisfaisant. Dans quelques endroits, le béton
« est devenu dur et compact; mais dans d'autres, soit que
« le ciment ait été emporté par l'eau, soit par toute autre
« cause, il ne représente plus qu'une masse confuse de
« petites pierres ou graviers et ne vaut guère mieux.

« En ce qui concerne le barrage, le radier de béton fut
« posé à la hâte, vu le peu de temps disponible, et une
« grande partie du béton du côté de Rosette fut tout sim-
« plement superposée sur un enrochement non compact
« de moellons détachés, de 12 mètres de hauteur, à travers
« lesquels le courant a dû nécessairement et continuelle-

« ment filtrer en emportant le ciment avant que la masse
« se fût solidifiée.

« A diverses époques, il a fallu reconstruire ou réparer
« des parties considérables des fondations.

Travaux projetés.

« L'état actuel des fondations est tel, que, même le
« manque de profondeur à part, il serait peu judicieux
« de les exposer à une plus forte pression et de les sou-
« mettre à de plus rudes épreuves qu'elles ne subissent
« actuellement, car elles seraient entièrement détruites et
« emportées par l'action de l'eau passant par-dessous ou
« par les vannes à la hauteur et à la vitesse projetée dans
« l'origine.

« Pour donner le degré de résistance voulu aux fonda-
« tions actuelles, il serait nécessaire de reconstruire
« entièrement le barrage, et le résultat définitif, quoique
« très coûteux, n'inspirerait que peu de confiance. On a vu
« que les travaux, même dans l'état d'imperfection où ils
« se trouvent, résistent assez bien à la pression et à la
« vélocité de l'eau; il serait très peu coûteux de les mettre
« à même de leur résister d'une manière absolue.

« Il semble donc clair que le plan à suivre dans l'achè-
« vement du barrage sera d'utiliser au maximum possible
« les travaux qui existent et d'obtenir la hauteur addition-
« nelle requise pour atteindre la cote d'eau voulue de
« 4 mètres et demi, au moyen d'une construction entière-
« ment nouvelle et indépendante.

« Je propose donc d'achever d'une manière efficace les
« vannes du barrage actuel, de construire une nouvelle
« série de vannes sur des fondations portées à une grande
« profondeur immédiatement en aval du radier actuel, et

« de protéger le lit du fleuve contre l'érosion par des
« travaux importants et suffisants dont je ferai plus loin
« la description.

« D'abord, quant au barrage actuel et à l'effort auquel
« il doit pouvoir résister, il est évident que, vu la nature
« du sol démontrée par les forages, son extrême finesse,
« sa légèreté et sa tendance à se déplacer, une différence
« dans le niveau de l'eau à l'amont et à l'aval des vannes
« de 4 mètres et demi projetées emporterait assurément
« le sable d'en dessous du radier, même s'il était construit
« solidement, ce qui n'est nullement le cas; s'il en était
« ainsi, nous pourrions empêcher le sable d'être emporté
« en l'emprisonnant pour ainsi dire entre deux murailles
« disposées en courtine en travers du lit du fleuve en
« amont et en aval du radier actuel, et se rattachant à sa
« masse large et peu épaisse.

« Le radier du barrage sur le Kistnach à Madras est
« ainsi fait, et ce fleuve décharge trois fois le volume
« d'eau du Nil, quoique sa largeur soit à peu près la
« même; sur le Sône, dans l'Inde septentrionale, le radier
« est ainsi fait également et le barrage a presque 4 kilo-
« mètres de longueur.

« Mais, en ce qui concerne le barrage du Nil, toutes
« les fondations ont plusieurs lézardes; il serait impossible
« d'emprisonner le sable au moyen de murailles à cour-
« tines parce que, comme il existe une différence entre la
« pression hydraulique sur le radier en amont et en aval
« des vannes, le sable fin filtrerait nécessairement à
« travers les fissures qui pourraient se trouver dans la
« partie basse, de sorte que les fondations seraient affouil-
« lées malgré les murailles d'abri.

« Il serait peu judicieux de courir un tel risque ou
« d'exposer les fondations à être affouillées, danger auquel
« elles ont résisté avec succès jusqu'à présent. Il n'est

« pas rare que l'on maintienne une différence de 1^m,50
« à 2 mètres entre le niveau de l'eau en amont et en
« aval des vannes; et, par conséquent, si la cote d'eau
« projetée est limitée d'après ma proposition à 1 mètre et
« demi avec une courtine ou muraille plus basse, il ne
« sera pas à craindre que les fondements s'affouillent.
« Mais il est nécessaire aussi de s'assurer que les fonda-
« tions actuelles pourraient soutenir sans dommage le
« choc de l'eau se précipitant au-dessus et au-dessous des
« vannes, épreuve à laquelle elles n'ont jamais été complè-
« tement soumises jusqu'à présent.

« Grâce aux vannes inférieures que je propose, la chute
« de l'eau sur le plancher ou radier actuel est non seule-
« ment réduite de 4 mètres et demi à 1 mètre et demi,
« mais l'eau tombe dans une cuvette profonde ou, en
« d'autres termes, sur une épaisse nappe d'eau qui en
« recouvre le fond, et l'expérience prouve que c'est le
« meilleur moyen de neutraliser l'action destructive d'une
« chute d'eau.

« Ainsi, prenons comme exemple les déversoirs de
« Muhmoudpoor, sur le canal du Gange, dont les fonda-
« tions presque identiques, en ce qui concerne les maté-
« riaux et les travaux, à celles du barrage du Nil, furent
« entièrement ruinées par l'eau tombant avec la rapidité
« imprimée par une tête de 2 à 4 mètres; l'action destruc-
« tive en fut immédiatement arrêtée par une ligne de
« crèches ou boîtes remplies de pierres et déposées sur un
« emplacement correspondant à celui des vannes infé-
« rieures et formant ainsi une nappe d'eau amortissante
« protégeant les fondations.

« Dans le cas où les travaux projetés seraient mis à
« exécution, la superstructure et le radier du barrage actuel
« posséderont toute la résistance voulue pour le travail
« qui lui sera imposé. La partie la plus rudement mise à

PROFIL-TYPE

représentant la coupe du barrage ainsi que les travaux projetés
par Mr l'Ingénieur Fowler (1876)

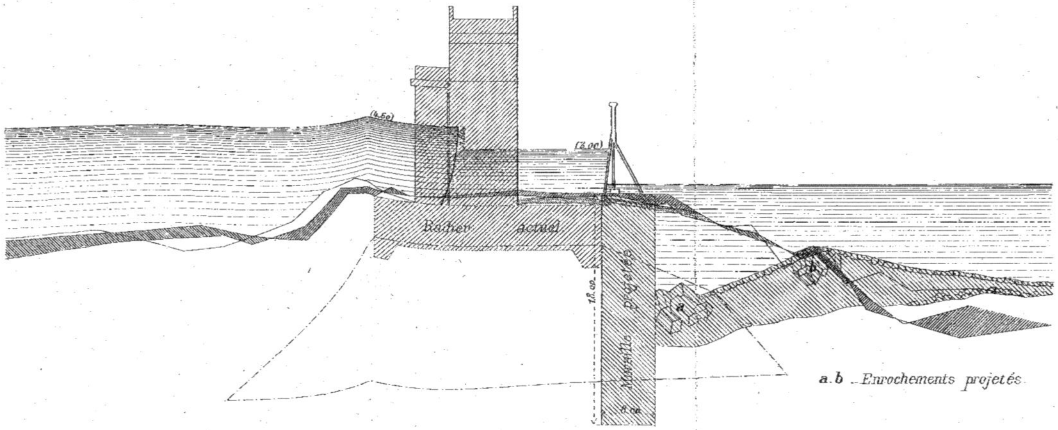

a.b _Enrochements projetés._

ECHELLES { de 0,0015 pour les longueurs.
de 0,003 pour les hauteurs.

1934
BAUDRY & Cie Editeurs. Paris.
Auto Imp. A. Broise & Courtier, 43, rue de Dunkerque, Paris.

« trouve une rangée de blocs de béton d'un poids tel que
« le courant ne puisse les déplacer, destinés avec les moel-
« lons à former une culée solide qui supporte le barrage
« entier.

« A 24 mètres plus loin se trouve une deuxième rangée
« de ces blocs, formant une barrière toute-puissante contre
« les efforts de l'eau et destinée à arrêter les fragments de
« roc que le courant ne manquerait pas d'emporter. A une
« certaine distance de là, en aval du courant, se trouve une
« nouvelle masse de moellons dont l'extrémité inférieure
« nécessiterait probablement des soins et des réparations
« pendant plusieurs années après chaque saison des hautes
« eaux ; les deux rangées de blocs de béton et la maîtresse
« muraille forment, pour ainsi dire, trois lignes de défense
« solides contre tout mouvement rétrograde du lit du
« fleuve.

« Actuellement, le lit du fleuve est plus ou moins jonché
« de moellons et, sur une partie de la branche de Rosette,
« il y en a une couche de presque 12 mètres d'épais-
« seur.

« La muraille projetée portée à une profondeur de
« 18 mètres, au-dessous du niveau des basses eaux, tra-
« versera entièrement cet enrochement ou masse de moel-
« lons jusque dans le lit même du fleuve ; il ne peut donc
« pas être question de filtration par les interstices. Les
« moellons employés dans l'origine étaient comparative-
« ment petits et, depuis lors, les interstices auront sans
« doute été presque, sinon entièrement, bouchés de sable
« et d'autres matières ce qui rendrait l'enrochement pour
« ainsi dire imperméable.

« Dans l'un des premiers barrages indiens sur le Kist-
« nach, pour empêcher toute infiltration, la partie profonde
« du lit du fleuve fut comblée de sable immédiatement au-
« dessous des fondations, tandis qu'ailleurs l'on se servit

« de moellons comme pour le barrage du Nil. L'expérience
« acquise plus tard sur ce même fleuve et sur le Godavery
« démontra que cette précaution était inutile, parce que
« les moellons, quoique permettant d'abord le libre pas-
« sage de l'eau ne tardaient pas à former une barrière
« imperméable.

« Pour la maîtresse muraille que je propose, il faut la
« poser à une profondeur de 18 mètres dans le lit sablon-
« neux du fleuve et sur une distance considérable, à travers
« la masse de moellons déposée en aval du barrage. Il
« faut que ce travail soit effectué de manière à n'endom-
« mager aucunement les fondations et la superstructure
« du barrage.

« Je propose de construire les murailles en longueur
« de 35 mètres et de couler les différentes sections au
« moyen de caissons en fer comme cela se fait ordinaire-
« ment pour les fondations d'un pont. Les caissons seraient
« disposés de manière à pouvoir fonctionner soit par le
« procédé pneumatique ordinaire, soit par le système plus
« récent de plongeurs et de bateaux pneumatiques (*système*
« *Reeves*). Le premier de ces deux systèmes servirait lors du
« passage à travers la couche de moellons, vu qu'un plus
« grand nombre d'hommes pourraient y être employés à
« frayer un chemin à l'angle tranchant du caisson, ce qui
« est un travail fatigant et difficile. Le second système
« serait employé exclusivement pour le passage à travers
« le sable fin, vu que si l'on négligeait de prendre des pré-
« cautions exceptionnelles et d'exercer une grande sur-
« veillance, on risquerait avec le procédé pneumatique
« ordinaire d'aspirer le sable dans l'intérieur du caisson et
« de causer le tassement du barrage actuel.

« Pour unir les diverses sections de la maîtresse muraille
« l'une à l'autre, de manière qu'elles se maintiennent
« naturellement et qu'elles ne laissent pas une solution de

« continuité qui laisserait passer le sable entre leurs jonc-
« tions il y a à chaque extrémité de chaque section une
« rainure ; cette rainure est comblée de béton mou ou de
« mortier ayant une consistance suffisante pour ne pas se
« déplacer et n'étant pas trop dur pour pouvoir être percé.
« Dès que les diverses sections de la maîtresse muraille
« auront été mises en place, je ferai couler un tuyau de
« fer forgé qui devra se frayer un chemin à travers la
« matière molle qui remplit les deux rainures opposées.
« Ce tuyau une fois dilaté et rempli de ciment concret
« formera une clef qui liera les sections entre elles et qui
« empêchera le passage du sable (1).

« La maîtresse muraille se composera de moellons en
« maçonnerie de chaux et ciment hydrauliques, dont la
« face verticale exposée au clapotage de l'eau sera parée
« de pierre de taille, et elle sera en outre couronnée de gros
« blocs de granit attachés l'un à l'autre par des fentons et
« maintenus par un nez en fonte.

« Sur le sommet de la maîtresse muraille seront forte-
« ment boulonnés les montants en fer forgé destinés aux
« nouvelles vannes projetées. Ces vannes seront construites
« sur le modèle de *gouvernails balancés ;* on les fera manœu-
« vrer d'une longue plate-forme en fer qui, de même que
« tous les ferrements compris dans la bâtisse, sera entière-
« ment submergée lors des hautes eaux. Les montants
« sont placés en face des piliers en brique actuels du bar-
« rage, soit à 7 mètres d'intervalle, l'espace intermédiaire
« étant sous le contrôle de deux vannes balancées pivotant
« sur des axes verticaux.

« Pour protéger les vannes et le barrage en général

---

(1) Cette disposition est un peu hasardée ; cependant, en admettant que tout
aille bien selon les prévisions, comment pourrait-on opérer pour foncer le
tube au travers de la couche de pierre dont M. Fowler évalue l'épaisseur à
12 mètres ; il y aurait là forcement un intervalle inaccessible qui rendrait le
radier défectueux tous les 35 mètres. PAPONOT.

« contre le risque d'être endommagés par des bateaux à la
« dérive ou par d'autres masses pesantes emportées lors
« des hautes eaux, une estacade volante sera placée en
« amont des avant-becs du barrage actuel.

« Il sera plus avantageux de ne procéder à la protection
« du lit par des blocs de béton et des moellons, qu'après
« l'achèvement du reste des travaux; car, en faisant fonc-
« tionner les vannes comme il faut, les bancs de sable en
« aval du barrage seraient emportés par le courant, ce
« qui économiserait de grands frais de dragage.

Écluses.

« Il faudra reconstruire les murailles actuelles des
« écluses, et faire des travaux protégeant les maçonneries
« et les talus des rives du fleuve en aval du barrage,
« de nouvelles portes capables de résister à la tête d'eau
« seront indispensables.

« Il y aura encore quelques petits travaux contingents
« et accessoires, qui seront nécessaires à l'achèvement du
« barrage d'une manière efficace et durable.

« Avec une direction et une surveillance soignées, le tra-
« vail entier peut être achevé de première main-d'œuvre
« pour la somme de 25,000,000 de francs (L 1,000,000),
« et dans cette somme sont comprises toutes les éventua-
« lités possibles.

« Si la dépense devait comprendre non seulement toute
« éventualité probable, mais encore toute éventualité rai-
« sonnablement possible, le coût des travaux projetés
« n'excéderait pas 30,000,000 de francs (£. 1,200,000).

« Les détails du devis sont donnés à l'appendice; les
« sommes les plus importantes peuvent se résumer
« comme suit :

Résumé du Devis.

« Maîtresse muraille en « aval du barrage. . . .	15.450.000 fr.	618.000 £.
« Blocs de béton et pro- « tection de moellons. .	2.608.500 »	82.740 »
« Travail spécial aux « écluses	2.707.400 »	108.296 »
« Vannes et portes d'é- « cluses.	2.942.300 »	117.692 »
« Réparations au bar- « rage et travaux divers.	1.831.800 »	73 272 »
« Totaux. . . .	25.540.000 fr.	1.000.000 £.

« Si les travaux sont poussés énergiquement et sans
« interruption, ils peuvent être facilement achevés dans
« l'espace de 3 ans.

« Suivant mon opinion, l'achèvement du barrage est le
« moyen le plus économique d'atteindre au but désiré
« d'une irrigation perfectionnée.

« Mon but, par les travaux projetés, a été d'utiliser la
« construction actuelle, en tant que le permettent sa force
« et sa capacité.

« Je ne prévois aucune difficulté à trouver un entrepre-
« neur responsable qui se charge de l'affaire au coût évalué
« dans le devis, s'il en est décidé ainsi.

« Le Nil, comme du reste tous les fleuves qui déposent,
« est sujet à l'exhaussement lent mais certain de son lit,
« et il s'agit de s'assurer si les travaux projetés accélé-
« reraient cet exhaussement graduel d'une manière préju-
« diciable.

« Je suis d'opinion qu'il n'y a rien à craindre de ce côté-
« là, et je ne suis arrivé à cette conclusion qu'après avoir

« étudié avec soin toutes les circonstances environnantes,
« surtout en ce qui concerne la vélocité diminuée du cou-
« rant causée par le barrage de l'eau et les quantités va-
« riables des matières tenues en suspension aux différentes
« époques de l'année, comme démontrées dans les analy-
« ses de l'eau données à l'appendice de ce rapport. »

Rapport du docteur Letheley sur les eaux du Nil.

« Les échantillons reçus au laboratoire le 23 octobre
« passé étaient dans des bouteilles à vin sûrement bou-
« chées et étiquetées comme suit :

« Eau du Nil puisée au barrage { 12 novembre 1874.
  12 décembre —
  23 janvier 1875.

« Eau du Nil puisée au barrage { 12 février —
  12 mars —
  12 avril —

« — — à Boulac 12 mai —

« Ces échantillons, avec ceux qui ont déjà été analysés,
« forment une série mensuelle non interrompue depuis le
« mois de juin 1874 jusqu'à mai 1875.
« Tous ces échantillons étaient troublés par des matières
« en suspension qui ne tardèrent pas à se déposer en
« laissant une eau claire à analyser.
« Les résultats de l'analyse sont démontrés dans le
« tableau ci-joint, et, pour la comparaison, j'y ai ajouté ceux
« de la série précédente, donnant ainsi un exposé de l'eau
« du Nil de mois en mois pendant une année tout entière.
« Les quantités de matières solides dissoutes dans l'eau
« varient de 13,614 à 20,471 parties pour 100,000 parties

« d'eau. La première de ces deux proportions fut trouvée
« dans l'échantillon de décembre, et la dernière dans l'eau
« puisée à Boulac au mois de mai. Il semblerait ainsi que la
« quantité de matières dissoutes augmente graduellement
« depuis le mois de décembre jusqu'en juin, et qu'après
« cette époque elle diminue graduellement et dans la
« même proportion, excepté pendant le mois de septembre.

« Si on considère les constituants individuels de l'eau,
« l'on verra que les matières azotées représentées par les
« quantités d'ammoniaque réelle et organique et de même
« que par les proportions des matières organiques sont
« considérables; car, dans le premier cas, la quantité totale
« d'ammoniaque (réelle et organique) varie de 0,0144 à
« 1.0271 parties pour 100.000 parties d'eau, tandis que,
« dans le second, la matière organique est de 0,929 à
« 3.129 parties pour 100.000 parties d'eau; ces proportions
« surpassent de beaucoup celles qui se trouvent générale-
« ment dans les fleuves de l'Europe.

« Les sels de chaux et de magnésie que l'on rencontre
« dans les sulfates et les carbonates ne s'y trouvent pas
« en quantités excessives, l'eau est conséquemment bien
« adaptée aux usages domestiques.

« Les proportions de soude, sous la forme de chloride,
« sont également petites; mais celles de potasse à l'état
« de carbonate et de sillicate sont assez grandes. C'est ce
« que je trouvai surtout dans les échantillons puisés au
« mois de juin, de septembre et d'octobre, lorsque les
« constituants solubles de l'eau possèdent au plus haut
« degré leur puissance fertilisatrice.

« Ce sont cependant les matières tenues en suspension
« que nous devons regarder comme les ingrédients les
« plus fertilisateurs contenus dans l'eau du Nil, et ces
« matières sont les plus abondantes dans les échantillons
« puisés aux mois d'août et de septembre. Dans le premier

« cas, elles atteignent la proportion de 149-157 parties par
« 100.000 d'eau, et, dans le second, elles s'élèvent à
« 54.274 parties ; après cette époque, elles diminuent gra-
« duellement jusqu'à 4.772 parties, quantité trouvée dans
« l'eau puisée à Boulac au mois de mai de cette année.

« Il semble aussi que les proportions d'acide phospho-
« rique et de potasse, qui sont les principaux ingrédients
« minéraux, ayant valeur comme engrais contenus dans
« les matières suspendues dans l'eau du Nil, sont plus
« grandes dans les échantillons puisés aux mois d'août et
« de septembre que dans ceux de quelque autre époque de
« l'année. C'est ce que le tableau suivant va prouver, tout
« en démontrant la composition (pour cent) de la vase
« sèche du Nil pendant les deux périodes mentionnées :

MATIÈRES.	ÉCHANTILLONS PUISÉS.	
	En Août et Septembre.	Plus tard dans l'année.
Matières organiques.	15.08	10.37
Acide phosphorique.	1.78	0.57
Chaux.	2.06	9.18
Magnésie.	1.12	0.99
Potasse.	1.82	1.06
Soude.	0.91	0.62
Alumine et oxyde de fer.	20.92	23.55
Silice.	55.09	58.22
Acide carbonique et perte.	1.28	1.44
	100.00	100.00

« Les conclusions à tirer de ces résultats sont :
« 1° Que la fertilité de l'eau du Nil est due à la matière
« organique, et à la potasse, ainsi qu'à l'acide phos-

« phorique qui y sont dissous et tenus en suspension.

« 2° Que ces constituants abondent le plus dans l'eau
« puisée aux mois d'août, de septembre et d'octobre,
« époque des hautes eaux, et que c'est pendant la période
« d'inondation que la lie ou vase, déposée par l'eau, a le
« plus de valeur comme agent fertilisateur.

« Enfin, j'ai à constater que les dépôts laissés par l'eau
« immédiatement en amont du barrage, le 13 juillet 1875,
« variaient par 100,000 parties d'eau dans les proportions
« suivantes :

	Rosette.	Damiette.
« Matières organiques. . . .	2.913	1.514
« — minérales.	10.543	2.600
« Total pour 100,000 parties.	13.456	4.114

« Le jour mentionné, il n'y avait pas de flux par la
« branche de Damiette à l'endroit où fut puisé l'échan-
« tillon, et malgré cela on verra que les matières tenues
« en suspension y atteignirent presque la même propor-
« tion que dans le courant principal à Boulac, au mois de
« mai de la même année.

> K. LETHELEY, M. B. M. A. Ph. D. etc.
> Professeur de chimie au collège de London-hospital et
> ex-analyste public pour la cité de Londres.
> Laboratoire du collège de Londres-hospital, le 22 no-
> vembre 1875.

Voir l'analyse au tableau de la page suivante :

Voici maintenant l'étude comparative qu'a faite M. Fowler pour l'hypothèse d'élever l'eau au moyen de pompes :

« Pour faire une comparaison juste entre les plans
« alternatifs pour une irrigation perfectionnée au moyen
« de l'achèvement du barrage et par un système de pom-
« pes, il faut supposer que les machines fourniront la
« quantité d'eau voulue aux canaux de Ménoufieh et de

Résultats de l'analyse de l'eau du Nil prise pendant 12 mois consécutifs.

CONSTITUANTS PAR 100,000 PARTIES.	1874.							1875.				
	1er JUIN.	10 JUILLET.	12 AOUT.	20 SEPTEMBRE.	12 OCTOBRE.	12 NOVEMBRE.	12 DÉCEMBRE.	23 JANVIER.	12 FÉVRIER	MARS.	AVRIL.	MAI.
Ammoniaque réelle ou soluble.	0.0057	0.1120	0 0045	0.0100	0.0071	0.0064	0.0049	0.0087	0.0048	0.0036	0.0035	0.0014
do provenant de matières organiques	0.0114	0.0100	0.0071	0.0170	0.0143	0.0114	0.0408	0.0143	0.0116	0.0086	0.0107	0.0111
Matières dissoutes. { Chaux	4.167	3.992	4.423	4.260	2.309	4 304	4.264	4.468	4.057	4.631	4.769	5.177
Magnésie	1.623	1.513	1.030	0.617	0.483	1.132	0.926	1.029	0.874	0.977	0.823	1.029
Soude	1.201	0.744	0.587	0.301	0.504	0.318	0.369	0.347	0.307	0.594	0.830	1.301
Potasse	2.475	1.062	1.501	4.120	2.348	1.329	1.002	0.831	0.934	0.728	0.609	0.404
Chlorure	1.643	0.851	0.628	0.209	0.491	0.207	0.276	1.242	0.251	0.613	0.916	1.737
Acide sulfurique	2.808	2.838	1.837	1.996	1.908	1.911	1.764	1.960	1.213	2.263	2.009	2.931
do phosphorique . .	trace	trace	trace	trace	trace	trace	trace	trace	trace	trace	trace	trace
do nitrique	do	do	do	do	do	do	do	do	do	do	do	do
Silice, etc	0.701	0.719	1.129	1.257	1.848	0.987	0.814	0.857	0.729	1.271	0.714	0.671
Matières organiques . .	1.500	1.057	1.186	1.929	2.414	1.343	0.929	1.286	1.586	2.086	2.586	3.129
Acide carbon. et perte.	4.182	3.616	4.281	4.754	3.557	3.427	3.270	3.451	4.120	4.656	4.936	4.091
TOTAL après évaporat.	20.300	16.386	16.601	19.443	15.857	14.957	13.514	14.471	14.671	17.814	18.186	20.471
TOTAL tenu en suspens.	0.829	9.114	18.414	5.914	4.586	3.686	1.943	1.914	1 086	0.686	0.514	0.943
Matières tenues en suspension { Matières organ.	6.086	8.729	130.743	48.313	33.214	30.686	26.971	14.829	11.486	4.629	6.114	3.829
do minér.	6.915	17.843	149.157	54.227	37.800	34.372	28.914	16.743	12.572	5.315	6.628	4.772

Tableau dressé par M. le Dr LETHELEY.

« Cherkich à une hauteur moyenne de 5 mètres au-dessus
« du zéro du kilomètre et qu'elles continueront de fonc-
« tionner jusqu'à ce que le Nil ait atteint ce niveau. L'on
« peut aussi compter que le barrage, dans son état actuel,
« exhaussera le niveau du fleuve, en amont de la struc-
« ture, à raison d'environ un mètre au-dessus du niveau
« des basses eaux, ce qui diminuera dans la même pro-
« portion le maximum de la chute des pompes.

« Les diagrammes donnés dans le dessin n° 16 ont été
« préparés d'après les observations notées sur la hauteur
« du Nil au barrage, pendant les dix dernières années ; et
« le tableau suivant (basé sur ces diagrammes) montre le
« nombre de jours, pendant lesquels les pompes doivent
« avoir fonctionné, et la moyenne ainsi que le maximum
« de la hauteur à laquelle l'eau doit avoir été élevée chaque
« année pour remplir les conditions prescrites, quant au
« niveau voulu pour l'alimentation :

ANNÉES.	NOMBRE DE JOURS de travail des pompes	HAUTEUR MOYENNE.	HAUTEUR MAXIMUM.
	b	c	d
1865	296	2.67	3.10
1866	268	2.49	3.25
1867	275	2.52	3.30
1868	278	2.54	3.40
1869	298	2.78	3.55
1870	235	2.49	3.50
1871	236	2.27	3.25
1872	268	2.57	3.50
1873	260	2.37	3.60
1874	268	2.87	3.75

« Moyenne $b = 268$ jours ; $c = 2^m,58$; $d = 3^m,42$.

« Le minimum d'eau qu'il était projeté de fournir aux
« canaux de Ménoufieh et de Cherkieh par les canaux à
« niveau élevé décrit dans mon rapport était de 200 mètres
« cubes par seconde ; et le canal de Béhéré, après avoir
« été agrandi, devait en porter une quantité additionnelle
« d'au moins 50 mètres cubes. Il fut démontré à cette
« époque que ces quantités équivalaient à une alimen-
« tation journalière de 7 mètres cubes pour chaque feddan
« cultivé et cultivable dans la basse Égypte ; et aussi que
« la moyenne de la quantité d'eau fournie pendant la
« période des basses eaux serait augmentée jusqu'à con-
« currence de 10 mètres cubes par feddan.

« La quantité d'eau qui devra être pompée à la hauteur
« arrêtée dans le tableau précédent devra être supputée
« de 200 mètres cubes par seconde, même si le canal de
« Béhéré est agrandi d'après le plan décrit dans le rapport
« de l'année passée.

« Ce système ne serait pas aussi coûteux que le système
« équivalent de machines à pomper ; et conséquemment,
« dans le devis comparée actuel nous admettrons que le
« canal de Béhéré sera grandi au coût capital de £. 370,500
« (9,262,500 francs), suivant détails donnés dans mon rap-
« port, et que les canaux de Ménoufieh et de Cherkieh
« seront alimentés chacun à raison de 100^{m3} par seconde
« à la hauteur voulue, au moyen de pompes situées aux
« prises actuelles du barrage.

Force de chevaux nécessaire.

« Pour élever 100^{m3} d'eau par seconde à une hauteur
« de 2^{m},58, il faudra une force moyenne de 5,100 chevaux
« indiqués ; les pompes centrifuges et toutes les autres
« machines devront être de première qualité et du meil-
« leur modèle. Telle sera donc la force moyenne déployée

« par les machines motrices pendant la période donnée
« des 268 jours que fonctionneront les pompes.

« Le plus grand degré de l'élévation de l'eau résultant
« des dix années d'observation étant en moyenne de 3^m,42,
« il s'ensuit que les machines devront pouvoir déployer
« en tout une force de 6,730 chevaux indiqués.

Devis du capital.

« Le coût d'une station à pompes complète, comme elle
« est démontrée sur le dessin n° 15, sera comme suit :
« Machines   à   vapeur   et
« pompes . . . .   2.950.000 fr.
 « Bâtiment. . . . .   520.000   »
 « Tuyaux et vannes. . .   160.000   »
 « Rigoles, prises d'eau et
« vannes. . . . .   1.355.000   »
 « Travaux divers . . . .   215.000   »
    « Total. . 5.200.000 fr. (20.800 £.).

Devis du coût du maintien annuel.

« Les machines comprises dans le devis qui précède
« sont des machines à deux cylindres capables de fonc-
« tionner sans interruption, et leur consommation moyenne
« de charbon est garantie de 2 1/2 L. b. s. à l'heure par
« cheval indiqué. Sur ce pied-là, la consommation annuelle
« de charbon pendant les dix dernières années aurait varié
« de 43.570 tonneaux en 1869, lorsque les eaux du Nil
« furent exceptionnellement défavorables, à 28,490 ton-
« neaux en 1871, lorsqu'il en fut tout le contraire. La
« consommation moyenne, basée sur l'expérience de ces
« dix années, peut être fixée à 36.610 tonneaux par an,

« et la somme annuelle nécessaire au fonctionnement de
« chaque série de pompes peut être répartie comme suit :

« 36.610 tonneaux de charbon à 60 fr.   2.196.600 fr.

« Frais divers. . . . .   178.400 »

« Total. £. 95.000, ou   2.375.000 fr.

Résumé du devis.

« Capital à placer.
« Une station de pompes pour le canal
« de Ménoufieh . . . .   5.200.000 fr.
« Une station de pompes pour le canal
« de Cherkieh. . . . .   5.200.000 »
« Agrandissement du canal de Béhéré.   9.262.000 »

« £. 786.600, ou   19.652.000 fr.

Frais de maintien annuel.

« Une série de machines à pomper
« pour le canal de Ménoufieh. . . . .   2.375.000 fr.
« Une série de machines à pomper
« pour le Cherkieh. . . . .   2.375.000 »
« Fonds d'amortissement pour renou-
« vellement. . . . .   295.000 »

« £. 201.800, ou   5.045.000 fr.

« Le devis qui précède sur le coût de l'irrigation par
« les pompes, entraînant la dépense d'une vingtaine de
« millions de francs de capital outre des frais annuels
« d'environ six millions est peu favorable en comparaison
« du devis pour l'achèvement du barrage ; il est vrai que
« le capital à dépenser y est estimé de 25 à 30 millions,
« mais il n'est sujet à aucun surcroît de frais annuels.

« En supposant donc que le taux d'intérêt fût de 10 p. 100,
« le coût annuel de l'irrigation perfectionnée, au moyen
« du barrage et par les pompes, serait respectivement
« comme suit :

Achèvement du barrage.

« Capital :

« 25.000.000 fr. à 10 p. 100 = 2.500.000 fr., 100.000 £.

« Machines à pompes et agrandisse-
« ment du canal de Béhéré : Capital
« 19.662.500 £. à 10 p. 100. . . . . . .   1.966.250 fr.

« Coût annuel du maintien . . . . .   5.045.000 »

£. 280.450, ou   7.011.250 fr.

« Le dernier projet est donc près de trois fois plus coû-
« teux que le premier, et en même temps moins efficace.

« Si le barrage était achevé, il serait possible de fournir
« une moyenne de 350 mètres cubes d'eau par seconde
« aux trois grands canaux, qui aboutissent au barrage,
« outre la quantité écoulée dans le canal Ismaïlich, tandis
« que l'alimentation totale, si l'on adopte le projet alter-
« natif, n'est que de 250 mètres cubes (1).

« La comparaison serait encore plus défavorable si les
« machines à pomper étaient distribuées dans le Delta
« au lieu d'être concentrées, d'après les plans, dans deux
« grands établissements près du barrage.

« S'il en était ainsi, l'on ne pourrait pas profiter de
« la diminution de la chute causée par l'amoncellement
« de l'eau en amont du barrage et par les profonds
« canaux actuels ; et la somme dépensée, tant en capital

---

(1) On aurait pu ajouter avec raison que l'élévation du plan d'eau par le
barrage s'étendrait en raison de 0,08 sur 40 kilomètres, distance sur
laquelle il serait loisible d'écouler l'eau sur les deux rives dans les artères
qui s'y rencontrent.   F. P.

« qu'en maintien annuel de petites machines, serait beau-
« coup plus grande.

« En prenant pour base les données fournies par des
« travaux de ce genre en Égypte, on peut estimer que
« le coût du moins avantageux de ces deux systèmes
« d'irrigation à l'aide de pompes serait d'au moins
« 15,000,000 de francs (£. 600,000) par an. »

Telles sont les conclusions du mémorable rapport de
l'ingénieur Fowler. Nous avons dû le reproduire en entier
à cause de l'étendue du sujet qu'il traite, de son importance
et de son actualité, et surtout vu la notoriété qui s'attache à
la haute compétence de cet éminent ingénieur, dont l'im-
partialité est incontestable et justement connue et appré-
ciée. Elles sont, comme on l'a vu, en concordance avec
celles émises par les deux rapports précédemment cités et
surtout avec celles de la commission du canal de Suez qui,
ainsi qu'elle avait pris soin de le faire remarquer, n'avait
cependant que sommairement étudié la question ; mais le
rapprochement des chiffres de dépenses dans l'une et dans
l'autre hypothèse lui démontrait toutefois une différence
si notable qu'elle n'hésitait pas à indiquer sa préférence
pour l'élévation de l'eau par le système des barrages.

Les prévisions entrevues par M. Fowler à la fin de son
rapport, relativement à l'augmentation des dépenses pour
le cas où l'on établirait les installations des pompes sur
plusieurs points, se trouvent vérifiées aujourd'hui par l'intéressante brochure qu'a publiée cette année au Caire le
ministère des travaux publics et dont nous aurons l'occasion de citer plus loin quelques extraits.

Ainsi M. Fowler prévoyait, il y a bientôt dix ans, que
l'élévation de l'eau par deux grands établissements au

barrage même entraînerait une dépense annuelle de 7 millions de francs, et qu'elle serait notablement accrue si on adoptait le projet d'augmenter le nombre de ces installations en employant par conséquent de plus petites machines réparties sur plusieurs points différents.

Nous voyons la confirmation de ces prévisions sur le *Mémoire des Travaux publics* de 1883 qui fait ressortir une dépense de 8 millions de francs pour l'alimentation annuelle des canaux de la basse Égypte, et encore ce chiffre serait-il notablement augmenté si, au lieu d'amortir les 300,000 livres égyptiennes que l'on prévoit pour les travaux de terrassements à faire aux canaux (chiffre qui nous paraît très bas) en 35 années, on l'amortissait en 10 ou 15 ans, ainsi que cela devrait être pour des travaux de ce genre, qui nécessitent chaque année un entretien continuel et qui, dans l'espace de 35 années, seront certainement refaits deux ou trois fois Néanmoins, en admettant même que les prévisions du ministère des travaux publics se réalisent, les chiffres auxquels il arrive et qu'il a adoptés dans sa savante et consciencieuse étude, sont en complet accord et corroborent les chiffres et prévisions de l'éminent ingénieur Fowler ; c'est donc un point acquis. Dès lors, ainsi que nous l'avons vu dans le rapport de M. Fowler, le projet d'élever l'eau par le barrage réparé n'occasionnerait au gouvernement sur le chiffre de dépense même de 25 millions (et en comptant l'intérêt de la somme au taux inusité aujourd'hui de 10 p. 100) que la somme annuelle de 2 millions et demi de francs, la manipulation et l'entretien d'un pareil ouvrage bien réparé étant pour ainsi dire nuls.

Tandis que, par le système d'élever l'eau au moyen de pompes, la dépense s'élèverait, selon l'exposé du ministère des travaux publics, au chiffre de 8 millions de francs, soit quatre fois plus.

Nous ne rappellerons pas ici ce que nous avons déjà dit dans cet exposé sur les avantages de toutes sortes qu'offre le système des barrages sur celui des pompes; il suffit de voir que le premier moyen améliorera la navigation à l'amont de la rivière en élevant l'eau et, par ce fait, améliorera également l'irrigation sur tout le parcours et sur les deux rives du fleuve à la fois, et qu'en outre il assurerait aux canaux une distribution constante et réelle en rapport avec le plan d'eau établi; qu'enfin il dispenserait le pays d'un tribut des plus onéreux, l'achat des machines et surtout du charbon.

Dans sa brochure sur les irrigations, S. E. Aly-Pacha-Moubarak, ministre des travaux publics, au sujet du barrage, élève quelques appréhensions, entre autres celles :

1° De voir d'immenses atterrissements se produire en amont (nous avons vu dans le rapport de M. Fowler comment il réfutait de pareilles craintes); 2° de voir des infiltrations se montrer sur une grande étendue par suite de l'élévation des eaux à $4^m,50$ (ce qui est moins que prouvé, attendu que, d'abord, le même effet serait à redouter en remplissant les canaux au moyen de pompes, puisque le même niveau de plan d'eau devrait être obtenu pour parvenir à l'irrigation des terres). Nous pensons toutefois que, si cet effet se produisait, il disparaîtrait par la possibilité qu'on aurait d'écouler les eaux à l'aval du fleuve dont le plan d'eau resterait à un niveau inférieur. Mais ces diverses craintes n'ont pas été formulées par le ministère comme étant un empêchement majeur à la réfection et à l'utilisation complète du barrage selon le projet conçu par Méhémet Ali, car, à la page 35, le ministère fait cette déclaration :

« Nous venons de présenter des objections très graves
« contre l'œuvre du barrage, et on ne pourrait songer

« sérieusement à les lever que si l'œuvre elle-même était
« bien établie. »

Ainsi donc le ministère reconnaît implicitement que,
si l'œuvre du barrage pouvait être et était une fois bien
établie, cet ouvrage répondrait aux besoins de l'irrigation
et donnerait toute satisfaction.

Dans son impatience à satisfaire aux exigences du
moment et entrevoyant non seulement de grandes dépenses immédiates, mais aussi des doutes sur l'efficacité des
moyens proposés et entrevus jusqu'ici, ainsi que le temps
considérable qu'il jugeait nécessaire à la réparation et
mise en état du barrage, le ministère préféra, vu l'é-
norme richesse qui découlait pour le pays de pouvoir
remplir vite les canaux, rejeter le rétablissement du barrage et adopter l'hypothèse d'élever l'eau par des pompes,
moyen qui lui paraissait plus sûr et plus prompt.

Mais en cela nous croyons que le ministère pourra
trouver dans les moyens que la science possède aujour-
d'hui pour ces sortes de travaux une solution qui satisferait parfaitement au programme qu'il s'est tracé, sans
que le désir bien légitime d'obtenir cette satisfaction ne
dépasse le délai qu'il aurait dû consentir à donner pour
l'exécution du programme d'élever l'eau par des pompes,
et sans que la dépense soit plus onéreuse pour le gouvernement, ainsi que nous le démontrerons plus loin ; car
si ce dernier (comme dans l'hypothèse d'une alimentation
par des pompes) ne voulait pas se charger de la dépense
de réfection du barrage (ce qui cependant serait de beaucoup préférable, vu la perpétuité de l'œuvre), bien certainement une Société pourrait parfaitement faire les avances
nécessaires, la garantie de ces avances étant d'autant
mieux assurée qu'elle reposerait sur l'immense résultat
qu'en retirerait le pays en général et le gouvernement en
particulier ; car, sans adopter complètement les résultats

optimistes et merveilleux que fait entrevoir le rapport de
la commission égyptienne de 1837, on peut admettre sans
erreur que les récoltes et revenus généraux du pays
seraient considérablement accrus. Aussi croyons-nous
entrevoir que le ministère des travaux publics qui, d'ailleurs, ainsi que nous venons de le relater, n'a pas de parti
pris contre l'idée de l'emploi du barrage, reviendra à
l'adoption ou tout au moins à l'examen nouveau et attentif
du projet, avant de prendre la décision suprême de l'emploi
des pompes qui lui réserverait plus d'un mécompte dans
la distribution de l'eau à l'intérieur, car la plupart des
canaux qui sont indiqués comme devant être remplis à
l'étiage ne sont pas tous aptes à recevoir cette quantité
d'eau; et il serait impossible, dans les faibles délais prévus
pour l'installation des pompes, de les amener à la section
voulue pour débiter dans tout leur parcours cette quantité
théorique prévue dans la pratique.

Cette hypothèse est d'autant plus vraisemblable, qu'elle
semble prévue dans la brochure du ministère qui a établi
et déterminé un programme très judicieusement étudié
pour le remaniement général des grands et des petits
canaux, ainsi que des simples rigoles dans toute l'étendue
du pays, besoin que nous-même avons également signalé
dans cet exposé comme obligatoire et devant être fait
préalablement à toutes choses.

Avec l'élévation de l'eau par des barrages, rien ne chan-
gerait quant à présent; la retenue d'eau qui serait opérée
rétablirait en ces points et sur une longue distance le
niveau du Nil comme il existe vers le mois de décembre
environ, époque où les canaux suffisent à l'alimentation
du pays; il n'y aurait que quelques travaux à faire pour
raccorder ceux des canaux qui se trouveraient éloignés du
fleuve et ne pourraient être alimentés directement; car
non seulement notre opinion est que l'on doit mettre en

bon état de fonctionnement le barrage actuel et l'utiliser, mais nous sommes d'avis qu'il serait opportun d'en établir plusieurs dans chacun des bras du fleuve et près des grands canaux dont l'alimentation était projetée par des pompes, de telle sorte que la retenue à opérer, au lieu d'être en un seul point éloigné dans l'intérieur (hypothèse qui obligeait nécessairement à recourir à une grande altitude du plan d'eau dans le but d'assurer son écoulement et son arrivée jusqu'aux extrêmes limites des terrains cultivables), fût alors répartie en plusieurs retenues successives à une altitude moins élevée à chacun des barrages à créer.

Une étude approfondie de la question fera reconnaître le nombre de ces barrages, leur emplacement, ainsi que la hauteur de retenue à projeter pour chacun d'eux.

L'idée que nous émettons peut paraître hardie, mais elle n'a rien de téméraire ni d'irrationnel, parce que nous envisageons qu'aujourd'hui on peut construire des barrages à un prix relativement modique, si l'on se borne à utiliser l'ouvrage au seul but de la retenue. Il est toujours dangereux pour le régime d'un fleuve d'élever des constructions plus ou moins grandioses au travers du courant pour servir comme appareil de retenue comme on l'a fait pour le barrage de Saïdieh dont nous reproduisons ci-joint une vue perspective. (Pl. n° 3.)

Nous sommes, au contraire d'avis, que, pour un fleuve comme le Nil dont la croissance et la décroissance sont lentes et régulières et n'ont lieu qu'une fois l'an, il suffit d'obtenir *une base solide pour y fixer pendant l'étiage un mode pratique léger et mobile, puis d'avoir toute facilité de faire disparaître au moment voulu les engins de retenue, de façon que, pendant la période des hautes eaux, le fleuve ait le libre parcours de son lit,* comme il l'avait avant l'éxécution du barrage.

Un ouvrage ainsi conçu ne peut donc causer aucun

BARRAGE DU NIL A SAÏDIEH

apport ni occasionner aucun affouillement s'il est suffisamment protégé préalablement à l'aval par des enrochements contre la force du courant qu'occasionnera la chute de l'eau lors de la période des basses eaux qui sera celle où la retenue fonctionnera.

Ainsi que nous venons de le narrer, on ne doit considérer un barrage qu'au point de vue de la base; c'est là où gît l'importance de l'ouvrage; c'est donc à la confection du radier seul que doivent concourir tous les efforts et la surveillance, afin d'arriver à constituer un bloc monolithe bien homogène et à l'asseoir sur un terrain solide, bien résistant, quelle que soit la profondeur que les sondages feront reconnaître et qu'il faudra atteindre; des moyens employés résultent ultérieurement le bon ou le mauvais état de l'ouvrage.

C'est précisément le cas qui s'est présenté au barrage de Saïdieh. Les ingénieurs avaient cru qu'ils pouvaient espérer qu'un grand fond se trouverait suffisamment protégé par un simple enrochement en pierres sèches et que le colmatage s'opérerait; mais le béton du radier posé sur ce rocher factice n'a pas fait corps; aussi le résultat final leur a été défavorable, et ce gigantesque ouvrage, quoique construit avec de bons matériaux et d'un grandiose aspect, n'a-t-il pu jusqu'à présent remplir complètement le but pour lequel il était destiné.

Il faut qu'il soit réparé.

La faiblesse du barrage de Saïdieh résultant de l'imperfection de son radier, il est de toute nécessité d'y remédier; il faut aveugler les sources d'eau qui se frayent passage au travers dans la plus grande partie de son développement. Pour atteindre ce but, le seul moyen pratique, selon nous, consiste à employer un diaphragme étanche placé verticalement et descendu assez bas pour intercepter le passage de l'eau de l'amont à l'aval.

M. l'ingénieur Fowler conçoit également ce diaphragme

par un mur épais construit et descendu au moyen de caissons en tôle et placé immédiatement à la crête aval du radier, c'est aussi le moyen proposé par plusieurs maisons de construction depuis douze ans. MM. Couvreux, Dussaud frères, Lavalley, etc., tous concluaient à son emploi comme base principale avec des systèmes de retenue différents et un chiffre de dépenses plus élevé que celui établi par M. Fowler. Cependant, malgré le chiffre relativement modique comparé avec les autres devis, le projet de ce dernier a été encore trouvé trop élevé probablement par le gouvernement, puisque l'administration n'a pas jusqu'ici cru devoir l'adopter ; tout au contraire, le ministère manifesterait l'intention d'adopter de préférence le système d'élever l'eau des irrigations par des pompes, malgré ce qu'il a de défectueux, d'incertain et de coûteux, comparé à celui des barrages, ainsi que l'a déclaré à l'unisson la conclusion des rapports si lucides et si savamment rédigés que nous avons reproduits ici.

On a vu quel est l'écart de la dépense entre l'hypothèse d'élever l'eau par les barrages d'avec celle de l'élever par des pompes ; la proportion est de 1 à 4, sans compter les autres avantages.

Nous sommes heureux de constater que c'est également l'avis de M. le colonel Moncrief, dans l'intéressante brochure qu'il a publiée cette année sur les irrigations d'Égypte et sur la réparation du barrage du Nil.

Nous partageons nous-même les conclusions des illustres personnages qui ont rédigé les rapports sus-énoncés, et nous sommes d'avis que l'Égypte ne doit recourir pour ses irrigations qu'au seul moyen des barrages, d'abord et en premier lieu parce que ces ouvrages peuvent être exécutés en entier avec les matériaux que possède le pays et au moyen des ouvriers indigènes (aux mains desquels la dépense restera), et ensuite parce que, eu égard à la *per-*

pétuité des besoins, l'élévation de l'eau pour les irrigations pendant l'étiage doit être obtenue par des moyens dont la durée soit en rapport avec le but. Or, quoi de plus perpétuel que des barrages qui sont des œuvres de durée illimitée et dont l'entretien et les frais de fonctionnement sont presque nuls; et qu'y a-t-il de plus précaire, instable et coûteux que des machines à vapeur?

Malgré ces démonstrations si probantes, et avant d'entrer plus avant dans la description des détails relatifs à la réparation du barrage, nous croyons devoir reproduire l'opinion que le ministère a exprimée dans sa brochure, relativement à ce barrage,

Question du barrage.

*Extrait de la brochure
du Ministère des travaux publics, publiée en 1863*

« A la solution des machines élévatoires établies à la
« prise des canaux, beaucoup d'esprits opposent encore
« aujourd'hui celle du grand barrage du Nil, à la tête du
« Delta. Le ministre des travaux publics a le devoir de
« dire pourquoi il l'écarte; il ne saurait d'ailleurs de toute
« façon, dans un aperçu général sur les irrigations de la
« basse Égypte, s'abstenir de parler d'une œuvre aussi
« grandiose dont l'achèvement a encore été sérieusement
« envisagé par le gouvernement, il y a environ dix ans.

« Le barrage tel qu'il a été conçu par Mohamed-Ali et
« ses ingénieurs devait relever le plan d'eau du Nil à
« l'étiage d'une hauteur suffisante (4^m à $4^m,50$) pour assu-
« rer l'alimentation de tous les canaux séfi de la basse
« Égypte, au moyen de trois grandes branches princi-
« pales dites raïahs : du Centre ou du Ménoufieh qui
« existe, de l'Est qui n'a été que commencé, de l'Ouest

« qui a été achevé sous Son Altesse Ismaïl-Pacha, mais
« que les pompes de Béhéré ont pour but de remplacer
« pour les raisons que nous avons dites.

« En supposant que cet ouvrage ne serait pas à refaire
« pour pouvoir être utilisé à des charges d'eau aussi
« fortes (1).

« Il a le très grave inconvénient d'affecter le régime
« du Nil d'une façon inadmissible, par les immenses
« atterrissements qu'il ne manquerait pas de produire en
« amont; et, à ce sujet, les ingénieurs sont d'accord pour
« reconnaître qu'il est toujours grave de modifier aussi
« profondément le régime d'un fleuve sujet à d'aussi
« grandes crues et traversant un sol aussi meuble. De
« plus, que l'on veuille bien considérer qu'il ne suffirait
« pas d'avoir achevé le barrage (nous avons dit qu'il est
« à refaire) pour l'utiliser; il faudrait, en effet, encore
« remanier complètement la canalisation du pays, créer à
« grands frais de grands canaux et de grands ouvrages
« difficiles d'ailleurs à entretenir, faire des mouvements
« de terre énormes pour joindre toutes les canalisations
« existantes aux trois branches alimentaires.

« Le pays serait mis ainsi à la merci d'un seul ouvrage,
« ce qui n'est ni logique ni prudent, et on ne disposerait,
« pour une irrigation de plus de 2 millions de feddans, que
« d'un plan d'eau fixe; ce plan d'eau serait nuisible à
« certaines parties du territoire par l'effet des infiltrations;
« si on voulait le maintenir à une hauteur convenable

---

(1) Personne ne conteste que, pour servir à des charges d'eau de 4ᵐ à 4ᵐ,50,
le barrage devrait être refait; on dit souvent réparé, c'est un euphémisme,
car est-ce réparer un ouvrage que d'en refaire les fondations? Or tous les
projets présentés admettent, avant tout travail, la nécessité d'établir une
grande cloison étanche enfoncée dans le lit du fleuve, à une profondeur convenable, et devant porter l'ouvrage de retenue proprement dit, ouvrage
nouveau auquel le barrage actuel resterait annexé, avec une certaine utilisation soit comme pont de passage, soit pour diminuer la retenue sur le
nouvel ouvrage, soit enfin comme arrière-radier.

« pour répondre à tous les besoins ; et, inversement, on
« aurait manqué le but de rendre partout les arrosages
« économiques, si pour éviter cet inconvénient, on abais-
« sait le plan d'eau.

« Nous venons de présenter des objections très graves
« contre l'œuvre du barrage et on ne pourrait songer
« sérieusement à les lever que si l'œuvre était bien
« établie.

« Ce n'est pas le cas, avons-nous dit, et nous jugeons
« qu'au barrage qui est à refaire, il n'y a pas d'hésitation
« à substituer l'alimentation des canaux par machines à
« vapeur, lesquelles, il est juste de le dire, étaient bien
« loin d'être l'outil économique que nous connaissons, à
« l'époque où le barrage a été conçu.

« Le barrage tel qu'il est peut cependant servir, et le
« ministère des travaux publics le fait entrer dans le pro-
« gramme des travaux pour un but tout autre que celui
« pour lequel il a été créé ; pour cet ouvrage, il est sans
« doute possible de l'utiliser tel qu'il est avec des répara-
« tions d'une valeur en proportion avec les services qu'on
« veut lui demander. Il s'agit de se servir du barrage
« comme d'un partiteur chargé à l'étiage, de distribuer
« le débit du fleuve dans des proportions convenables
« entre les deux branches de Rosette et de Damiette ; celle-
« ci tend à s'affamer constamment et elle serait sans
« doute complètement à sec aujourd'hui sans les retenues
« de 1^m,50 à 2 mètres que l'on fait annuellement au bar-
« rage de l'Ouest ; il importe non seulement de la main-
« tenir en eau, mais aussi de l'alimenter très largement
« parce que c'est sur cette branche que se trouvent toutes
« les prises d'eau du Delta, à l'exception d'une seule au
« Bahr-Saïdi et naturellement celles des trois provinces de
« l'Est. Il faut donc maintenir et assurer pour l'avenir les
« retenues qui se font actuellement au barrage de l'Ouest ;

« pour cela la réparation de l'ouvrage doit être entreprise
« et comme son rôle doit se borner à servir avec des
« charges ne dépassant pas 2 mètres, cette réparation
« paraît possible et pourrait sans doute se réaliser par un
« exhaussement du radier ; à ce travail, il faudrait joindre
« un nouveau système de portes convenablement établies.
« Rien ne serait à faire au barrage de l'Est qu'à l'entretenir
« peut-être comme pont.

« Le ministère se propose d'entreprendre sans retard
« cette étude de l'utilisation du barrage comme partiteur ;
« il la liera naturellement à celle de la régularisation du
« lit du fleuve entre Ghisch et le barrage, qui est néces-
« saire pour le même but et qui intéresse aussi à la fois
« la conservation du faubourg de Boulac au Caire et l'ali-
« mentation des canaux des provinces de Callioub et de
« Cherkieh. »

Ainsi donc, le ministère qui possède les moyens d'inves-
tigations les plus étendus et qui est constamment rensei-
gné par ses agents sur la situation exacte des barrages,
n'hésite pas à reconnaître qu'il n'a aucun doute sur la
solidité de l'ouvrage ; il se prononce même pour l'utiliser
en l'introduisant comme élément répartiteur du fleuve ; il
donne par cela même un appoint nouveau à la confiance
que nous avions de pouvoir réparer cet ouvrage, mais il
croit devoir limiter la retenue d'eau à 2 mètres seulement,
ne voulant pas, dit-il, adopter les projets proposés qui,
sous le couvert de réparation du barrage, constituent par
le fait un ouvrage nouveau et indépendant de celui qui
existe. C'est à cette constatation qu'il faut sans doute
attribuer l'ambiguité qui existe dans sa narration et qui
semble, au premier abord, paradoxale ; mais qui est, au
contraire, fort lucide, lorsqu'il conclut à utiliser le barrage

dans son programme général des irrigations en adoptant pour base de ses conclusions : que le barrage dans l'état où il se trouve actuellement, permettant une retenue de 2 mètres, offre toute sécurité pour l'avenir si l'on se borne à cette même retenue et à condition d'en relever le radier de $0^m,50$ avec adjonction d'un système nouveau pour la retenue, travail qu'il estime à 400,000 liv. ég., soit 10,400,000 francs.

Nous partageons entièrement cette précieuse intention ; il y a honneur et profit pour le pays à achever cette œuvre grandiose qui avait en vue un si vaste et bel avenir ; il faut que le barrage soit mis en état de pouvoir lui-même remplir le but qui lui était assigné, sans que le moyen employé dissimule une *relégation*, comme le font les projets présentés jusqu'à présent ainsi que l'a remarqué le ministère.

Cependant, si nous approuvons l'idée de rejeter les projets en tant qu'ils n'utilisent pas spécialement le barrage actuel, nous partageons entièrement l'opinion de M. le colonel Moncrief et nous sommes d'avis que, moyennant quelques travaux que nous indiquons plus loin, on pourrait sinon retenir les $4^m,50$ d'eau qui étaient jadis projetés (ce qui n'est plus nécessaire puisque nous proposons d'établir plusieurs barrages successifs à retenue réduite), mais au moins obtenir à Saïdieh une retenue de 3 mètres si elle est jugée nécessaire par la commission d'étude, ce qui sera facile puisque depuis dix ans le barrage retient jusqu'à 2 mètres d'eau à l'étiage et qu'un ouvrage qui résiste à une telle pression est certainement un ouvrage solide.

C'est donc par le fait à sa masse puissante qu'est due la résistance seule du barrage sous cette pression de 2 mètres ; les calculs démontrent qu'il pourrait même supporter plus, mais il serait imprudent de le tenter, sans avoir préalablement rendu étanches les parties reposant sur enrochements dans les hauts-fonds qui se sont maintenus.

Dans la situation actuelle, on constate précisément que c'est par suite du passage de l'eau à travers les blocs, que les apports ne se sont pas produits et quoique l'effet de la lame ne s'exerce pas avec autant de force qu'au sortir d'une vanne, et que par suite de son passage au travers de ces petits cubes d'enrochements, le jet soit divisé en une infinité de molécules, il serait à craindre que si l'on projetait une plus forte pression dans l'état actuel, on ne provoque alors l'entraînement des moellons eux-mêmes de la masse, ce qui indubitablement provoquerait la chute du pont ; mais cette démonstration amène en même temps à conclure que, si l'on projetait, comme nous l'avons déjà énoncé, l'établissement d'un simple diaphragme isolateur qui provoquerait les apports et le colmatage des parties du radier reposant sur les enrochements des grandes profondeurs, non seulement on serait parvenu sans aucun artifice ni équivoque à rendre au barrage actuel la résistance nécessaire pour une retenue de 3 mètres, mais qu'une pareille consolidation rendrait au radier la résistance pour supporter au besoin la poussée de la retenue de 5 mètres jadis projetée lors de sa construction, surtout si l'on y comprenait également, ainsi que le ministère le désigne lui-même, la surélévation du radier de 0ᵐ,50 au moyen d'une chape de gros moellons taillés, ce qui viendrait encore ajouter au poids de la masse générale.

Il n'y aurait donc ultérieurement aucun doute ni crainte à avoir sur la résistance du barrage, une fois le radier mis en état d'étanchéité parfaite.

C'est à atteindre ce résultat que nous avons travaillé, et nous croyons être arrivé à une solution pratique et rationnelle, ainsi que nous avons l'honneur de l'exposer ci-après.

Description sommaire du projet.

On comprend généralement sous la désignation de barrage du Nil l'ouvrage de retenue qui est à Saïdieh lorsque, par le fait, il y a réellement deux barrages bien distincts quoique rapprochés.

L'un est établi en travers de la branche de Damiette.

L'autre en travers de la branche de Rosette, à l'intersection du fleuve.

Nous décrirons donc séparément chacune des deux branches dans l'exposé des travaux de réparations à projeter.

Nous rappellerons que le but principal est l'utilisation réelle des deux barrages, et que le seul moyen qui nous est apparu pour y parvenir est sans contredit celui de descendre verticalement une paroi soit à l'amont, soit à l'aval du radier, pour servir de diaphragme de façon à séparer les couches de terrain et intercepter le passage de l'eau au travers d'icelles, et de provoquer par conséquent les apports (apports qui se produiront rapidement avec l'eau du Nil toujours chargée de limon).

Dès lors, les hauts-fonds seront comblés et les barrages en état complet de solidité.

Nous avons vu par l'exposé de M. Fowler qu'il admettait ce moyen comme le seul efficace, mais où nous différons avec lui, ainsi qu'avec les autres projets, c'est que tous placent le diaphragme isolateur à l'aval du radier et le conçoivent en outre d'une construction tellement importante que la moindre attention fait reconnaître que le travail projeté, au lieu d'être une simple consolidation, est au contraire un ouvrage complètement nouveau et indépendant de l'autre; mais, nous qui avons au contraire l'intention d'utiliser le barrage actuel, qui est ainsi qu'on l'a vu dans un état relativement satisfaisant, nous projetterons d'établir le diaphragme à l'amont du radier.

Deux moyens nous semblent également pratiques pour y parvenir :

L'un par le système des caissons en tôle,

L'autre par celui de pieux-palplanches en fer.

Si ce n'était la présence d'enrochements considérables qui tapissent en couche épaisse le lit du fleuve aux abords de l'ouvrage actuel, nous n'hésiterions pas à ne proposer que ce second moyen, tout nouveau il est vrai, mais qui nous a été inspiré pour la circonstance et qui réaliserait l'économie, la facilité ainsi que l'étanchéité ; mais il est à craindre ici que la couche de pierre ne s'étende loin. Cependant, comme nous projetons de placer le diaphragme à l'amont et que les enrochements ont été plutôt effectués à l'aval, nous étudierons l'hypothèse de l'emploi des deux moyens, afin d'établir un parallèle entre les prix de revient de l'un et de l'autre.

Description du système des caissons en tôle.

Le système des caissons en tôle permet de traverser des terrains durs et rocheux, mais son emploi n'est pas sans difficultés ; il offre en outre des inconvénients graves, sur tout pour un radier de barrage à cause de l'obligation où l'on est de fractionner en autant de parties distinctes qu'il y a de fois 25 ou 30 mètres dans la longueur développée du radier.

Chaque caisson laisse ainsi entre lui et le suivant une séparation obligatoire d'au moins un mètre de largeur ayant de chaque côté une paroi en tôle lisse ; il y a donc par ce fait une solution de continuité fort dangereuse pour un ouvrage de retenue. (Voir Pl. n° 4.)

Cet inconvénient grave n'avait pas échappé à la perspi

CROQUIS

faisant voir le mode de raccordement des caissons entre eux.

Coupe longitudinale.

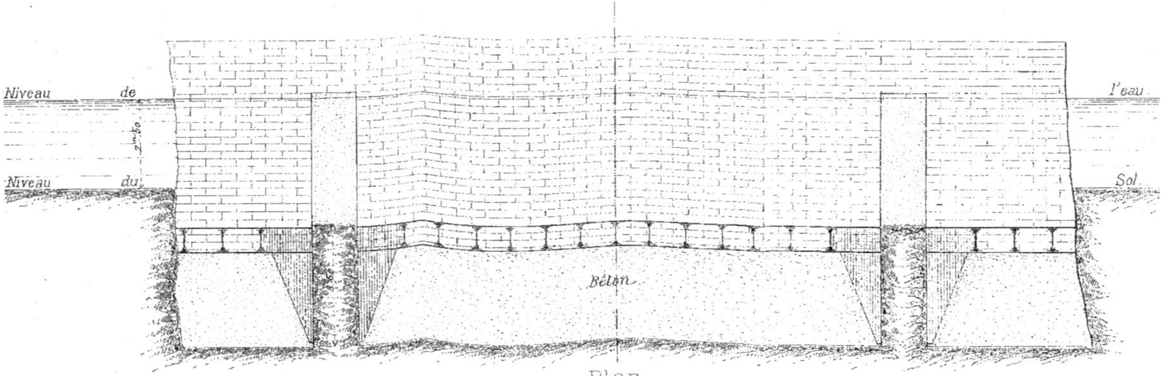

Plan au niveau du plafond en fer.

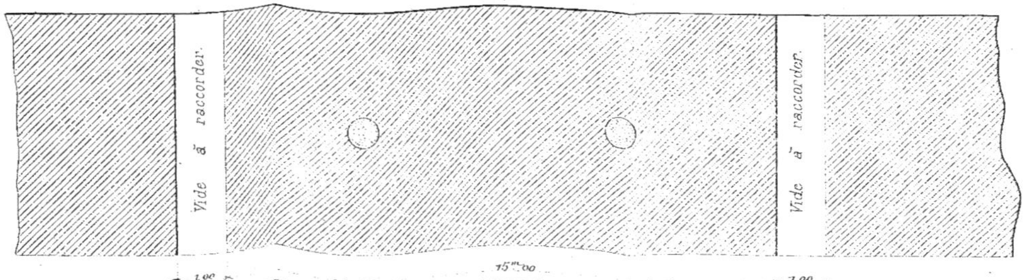

BAUDRY & Cie Éditeurs, Paris

Auto Imp A. Broise & Courtier, 43, rue de Dunkerque, Paris.

cacité vigilante de M. Fowler, puisqu'il signale pour y parer l'emploi d'un tube en fer forgé à introduire au travers de l'espace préalablement cuvelé et rempli d'un mortier mou, mais cependant consistant, et d'une prise assez rapide pour bien remplir le vide et réunir ainsi les caissons entre eux.

Cette disposition peut théoriquement paraître bonne, mais, en pratique, elle laisse certaines craintes se manifester sur la certitude d'obtenir un radier monolithe et bien homogène, comme doit l'être un radier de barrage, surtout pour le cas qui nous occupe, parce que les profondeurs à descendre atteindront non pas 18 mètres, mais peut-être jusqu'à 22 mètres dans certains endroits.

Description des pieux-palplanches en fer.

Ce système de pieux-palplanches concourt à donner satisfaction à toutes les hypothèses qui peuvent se présenter dans l'exécution des travaux de fondations : par leur forme spéciale, ils permettent de circonscrire tous les poly-

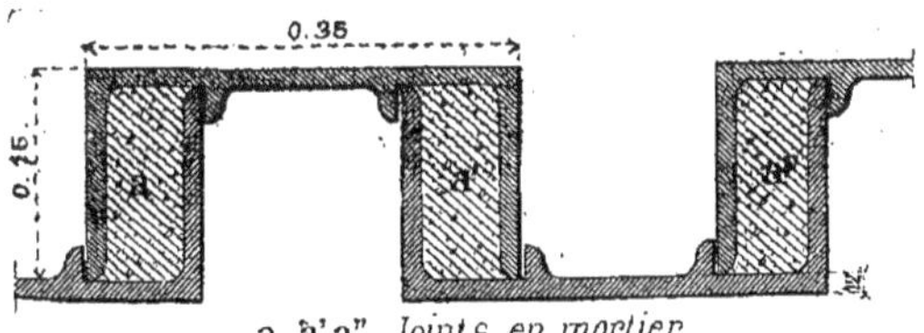

a à'a" *Joints en mortier.*

gones possibles, quel que soit le périmètre à contourner, et d'obtenir en outre par leur enchevêtrement une étanchéité pour ainsi dire parfaite qui permettrait même d'exécuter à sec les travaux, sans crainte non seulement des infiltrations, mais aussi sans concevoir aucun doute sur la résistance puissante qu'offre une telle paroi de fer ou acier aussi bien à l'enfoncement vertical, qu'à la poussée horizontale par la facilité que l'on aura toujours de pouvoir étrésillonner au fur et à mesure des besoins (1).

Le seul et principal inconvénient de ce système, nous l'avons dit, c'est qu'il ne peut facilement traverser des couches de roche.

En résumé, les deux systèmes ont chacun leur bon côté et leur défaut, mais cependant, dans le cas d'un barrage nouveau à construire, il nous semble que le système des pieux offrirait moins d'inconvénients, plus de sécurité et de rapidité dans l'exécution pour les terrains d'alluvions qui constituent le sol de la basse Égypte. Nous allons décrire maintenant chacun des barrages en particulier.

Barrage de la branche de Damiette.

D'après tous les renseignements et constatations diverses, il appert que le radier de ce barrage n'a jamais donné lieu à aucune réfection, ni à aucun doute sur sa solidité qui a toujours été et est encore en bon état d'entretien; aussi pensons-nous que, tout en projetant une retenue de 3 mètres, de légers travaux suffiront pour lui assurer une résistance normale et permanente, savoir :

1° Surélévation du radier en gros moellons taillés de 0^m,50 de hauteur, à l'amont du radier, et ce jusqu'au milieu des arches seulement dans le double but de fortifier

(1) Voir les trois gravures planches 5, 6 et 7 représentant les phases successives relatives à l'emploi des pieux-palplanches pour l'exécution des fondations.

La planche n° 5 représente le battage des pieux, leur mode d'enchevêtrement et le guide en fonte placé au fond de l'eau.

La planche n° 6 représente l'emplacement d'un ouvrage entièrement circonscrit par les pieux-palplanches, avec l'hypothèse d'exécuter les fouilles au moyen d'une drague et d'y couler le béton au moyen de caisses à fond articulé pour ensuite épuiser l'eau et faire le travail des maçonneries à sec (un des côtés du périmètre près de la rive est ménagé pour faire sortir la drague après les fouilles exécutées).

La planche n° 7 représente la coupe d'un ouvrage exécuté entièrement à sec.

PIEUX-PALPLANCHES EN FER.

Battage et mise en place des pieux.

PIEUX-PALPLANCHES EN FER.

Dragage dans l'enceinte d'un ouvrage.

PIEUX-PALPLANCHES EN FER.

Coupe transversale faisant voir le travail s'effectuant à sec.

l'ouvrage et d'établir la forme nécessaire aux nouveaux engins de retenue, ainsi qu'une cuvette pour amortir la chute de l'eau.

2° Application d'un nouveau système de retenue dont la description sera donnée plus loin.

3° Suppression d'une écluse, faire la réparation de l'autre et les raccords aux murs de quai.

4° Travaux d'enrochements à l'aval du barrage pour parer à la surélévation projetée et éviter les affouillements.

Tels sont les seuls travaux que nous entrevoyons être nécessaires à ce barrage et que nous avons estimé devoir s'élever à la somme de deux millions.

Barrage de la branche de Rosette.

L'examen de tous les documents relatifs à l'état des barrages de Saïdieh fait reconnaître que, seul, le barrage de Rosette a donné lieu à concevoir des craintes sur sa résistance; c'est ce qui, d'ailleurs, a empêché jusqu'ici d'imposer à l'ouvrage entier la retenue projetée de cinq mètres. Ce n'est même qu'avec les plus grandes hésitations et après divers tâtonnements successifs, que l'on est parvenu à obtenir une retenue de 2 mètres qui semble aujourd'hui acquise sans danger, mais qui cependant ne saurait être continuée sans une réparation spéciale au radier qui devient de plus en plus opportune.

M. Fowler a si bien décrit la situation que nous ne croyons pas devoir revenir à nouveau sur cette description; nous savons que ce qui a, jusqu'ici, empêché le barrage de Rosette de répondre aux besoins, c'est la partie du radier qui a été fondée sur enrochements dans les grandes profondeurs où l'on pensait voir s'effectuer le colmatage et les atterrissements. Cet effet ne s'étant pas produit, il en est résulté l'impossibilité matérielle d'obtenir la retenue projetée.

C'est donc, par le fait, à obtenir l'étanchéité de cette seule partie défectueuse du radier qu'il faudrait recourir pour mettre le barrage de Rosette en état, puisque, au delà de cette partie construite sur enrochements, les atterrissements qui se sont effectués et maintenus démontrent que le radier est bon et qu'il a été bien construit; c'est pourquoi nous avons pu dire avec raison qu'un ouvrage qui résiste à 2 mètres de pression est un ouvrage dont l'ensemble est relativement satisfaisant.

Cependant, malgré le bon état indiscutable, nous projetterons par prudence d'étendre le diaphragme isolateur sur toute la longueur du radier, mais en lui donnant à la partie où les terres se sont maintenues une profondeur et une largeur moindres, ainsi que l'indique et le recommande M. le colonel Moncrief.

Nous projetterons donc de placer le diaphragme ainsi que les appareils de retenue à l'amont du barrage, afin d'utiliser réellement l'ouvrage actuel et faire servir ainsi la largeur totale du radier au passage de l'eau après sa chute, afin de diminuer d'autant la force du courant et permettre par conséquent de réduire la masse des blocs d'enrochements à prévoir à l'aval du barrage par suite de la surélévation de 2 à 3 mètres. Le radier actuel n'ayant pas moins de 35 mètres de largeur, (il en aura 40 à 45 après la réparation projetée) aussi lorsque la lame aura parcouru la surface solide du radier, sa force destructrive sera-t-elle déjà en partie amortie quand elle rencontrera la ligne de défense des blocs qui seront établis en ce point Aussi ne croyons-nous pas nécessaire de prévoir, comme M. Fowler le prescrit, d'autre rangée de blocs au delà de la sortie immédiate du barrage; tout au plus prévoirions-nous comme travail nouveau d'enrochement de placer un épi à l'amont de l'ouvrage de façon à diriger le courant du fleuve de telle sorte que, sans porter atteinte à la bonne tenue du fond de la partie aujourd'hui remplie et émergeant aux basses eaux, les dépôts s'effectuent plus vite dans les parties profondes dont nous avons en vue de hâter précisément le relèvement.

Placé à l'amont de l'ouvrage, le diaphragme fera l'office d'avant-radier; il s'étendra à l'ouvrage entier, y compris l'emplacement des deux écluses de rives; mais, ainsi que nous l'avons dit, avec des profondeurs différentes, savoir :

1° Au droit des parties reposant sur enrochements et où se trouvent les grandes profondeurs d'eau, il sera descendu jusqu'à 2 mètres au minimum au-dessous de la dernière couche de moellons, profondeur que nous estimons devoir atteindre jusqu'à 20 mètres au-dessous du zéro du nilomètre et sur une largeur égale aux deux tiers de l'ouvrage, soit environ 300 mètres. (*Voir les dessins, planche n° 7.*)

2° Au delà de cette partie, le radier présentant un aspect solide, le diaphragme ne sera descendu qu'à la profondeur maxima de 7 mètres; nous ferions même la déclaration que cette protection, dans cette partie de l'ouvrage, n'est pas obligatoire, d'abord à cause de la conviction où nous sommes qu'elle est en bon état, et ensuite parce que l'exhaussement général du radier de 0ᵐ,50 avec de gros moellons taillés contribuera encore à augmenter sa solidité.

En dehors des dispositions à prendre pour constituer le diaphragme, celles à effectuer pour assurer le fonctionnement du barrage restent les mêmes; nous allons les détailler ci-après :

1° Construction d'un épi en pierres sèches à l'amont;

2° Surélévation du radier sur tout ou partie de la surface selon l'emplacement et le besoin, avec protection de la nouvelle arête du radier par un fort chaperon en tôle ou dalles en granit;

3° Changement du système de retenue actuelle et son remplacement par un système tout nouveau ;

4° Suppression d'une écluse et réparation de l'autre, ainsi que des abords et murs de quai ;

5° Augmentation des enrochements à l'aval et immédiatement après le radier du barrage.

Description des articles indiqués dans la nomenclature précédente (pl. 8. 9 et 10).

1° La construction d'un épi en pierres sèches à l'amont du barrage fera l'objet d'une étude toute spéciale, car nous ne l'entrevoyons utile que pour hâter les apports dans les parties profondes ; mais elle n'est pas indispensable, quel que soit le mode employé pour la confection du diaphragme.

2° La surélévation du radier sera faite en moellons taillés de $0^m,50$ de hauteur verticale pour former une nouvelle chape ; elle sera disposée pour servir à l'emploi du nouveau système de retenue et régnera depuis l'amont jusqu'à l'extrémité de l'arrière-radier à l'aval mais seulement dans la partie des 300 mètres bâtie sur enrochements.

Elle s'arrêtera au milieu des arches du pont pour l'autre partie, à moins que l'examen nouveau du radier ne fasse reconnaître la nécessité de le protéger sur toute son étendue.

3° L'appareil de retenue que nous proposons d'établir est des plus simples et des plus ingénieux ; il est connu généralement sous la dénomination de *barrages à aiguilles*. Il a le grand avantage pour l'Égypte de se rapprocher beaucoup du système des barrages mobiles employés en tout temps dans le pays ; mais il est tellement modifié

RÉPARATION DU BARRAGE DE SAÏDIEH.
Branche de Rosette.

Coupe en travers du Radier

dans les parties profondes des enrochements avec indication des moyens projetés pour la réparation soit par les pieux palplanches enchevêtrés A soit par les caissons en tête B.

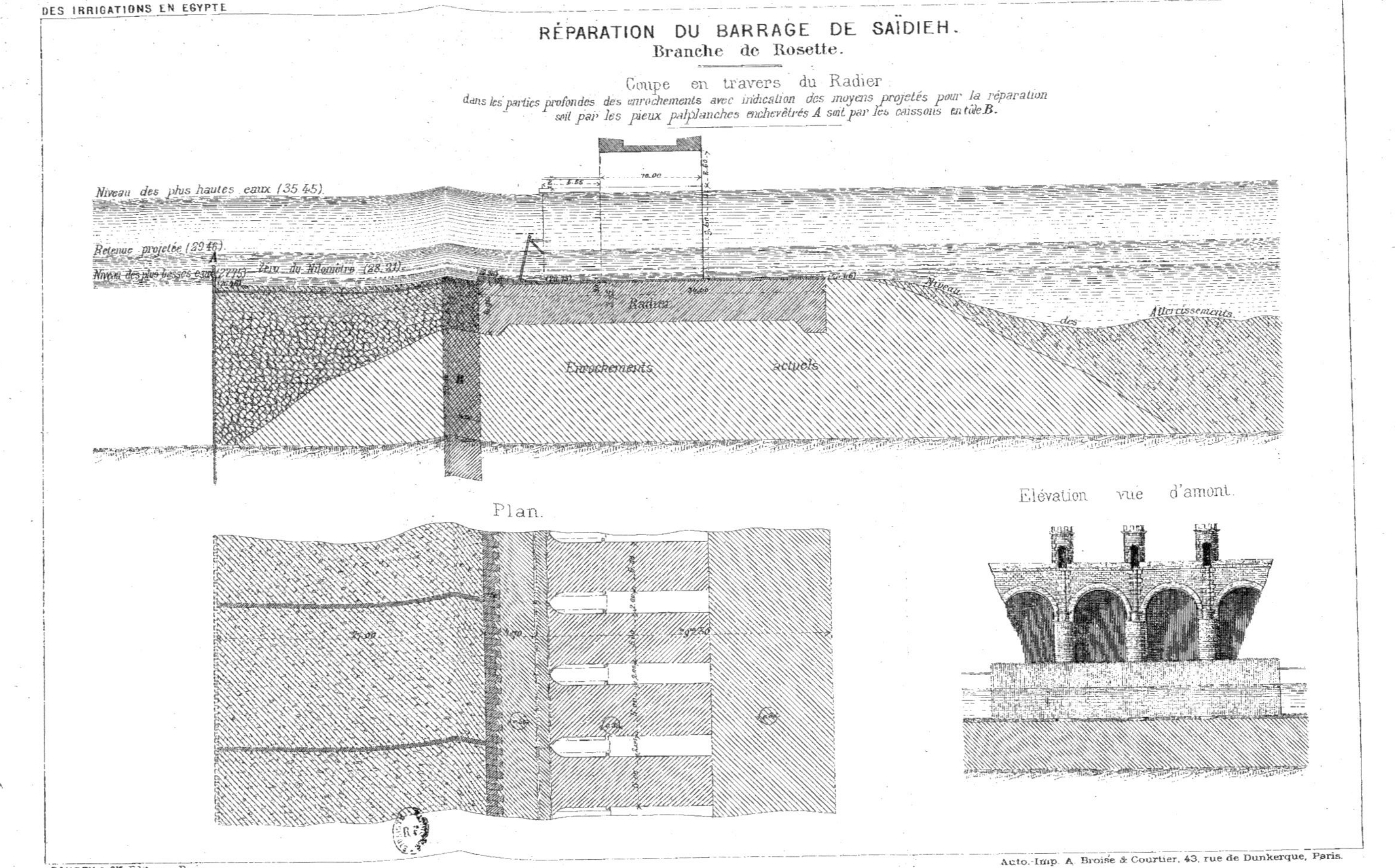

BAUDRY & Cie Éditeurs, Paris

Acto. Imp. A. Broise & Courtier, 43, rue de Dunkerque, Paris.

RÉPARATION DU BARRAGE DE SAÏDIEH.

Branche de Rosette.

Coupe en travers du Radier

*dans les parties peu profondes avec indication des deux moyens projetés pour la réparation soit par les pieux-palplanches enchevêtrés **A**, soit par les caissons en tôle **B**.*

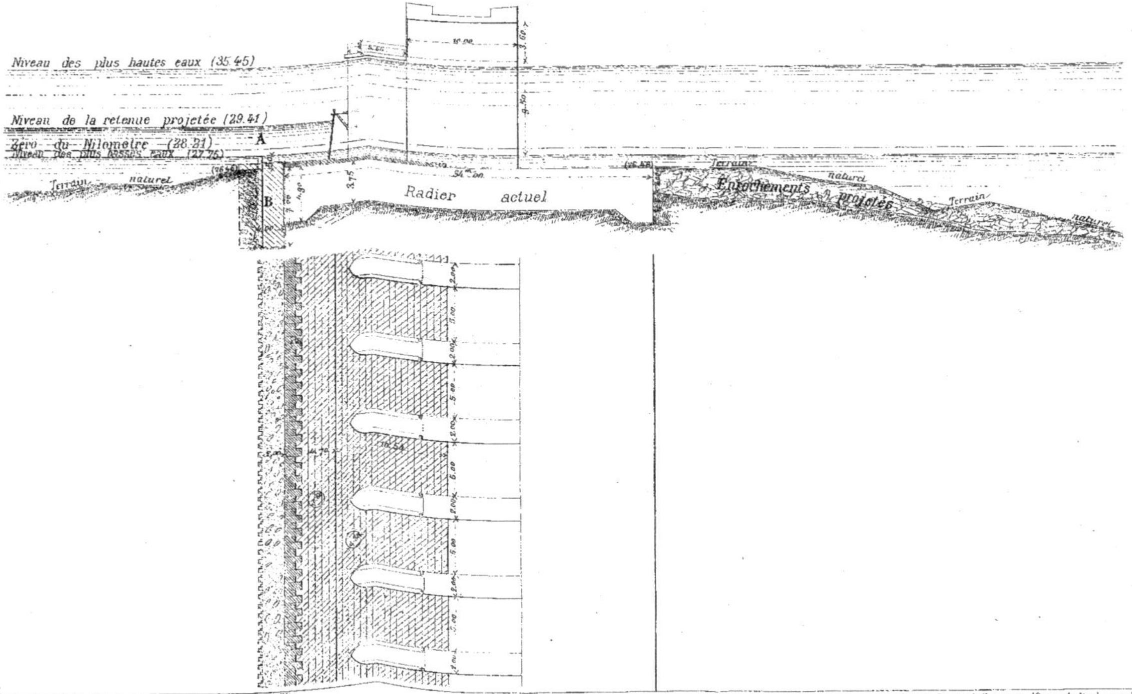

BAUDRY & Cie Éditeurs, Paris.

Auto Imp. A. Broise & Courtier, 43, rue de Dunkerque, Paris.

que sa manœuvre est aujourd'hui des plus faciles et des
plus efficaces ; il a en outre la sanction de l'expérience,
car sa simplicité et sa facilité de manœuvre l'ont fait adopter depuis longtemps par les ponts et chaussées, et notamment sur la Seine où il rend de grands services.

Les aiguilles sont généralement appuyées sur des fermettes mobiles en fer qui sont reliées entre elles par des
cornières que supportent un léger pont de service sur
lequel roule un treuil ; mais ici, comme il existe un pont,
les fermettes seront remplacées par des corbeaux en fer
articulés et fixés sur chacun des avant-becs des piles du
barrage, ils seront reliés chacun à chacun par des poutrelles mobiles qui supporteront le petit pont de service
et serviront en même temps de voie pour le chemin du
treuil de manœuvre.

L'emploi des fermettes mobiles en fer a pour but d'éviter la construction de piles et de supprimer par conséquent
tout obstacle permanent dans le lit du fleuve ; la construction est des plus simples tout en étant fort solide, ainsi
qu'on va le voir par la description ci-après.

Les fermettes sont des châssis en fer ayant la forme d'un
trapèze ; de hauteur et largeur variables, et reliées par des
croix de Saint-André, elles reposent à leur partie inférieure
sur deux articulations fixées dans des coussinets fortement
scellés dans le radier du barrage ; elles sont généralement
espacées de mètre en mètre et maintenues verticalement
au moyen de cornières en fer, percées de trous à leurs
extrémités pour servir à les fixer dans les tourillons qui
terminent le cadre supérieur des fermettes ; il y a en outre
une barre de fer rond au devant qui relie le tout ensemble.
Les cornières sont utilisées ensuite comme rails pour un
treuil roulant sur galets, lequel sert à lever les aiguilles.

Les fermettes ainsi réunies l'une à l'autre sont maintenues verticalement par de simples crampons scellés aux deux

culées maçonnées sur chacune des rives, et dans l'une desquelles est ménagé un vide ou chambre pour recevoir les premières fermettes, lorsqu'on les abat pour faire disparaître tous les engins de retenue.

De même que l'opération qui consiste à lever les fermettes s'effectue une à une ainsi que nous venons de le voir, de même elles s'abattent en procédant alors à l'opération inverse par l'enlèvement une à une des aiguilles et des cornières et du pont de service.

Les fermettes devenues libres se couchent d'elles-mêmes dans le fond, les unes sur les autres, en s'étendant horizontalement sur le radier ; or, comme elles ont généralement 4 à 5 mètres de hauteur et qu'elles sont espacées entre elles de mètre en mètre, il y a obligation pour les premières près de la rive de ménager dans la culée une chambre de grandeur et de forme voulues pour les recevoir.

Tel est le type et le fonctionnement des fermettes ; il est fort simple comme on le voit. En outre, le poids d'une fermette est relativement léger : il atteint tout au plus une tonne de poids pour une fermette de 5 mètres de hauteur.

Il n'y a pas possibilité d'employer les fermettes au barrage de Saïdieh, puisque le radier est surmonté d'un pont qui est surmonté lui-même par de nombreuses piles formant des arches de 5 mètres d'ouverture au plus ; mais comme, en définitive les fermettes n'ont pour but que de servir à supporter la butée des aiguilles de retenue, nous aurons ici pour y suppléer les piles du pont, qui constitueront il est vrai un barrage fixe au lieu d'un barrage mobile ; mais, le fait existant, il faut l'utiliser.

C'est pourquoi nous avons projeté de sceller à chacune des piles de forts corbeaux en fer (1), articulés près de leur

____

(1) Voir planche n° 10.

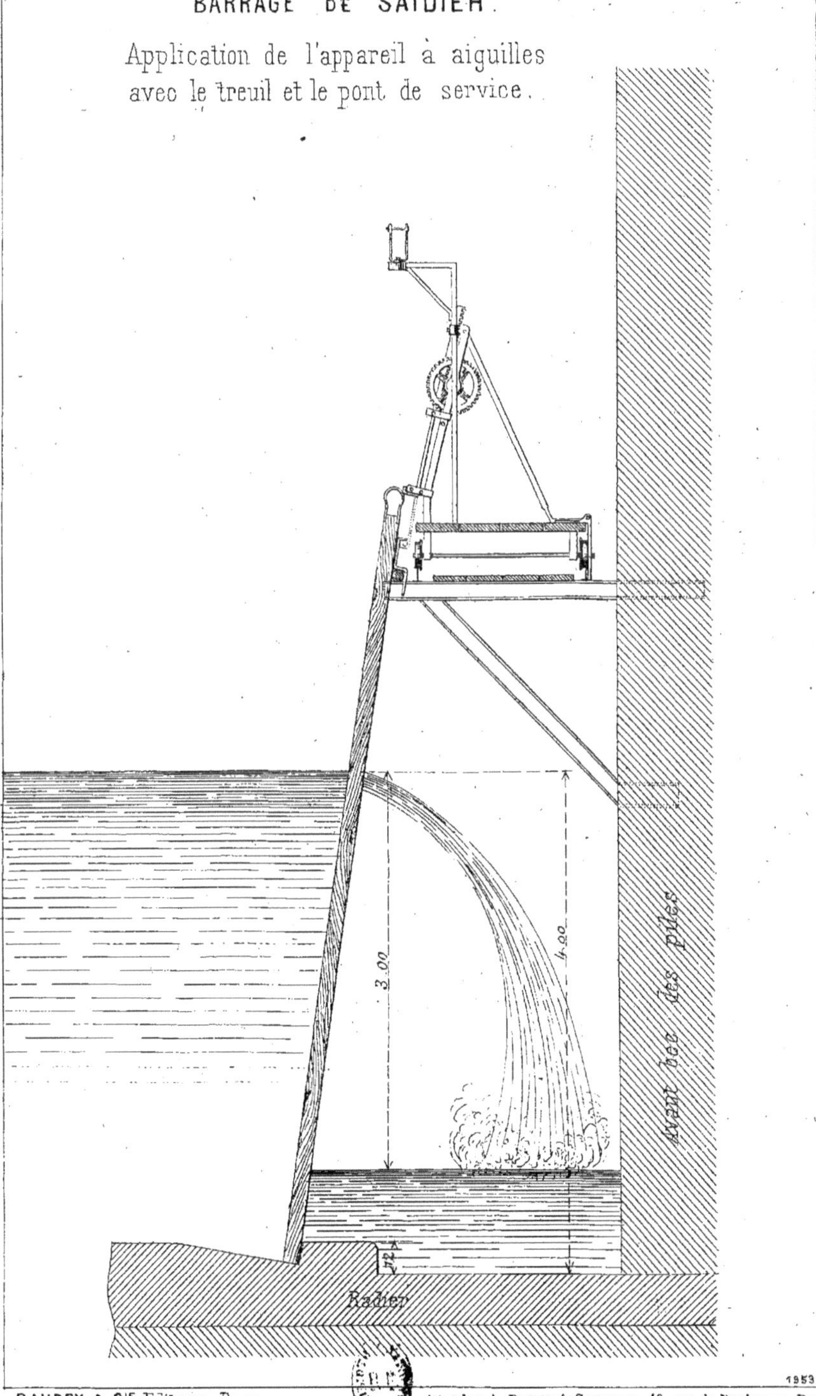

BARRAGE DE SAÏDIEH.
Application de l'appareil à aiguilles
avec le treuil et le pont de service.
3.00
4.00
Avant bec des piles
Radier
1953

scellement; ils auront pour mission de supporter le léger pont de service obligatoire pour le système de retenue par aiguilles; car, en dehors des fermettes qui sont remplacées ici par les piles du pont, le système reste le même.

Le pont de service sera formé :

1° D'une tringle de fer rond qui a le triple but de relier les corbeaux de support entre eux; de servir de butée aux aiguilles lorsqu'elles sont en place pour relever le plan d'eau; et ensuite de maintenir ces mêmes aiguillles en suspension par un crochet qu'elles portent, lorsqu'on cesse la retenue ou que l'on veut simplement faire varier le niveau de l'eau.

2° De deux poutrelles en fer à **T** qui serviront au double but de relier le tout ensemble et de servir de rails au treuil de manœuvre des aiguilles.

3° Le tablier du pont mobile sera formé par des panneaux en planches légères, dont la largeur est celle de l'écartement des deux poutrelles seulement.

Les aiguilles qui servent à opérer la retenue, à l'instar des vannes et des poutrelles, sont tout simplement des petits chevrons carrés en bois de chêne ou de sapin, de longueur et grosseur variables, mais ayant généralement 4 ou 5 mètres de longueur sur 0^m,08 à 0^m,10 de côté; la partie du haut est arrondie et terminée par une boucle rigide et armée un peu plus bas d'une tige de fer recourbée, formant crochet, avec talon saillant au-dessus du crochet; cette armature est fixée solidement sur l'aiguille.

Du pont de service où on l'apporte, l'aiguille se place en la tenant d'une main par l'anneau qui la termine et en jetant l'extrémité inférieure en avant du courant; elle s'enfonce alors et vient d'elle-même buter sur le radier où elle rencontre la saillie préalablement ménagée à cet effet; le courant la maintient ensuite à la place qui lui est assignée; ses points d'appui sont donc par le bas à la saillie ménagée au radier et par le haut sur la tringle ronde du pont de service.

On procède ainsi pour chacune des aiguilles et comme elles sont relativement légères il en résulte qu'un seul homme peut les mettre en place.

Pour les retirer, la manœuvre demande le déploiement d'un peu plus de force, mais la difficulté est tranchée par l'emploi du petit treuil auxiliaire mobile monté sur un chariot, roulant sur les cornières du léger pont de service dont nous avons parlé. Ce treuil porte une tige recourbée qui vient en s'abaissant prendre le talon en fer qui fait saillie sur l'aiguille et soulève cette dernière d'autant plus vite que la butée qui retient le pied a tout au plus $0^m,12$ à $0^m,15$ de saillie; or, aussitôt que le pied a franchi ce léger obstacle, le courant l'entraîne, l'aiguille glisse alors du treuil qui l'a levée et s'engage aussitôt sur la tringle de fer rond au moyen du crochet allongé dont elle est munie, et autour duquel elle pivote et reste suspendue; à ce moment, elle a l'inclinaison que lui imprime le courant et qui est par conséquent l'opposé de celle qu'elle avait lorsqu'elle lui était opposée.

Cette tringle de fer rond a donc ainsi la triple fonction :

1° De relier les fermettes entre elles ;

2° De servir de butée aux aiguilles lorsqu'on les oppose au courant pour obtenir la retenue; 3° et enfin, de supporter ces dernières lorsqu'on veut abaisser totalement ou partiellement le plan d'eau.

C'est donc dans le temps le plus court et sans efforts appréciables que l'on peut parvenir à mettre en place ainsi qu'à enlever les aiguilles, et faire disparaître toute trace des appareils de retenue pour laisser au fleuve le libre cours de son lit.

Dans le cas où, comme pour le Nil, il y a obligation de laisser écouler une grande quantité d'eau, le système de fermeture par aiguilles a le précieux avantage de le permettre soit par le haut en fermant complètement la largeur du barrage, soit par lames verticales en laissant des intervalles libres de distance en distance selon le débit du fleuve, avantage qui permet également de faire disparaître toutes traces d'apports qui auraient pu momentanément se produire.

4° Nous projetons la réparation des murs de quai ainsi que la réparation d'une des deux écluses de rives seulement; l'autre écluse sera supprimée comme au barrage de Damiette, d'abord dans le but d'économiser la dépense de réparation, et ensuite parce qu'il semble superflu d'avoir une écluse sur chacune des rives du fleuve (partout en Europe où la navigation est bien plus active, il n'y a qu'une écluse à chacun des barrages).

En outre, parce que le sas ainsi désaffecté du service des éclusages serait utilisé sans frais appréciables à l'établissement de batteries, turbines, hélices ou roues hydrauliques pour employer cette force soit à alimenter un canal dont la fonction serait l'irrigation des terrains plus élevés, soit à tout autre usage.

La force dont on pourrait disposer rien qu'avec la largeur seule du sas de l'écluse, avec une retenue de 3 mètres seulement, serait de 400 chevaux; de 75 kilogrammètres ou 34 chevaux par mètre linéaire, ainsi qu'il ressort des calculs ci-après :

Le débit du Nil étant constant et donnant à l'étiage en amont du barrage environ $477^{m3},918$ à la seconde, d'après la formule de Prony $\left(R\,I = a\,V \times b\,\overline{V}^{2} \right)$, soit un cube de $41,292,115^{m3}$ par 24 heures à répartir ent branches, et pour la largeur seule du bief de   la moyenne de 10,193 litres à la seconde, donnant une force à utiliser suivant les hauteurs de retenue adoptées aux barrages à construire et que nous avons résumées au tableau ci-après. (Voir pages 104 et 105.)

5° Les enrochements à prévoir à l'aval seront construits en gros blocs maçonnés et coulés sur place dans toute la largeur de l'ouvrage.

Tels sont les travaux spéciaux que nous entrevoyons comme nécessaires et indispensables à la mise en état de la superstructure de l'ouvrage de Rosette; ils restent les mêmes par rapport au moyen qui sera adopté pour ceux de l'infrastructure ou diaphragme isolateur. C'est pourquoi nous les avons décrits séparément. La dépense pour l'ensemble s'élèvera environ au chiffre de 8 millions de francs.

Nous allons maintenant examiner la dépense qu'entraînerait la confection du diaphragme soit au moyen des caissons, soit au moyen de pieux-palplanches.

Diaphragme par caissons en tôle.

Nous avons prescrit l'obligation de placer le diaphragme à l'amont sur toute la largeur du fleuve et à l'arête du radier de façon à servir d'avant-radier.

La masse du barrage représentant une résistance considérable, nous pensons qu'il n'est pas nécessaire de prévoir un mur vertical de 8 mètres d'épaisseur, mais que 4 mètres seraient suffisants pour les parties profondes de 20 mètres qui s'étendent environ sur 300 mètres (1), et sur le reste de la largeur où le fond affleure le radier, nous projetterons le mur de même épaisseur, mais sur 7 mètres seulement de profondeur.

La dépense nécessaire à l'exécution de ce travail est estimée au chiffre de 4,000,000 de francs.

Diaphragme par pieux-palplanches.

Ce travail consiste à enfoncer perpendiculairement à la rive du fleuve, à l'avant du barrage, une rangée de pieux-

(1) Voir planche n° 7.

palplanches en fer chevauchant les uns dans les autres et formant à chacun des angles intérieurs un vide entre eux ; après le battage, ce vide sera rempli d'étoupe ou de mortier à prise rapide pour établir un joint et rendre alors le diaphragme étanche.

Particularités. — La présence d'enrochements considérables à l'endroit où il s'agit précisément d'employer ce système et la difficulté redoutable qu'offrent les enrochements à la mise en place des pieux, nous ont obligé, dans le cas présent, à tourner la difficulté : d'abord en profitant de la disposition que nous avons projetée de placer le diaphragme à l'amont (car il est évident que les enrochements jetés en rivière depuis nombre d'années l'ont été plutôt à l'aval qu'à l'amont), et ensuite, nous basant sur l'observation précédente, nous avons pensé qu'en plaçant la ligne des pieux à quelques mètres du pied du talus de l'enrochement actuel, on se trouverait dans une condition qui permettra de traverser facilement les quelques obstacles qui pourront se présenter, d'autant plus qu'au besoin on préparerait l'emplacement des pieux au moyen d'une petite tranchée faite par le secours d'un scaphandrier.

De cette façon, nous avons la certitude de ne pas rencontrer d'obstacles que nous ne puissions vaincre. Cette disposition loin d'être un inconvénient est au contraire excellente : elle donnera au radier une force contingente considérable, en circonscrivant ainsi l'espace compris entre la ligne des pieux et le massif actuel du radier.

Le système des pieux enchevêtrés donnant à la paroi qu'ils forment une étanchéité complète, nous projetterions ici de remplir tout simplement l'intervalle compris entre la ligne des pieux et les talus des enrochements du radier au moyen de pierrailles ou de sable pur comme l'a fait, aux Indes, le génie anglais dans un cas analogue qu'a cité M. Fowler dans son rapport. On comblerait ainsi jusqu'à

Tableau des forces bru

		DÉPENSES EN LIT⟨							
CHUTE DE 2ᵐ,00.				CHUTE DE 2ᵐ,50.				CH	
FORCE en KILOGRAMMÈTRES.		FORCE en CHEVAUX-VAPEUR.		FORCE en KILOGRAMMÈTRES.		FORCE en CHEVAUX-VAPEUR.		FORCE en KILOGRAMMÈTR⟨	
sur la largeur totale.	par mètre linéaire.	sur la largeur totale.	par mètre linéaire.	sur la largeur totale.	par mètre linéaire.	sur la largeur totale.	par mètre linéaire.	sur la largeur totale.	par mètr⟨ linéai⟨
20.386ᵏ	1.699ᵏ	271ᶜ.814	23ᶜ	25.842ᵏ	2.153ᵏ	339ᶜ.766	28ᶜ	30.579ᵏ	2.5⟨

la cote du niveau inférieur du radier actuel, après quoi le tout serait recouvert d'une couche de béton de 3 mètres d'épaisseur, y compris bien entendu la surélévation projetée de 0ᵐ,50 par un dallage en gros moellons piqués.

Tel serait le moyen à appliquer dans la partie sur enrochements et que nous avons déterminée devoir atteindre 300 mètres de longueur totale.

L'autre partie où le sol s'est maintenu au niveau du radier et où, par conséquent, il n'existe pas d'enrochements à l'amont, le diaphragme sera rapproché jusqu'à 2 mètres de la crête de l'avant-bec du radier maçonné et descendu seulement à 7 mètres de profondeur.

RÉCAPITULATION

La dépense à prévoir pour la réparation des travaux de superstructure de la branche de Damiette est de. . . . . 2.000.000 fr.

A reporter. . . . 2.000.000 fr.

respondant à diverses chutes d'eau.

R SECONDE 10.193.

3^m,00.		CHUTE DE 4^m,00.				CHUTE DE 5^m,00.			
FORCE en CHEVAUX-VAPEUR.		FORCE en KILOGRAMMÈTRES.		FORCE en CHEVAUX-VAPEUR.		FORCE en KILOGRAMMÈTRES.		FORCE en CHEVAUX-VAPEUR.	
sur la largeur totale.	par mètre linéaire.	sur la largeur totale.	par mètre linéaire.	sur la largeur totale.	par mètre linéaire.	sur la largeur totale.	par mètre linéaire.	sur la largeur totale.	par mètre linéaire.
.720	34^c	40.772^k	3.398^k	543^c.626	45^c	50.965^k	4.247^k	679^c.546	56^c

Report. . . 2.000.000 fr.

Celle à prévoir pour la branche de Rosette comprend deux catégories distinctes de travaux : la superstructure et l'infrastructure.

Seule, la première catégorie ci-dessus reste invariable, elle est de. . . . . . . 2.000.000 »

Mais l'infrastructure variera suivant l'hypothèse adoptée.

Elle atteindrait par l'emploi du système des caissons le chiffre de. . 4.000.000 fr.

Et par l'emploi des pieux-palplanches le chiffre de . 3.000.000 »

Comme on le voit, c'est dans l'emploi des caissons en tôle que se trouvera la plus grande dépense; aussi prendrons-nous cette dernière hypothèse pour établir le chiffre du total de la dépense, soit. . . 4.000.000 »

A reporter. . . 8.000.000 fr.

Report. . .　8.000.000 fr.

L'ensemble de la dépense pour la réparation et mise en état du barrage de Saïdieh avec et y compris toute réparation et adjonction du nouveau système à aiguilles pour une retenue de 3 mètres, y compris surélévation du radier, s'élèverait donc à la somme de. . . . .　8.000.000 fr.

Telle serait la dépense maxima sur laquelle on devra compter pour la réparation des deux barrages de Saïdieh. Elle est loin, comme on le voit, des chiffres trouvés jusqu'à présent, ainsi que de celui relativement modeste (1,000,000 de livres) du rapport Fowler; elle n'atteint même pas celui de 400,000 livres exposé sur la brochure du ministère qui n'avait cependant prévu qu'une simple réparation sans augmentation de la retenue, tandis que notre projet est non seulement de réparer l'ouvrage entier, mais d'ajouter une surélévation d'un mètre à la retenue de 2 mètres que l'on est parvenu à obtenir.

Par suite du détail que nous venons d'exposer, il est facile de reconnaître que le travail de réparation que nous avons projeté pour le radier permettrait d'obtenir une retenue de $4^m,50$ et même de 5 mètres, mais nous croyons préférable de ne compter que sur une retenue de 3 mètres (1) pour les divers motifs que nous avons déjà énumérés, et dans la conviction où nous sommes des grands avantages qu'offre la répartition des retenues au moyen de barrages successifs sur le parcours des deux branches de Rosette et de Damiette, en projetant, bien entendu, leur établissement dans le parage des grands canaux pour l'alimenta-

---

(1) C'est ainsi qu'ont été calculés et estimés les engins de retenue et les enrochements à prévoir à l'aval.

tion desquels il était prévu de le faire par des pompes à vapeur, plutôt que de demander l'alimentation générale du Delta par un barrage unique; et cela aussi bien pour l'avantage de l'irrigation et de la navigation, que pour celui des terrassements qui seront ainsi considérablement réduits.

C'est en même temps répondre à l'observation très judicieuse du ministère signalant le mauvais côté de faire dépendre l'irrigation entière du pays d'un seul ouvrage. Nous ajouterons en outre que cette réduction de cote dans la retenue à Saïdieh ($4^m,50$ à 3 mètres) est plutôt apparente que réelle; car, si, comme nous le projetons, on adopte cette même hauteur de retenue de 3 mètres à chacun des barrages à prévoir depuis Saïdieh jusqu'à Atfé et Mansourah, il en résultera que non seulement nous aurons assuré à tous les canaux du Delta un plan d'eau supérieur à celui qu'ils auraient eu avec la cote de $4^m,50$ projetée à l'unique barrage de Saïdieh, mais il appert même par les calculs des cotes du profil en long que ces retenues successives de 3 mètres donneront certainement une cote de répartition supérieure à celle indiquée au tableau ci-après, dressé par le ministère et reproduit sur sa brochure de 1883, pour les hauteurs d'eau à monter par les machines à l'emplacement de chacun des canaux à alimenter.

Nous avons d'autant plus lieu d'admettre comme certains les chiffres du tableau ci-après, qu'ils émanent du ministère lui-même.

Or, en admettant que les canaux à remplir aient une hauteur d'eau de deux mètres en moyenne, il en résulte que les deux canaux de Ghiseh seuls seraient probablement à alimenter en partie; quant aux autres, la différence est négligeable, et nous sommes convaincu que l'étude spéciale qui sera faite à cet égard fera reconnaître que les plans d'eau respectifs et assignés à chacun d'eux seront satisfaisants et peut être dépassés.

Énumération des canaux que le Ministère a désignés comme devant être alimentés par des pompes.

DÉSIGNATION DES ÉTABLISSEMENTS.	DÉBIT PAR 24 HEURES en métres cubes.	HAUTEUR D'ÉLÉVATION en mètres.		DURÉE de L'ALIMENTATION en jours.
		Maxima.	Moyenne.	
Ghiseh, rive gauche du Nil .	1.100.000	6 50	5 »	150
— — droite — ..	400.000	6 50	5 »	150
Kalig-el-Masri	800.000	6 »	4 »	240
Cherkaouieh et Bassoussieh.	2.500.000	5 »	4 »	120
Sahel de Daccahlieh.. . . .	1.500.000	4 25	3 25	120
Bahr Saguir.	1.500.000	3 13	2 50	120
Kisms, Achmoun et Soubk..	1.000.000	5 »	4 »	120
Établissement X, en aval de Karinein	3.000.000	4 50	3 50	120
Terraet-el-Atfé, Khadraouié et Sahel.	2.000.000	4 50	3 50	120
Bahr Saïdi.	1.000.000	3 13	2 50	120
Khatatbé..	2.500.000	» »	» »	120
Mahmoudieh.	2.000.000	» »	» »	180
Total du débit par 24 heures	19.300.000			

Ainsi, nous sommes amenés à constater que les cotes des divers plans d'eau obtenues par les retenues successives de 3 mètres aux barrages projetés permettraient de parer à tous les besoins et assureraient aux canaux leur remplissage normal et régulier.

D'après l'étude sommaire que nous avons faite, nous

sommes d'avis qu'il serait indispensable de prévoir six barrages au moins, y compris la réparation de celui de Saïdieh, soit cinq nouveaux aux emplacements suivants :

Un à Siout, vers El-Ak-Ad, pour le canal Ibraïmieh sur le Nil, dans la haute Égypte;

Deux sur la branche de Rosette, vers Kafr-Zaiath et vers l'Atfeh;

Deux sur la branche de Damiette, vers Benha et Mansourah.

Nous allons maintenant déterminer ce que coûterait l'ensemble des ouvrages nouveaux de retenue, pour établir une comparaison entre leur prix de revient et ceux qui ont été établis en prévision d'élever l'eau par des pompes. Il suffit d'ailleurs d'en étudier un seul pour connaître l'ensemble, puisqu'ils seront à peu près tous de la même importance.

OBSERVATION

Pour donner plus de clarté à la description que nous avons faite d'un barrage à retenue mobile ainsi qu'à celle que nous allons donner d'un barrage nouveau divisé en deux branches par un îlot, nous avons fait faire trois photographies d'un barrage établi dans ces conditions sur la Seine, à Bois-le-Roi. La première vue représente le barrage au moment des basses eaux.

La deuxième vue représente la retenue fonctionnant au moment des eaux moyennes.

La troisième vue représente le barrage au moment d'une inondation, où tous les engins de retenue sont abattus et ont disparu, de telle sorte qu'on voit la navigation s'effectuer dans l'emplacement de l'ouvrage.

Nous avons fait graver ces trois photographies que nous donnons ci-joint, planches 11 à 13.

Description d'un barrage nouveau.

L'emplacement d'un barrage doit être l'objet de la plus scrupuleuse attention; on ne devra l'adopter qu'après un examen et une étude complète des localités, afin de donner la préférence au point qui offrira les meilleures conditions de solidité et de moindre profondeur, et aussi par rapport à la direction du courant et à la susceptibilité des affouillements, etc. On choisira surtout un emplacement où le fleuve se divise en deux branches, et où l'îlot séparatif a une altitude supérieure à celle des hautes eaux : le barrage ainsi divisé en deux parties offre le précieux avantage de faciliter la construction et surtout celui de ne jamais entraver beaucoup la navigation. Cette disposition augmente en outre notablement la résistance de l'ouvrage sans cependant en augmenter le prix de revient malgré les travaux de protection à faire à l'îlot, car ils sont compensés par la diminution de ceux du radier. Cependant, s'il n'était pas possible de rencontrer cette particularité d'un îlot émergeant aux hautes eaux, on devra toutefois choisir un emplacement où le Nil affecte cette forme aux étiages ; le barrage serait alors d'un seul tenant, mais l'îlot serait utilisé pour faciliter l'exécution des travaux sans entraver le cours du fleuve ni la navigation.

L'emplacement de chacun des ouvrages déterminé, on devra s'assurer immédiatement, par des sondages, de la qualité des couches du terrain constituant le sous-sol et reconnaître s'il est suffisamment résistant.

Dans ces conditions, nous sommes persuadé qu'en adoptant un radier de 15 mètres de largeur et de 3 mètres d'épaisseur, avec un revêtement de $0^m,50$ en gros moellons taillés (ce qui porterait l'épaisseur totale à $3^m,50$), on aurait un massif convenablement résistant.

BARRAGE DE LA CAVE, SUR LA SEINE.

Vue pendant l'étiage. — L'appareil de la grande passe est seul resté levé, mais les vannes ne fonctionnent pas.

BARRAGE DE LA CAVE, SUR LA SEINE.

Vue pendant la retenue. — Les vannes et les aiguilles fonctionnent. — La navigation s'effectue par l'écluse. — La retenue est de 1^m,80.

PL. XIII.

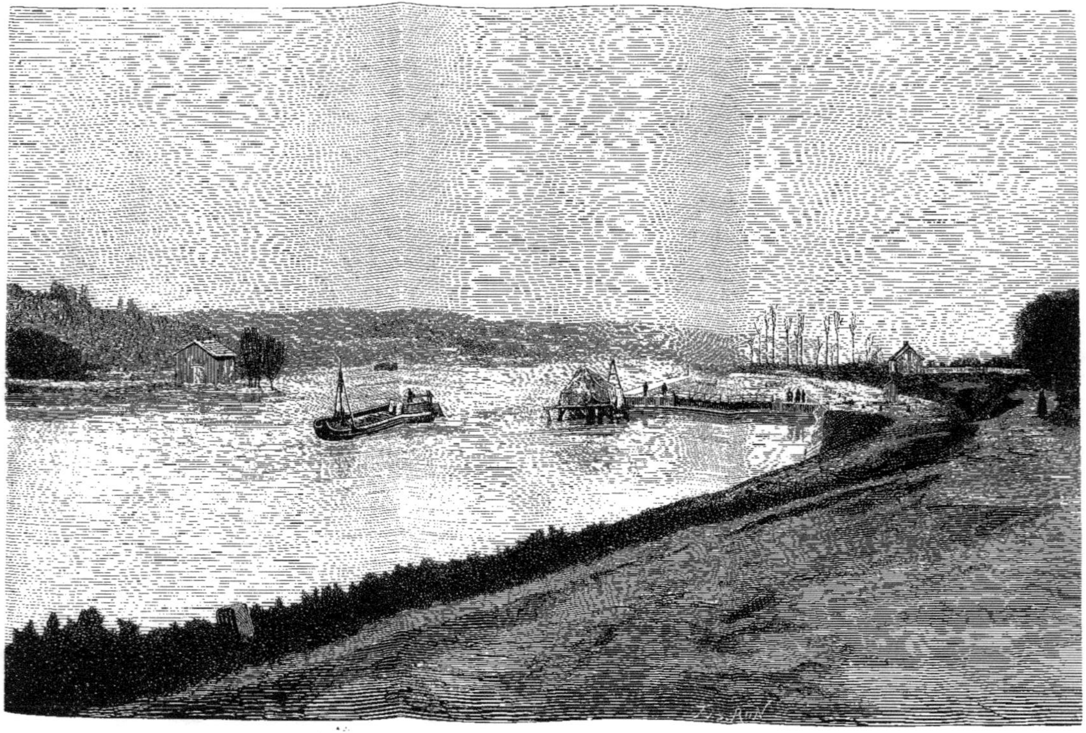

BARRAGE DE LA CAVE, SUR LA SEINE.

Vue pendant l'inondation. — Tous les appareils de retenue ont été abattus, et la navigation se fait librement.

Au-devant de ce massif et préalablement à tout travail, nous projetons en outre de foncer une paroi étanche sur toute l'étendue de l'ouvrage, d'une rive à l'autre du fleuve, soit au moyen de pieux en fer enchevêtrés, soit au moyen de caissons en tôle. Mais, dans les ouvrages tout à fait nouveaux comme nous le projetons ici, l'emploi du système de pieux enchevêtrés nous paraît offrir un notable avantage sur celui des caissons, en ce sens qu'il permet de circonscrire tout le périmètre que doit occuper le radier projeté, *sans aucune solution de continuité,* et que, l'enchevêtrement des pieux rendant leur paroi étanche, il en résulte qu'on peut à volonté exécuter à sec les terrassements ou bien les effectuer par dragages. comme le représentent les gravures 5, 6 et 7. Il en est de même pour les maçonneries que l'on peut également exécuter à sec ou sans épuisement; tandis que le système des caissons a le défaut de laisser subsister des solutions de continuité dont nous avons déjà cité les inconvénients, surtout pour des radiers de barrages. Cependant, nous admettrons l'emploi des caissons, en scindant l'ouvrage en deux parties séparément pour arriver à la largeur totale de 15 mètres du radier que nous avons adoptée, nous ne donnerons au diaphragme isolateur à descendre à 7 mètres qu'une épaisseur de 4 mètres à fonder par caissons, en le plaçant comme avant-radier, et le surplus de 11 mètres, ne constituant alors que l'arrière-radier, n'aurait que $3^m,50$ d'épaisseur. Cette dernière hypothèse pouvant s'appliquer, nous ferons l'étude du prix de revient et la mettrons seule en présence pour comparer l'ensemble de la dépense par les deux systèmes : celui des pieux et celui des caissons.

Comme protection contre l'érosion, nous prévoyons d'établir immédiatement à l'aval du radier, et sur une distance de 50 mètres, un blocage d'enrochements présentant la forme d'un trapèze ayant près du barrage une épaisseur de $2^m,50$ et à l'extrémité $0^m,50$ au minimum. De chaque côté de l'ouvrage, les talus seront perreyés en pierres sèches, maçonnés sur les longueurs suivantes :

A l'amont, 100 mètres ;

A l'aval, 150 mètres.

Conformément à l'avis que nous avons émis, nous ne projetterons également qu'une seule écluse à chacun des barrages nouveaux ; elles auront 75 mètres de longueur et 15 mètres de largeur, à cause des bateaux à aubes qui sont encore en grande quantité sur le Nil ; les bajoyers s'élèveront de 1 mètre au minimum au-dessus du niveau des plus hautes eaux ; les portes seront en tôle d'acier et manœuvrées au moyen d'un accumulateur hydraulique dont la force sera fournie gratuitement par le barrage lui-même.

Dans ces conditions, le prix de revient total d'un barrage pour une retenue de 3 mètres y compris diaphragme à 7 mètres, radier de $3^m,50$, écluse, murs de quai, perrés et tous engins accessoires de retenue, y compris les travaux d'enrochements et de protection, s'élèverait au chiffre maximum de :

Pour l'exécution du diaphragme par caissons en tôle. . . . . 8.400.000 fr.

Pour l'exécution du diaphragme par pieux-palplanches enchevêtrés . . . . . 7.000.000 »

Différence. . . . . 1.400.000 fr.

Ici, comme pour la réparation du barrage de Saïdieh, l'exécution des fondations par pieux-palplanches donne une notable différence en moins.

Nous avons vu à la description faite pour la réparation des barrages de Saïdieh que la seule largeur d'une des écluses de rive que nous projetons de supprimer et

d'affecter à l'établissement de machines hydrauliques
représenterait, pour une chute de 3 mètres seulement, une
force de 407 chevaux pouvant élever à 2 mètres un million
de mètres cubes par 24 heures.

Ici, dans la construction des nouveaux barrages, il sera
facile et peu coûteux de prévoir à chacun d'eux un établissement semblable. On remarquera que la principale
dépense à faire pour obtenir une chute d'eau gît dans
l'établissement du radier ; or, le radier du barrage étant ici
obligatoire, il suffirait de circonscrire par une murette une
ou plusieurs chambres sur chacune des rives pour installation ultérieure de machines motrices, afin d'utiliser une
partie de la force due aux barrages soit pour y créer une
industrie, soit pour y élever de l'eau pour l'arrosage des
terrains plus élevés, etc. Il suffit donc simplement de prendre sur le radier la largeur correspondante à la force qu'on
désire et qu'on obtiendra facilement en déterminant à
l'avance l'unité correspondante ; le tableau de la page 105
donne les renseignements à cet égard.

D'après la description que nous venons de faire, on a vu
que nous avions prévu la construction de 5 barrages ; dès
lors, à chacun d'eux on pourra donc disposer de grandes
forces motrices, y compris, bien entendu, tous les autres
avantages qui découlent forcément de l'élévation constante
du plan d'eau dans tout le parcours des deux branches du
fleuve et dont tous les riverains profiteront ainsi que la navigation, qui sera désormais améliorée considérablement.

L'ensemble de la dépense serait, il est vrai, de 48,000,000
francs pour les cinq barrages, y compris celui de Siout ; mais
elle est en réalité bien inférieure à celle qu'exigerait le
système d'élever un contingent d'eau bien plus faible par
des pompes ; nonobstant que chacun des barrages permettrait, s'il était nécessaire d'y recourir, d'utiliser la force
toute gratuite qu'ils représentent dans la proportion que les

besoins feraient reconnaître ; en outre la surélévation successive du plan d'eau aux divers barrages assurerait non seulement la cote du plan d'eau de chacun des canaux indiqués au tableau du ministère, cote qui doit certainement suffire à tous les besoins pour la généralité de l'altitude des terrains de culture, mais elle serait même plus élevée ; il n'y aurait alors que les deux canaux de Ghiseh qui ne pourraient recevoir leur alimentation complète par la retenue de 3 mètres à Saïdieh, tous les autres canaux seraient totalement alimentés directement et même avec plus d'abondance.

Nous venons de voir ce que coûterait l'élévation de l'eau au moyen des barrages ; il ressort encore de ces chiffres une concordance parfaite des différences indiquées par la commission du canal de Suez ainsi que par M. l'ingénieur Fowler, différences qui établissent que la dépense est quatre fois plus grande par les pompes que par les barrages, et nous voyons ici que cette différence reste également la même. Elle est même supérieure au chiffre admis récemment par le ministère des travaux publics dans sa brochure de 1883 citée à la page 83 de cet ouvrage, puisqu'il évalue la dépense annuelle par les pompes à plus de 8,000,000 de fr.

Nous avons nous-même étudié la question spéciale aux dépenses pour élever l'eau par des pompes pour les différents cas qui peuvent se présenter, et nous en avons consigné les résultats dans le tableau ci-après, en prenant pour base la quantité de 1,000,000 de mètres cubes d'eau à élever en 24 heures à la hauteur respective de 2, 3, 4 et 5 mètres.

D'après les chiffres du tableau suivant, en admettant 20 mètres cubes d'eau par feddan, le prix de l'arrosage reviendrait pour la période entière de marche aux chiffres ci-après :

Pour 2 mètres d'élévation, 8 francs ; pour 3 mètres, 10 francs ; pour 4 mètres, 12 francs ; pour 5 mètres, 16 francs,

Tableau donnant le prix de revient pour élever un Million de mètres cubes d'eau en 24 heures par des pompes à vapeur aux hauteurs diverses ci-après :

DESCRIPTION.	ÉLÉVATION DE 1,000,000^{m3} D'EAU A LA HAUTEUR DE			
	2 MÈTRES.	3 MÈTRES.	4 MÈTRES.	5 MÈTRES.
Travail à développer en eau élevée	309 ch^x vap.	468 ch^x vap.	618 ch^x vap.	772 ch^x vap.
— pour les machines	411 —	618 —	823 —	1.029 —
Détail du matériel . { Machines avec pompes	4 de 303 —	4 de 160 —	5 de 165 —	6 de 175 —
Chaudières	8 de 80^{m3}.	8 de 120^{m3}.	10 de 130^{m3}.	12 de 140^{m3}.
Prix approximatif du matériel, y compris achat, emballage, transport, douane, fondation, montage, mise en marche et construction des installations, puisards de prise d'eau.	900.000 fr.	1.100.000 fr.	1.350.000 fr.	1.600.000 fr.
Coût approximatif de marche par jour, y compris amortissement des dépenses d'installation et d'achat . . . . : .	2.000 fr.	2.500 fr.	3.000 fr.	4.000 fr.
Coût pour une moyenne de marche de 200 jours..	400.000 fr.	500.000 fr.	600.000 fr.	800.000 fr.

soit une moyenne de 11 fr. 50, en prenant les quantités de consommation égales. Mais si nous adoptons une estimation plus rationnelle et que, nous basant sur l'évaluation établie par le ministère sur les besoins de l'irrigation qu'il détermine devoir atteindre le chiffre de 19,000,000 de mètres cubes par 24 heures, et d'après les chiffres du tableau précédent, nous adoptions la proportion des besoins généraux dans les rapports suivants :

$$\tfrac{3}{10}\ \text{à élever à 2 mètres.}$$
$$\tfrac{4}{10}\ \quad — \quad 3 \quad —$$
$$\tfrac{2}{10}\ \quad — \quad 4 \quad —$$
$$\tfrac{1}{10}\ \quad — \quad 5 \quad —$$

nous obtiendrons un ensemble de dépense proportionnelle par 200 jours de marche, savoir :

5.700.000^{m3} d'eau élevés par jour à 2^m.			2.280.000 fr.
7.600.000	—	— à 3^m.	3.800.000 »
3.800.000	—	— à 4^m.	2.280.000 »
1.900.000	—	— à 5^m.	1.520.000 »
19.000.000^{m3}			9.880.000 fr.

Soit une dépense de 10,000,000 de francs et un prix moyen pour l'arrosage unitaire du feddan de 9 fr. 88, au lieu de 11 fr. 50.

Tous ces prix de revient comprennent les diverses dépenses d'acquisition des machines et des installations, la mise en marche, l'entretien et l'amortissement en dix ans, et pour un fonctionnement annuel de 200 jours seulement, quoique M. l'ingénieur Fowler indique par son tableau d'expériences de dix années une moyenne de 268 jours ; mais, d'un autre côté, le ministère des travaux publics indique, au tableau de la page 33 de sa brochure, 9 canaux pour 120 jours, 2 pour 150, 1 pour 180 et un seul, le Khalig pour 240 jours. Dès lors, nous pensons que la moyenne de 200 jours que nous avons adoptée est assez rationnelle pour justifier la marche effective de chaque année ; nous avons également ramené à cette période de 200 jours la dépense obligatoire de l'entretien : ouvriers, agents et employés divers, qui, par la nature de leurs fonctions, travaillent toute l'année.

Notre tableau comprend donc toutes les dépenses quelconques, sauf cependant celles relatives à l'érection et installation des ateliers, parce que ce chiffre peut varier selon qu'il y aurait un ou plusieurs groupes d'usines à proximité les unes des autres ; il en est de même pour la direction générale des installations, mais nous avons tenu compte de l'entretien des machines et du fonctionnement des ateliers ; il y aurait donc de ce chef une légère plus-value à ajouter à nos chiffres.

Nous n'avons pas non plus introduit les dépenses que nécessiteront les terrassements et les ouvrages d'art pour conduire l'eau des pompes dans les canaux, dépenses qui sont d'un autre ressort, ainsi que celles résultant de la mise en état des biefs pour leur permettre de débiter la quantité d'eau qui leur serait fournie par les pompes.

Il y a loin de ce chiffre de 10 francs en moyenne à celui de 29 francs indiqué par la commission du canal de Suez (page 41). Il est même inférieur à celui de 15 francs indiqué également par cette même commission pour le coût des irrigations au moyen du barrage et d'un canal.

Mais si, aujourd'hui, grâce à la perfection des machines à vapeur et à la diminution de leur consommation de charbon, le prix d'élévation de l'eau a diminué de 2/3, les progrès ont également marché dans l'art de construire les barrages, puisque nous estimons qu'on peut les construire pour 8 millions de francs, tandis que les deux barrages de Saïdieh ont coûté cinq ou six fois plus.

Aussi, avec l'assurance que nous avons de construire les cinq barrages, y compris la mise en état de Saïdieh, pour 40 millions de francs environ et en admettant même que l'on ne prenne pour base que la même quantité de feddans prévue pour l'irrigation par les pompes, soit 1 million de feddans environ (quoique nous ayons démontré qu'elle serait bien supérieure), nous obtiendrons encore un prix de revient unitaire bien inférieur au chiffre de 10 francs, car il ne reviendrait qu'à 2 fr. 25 au plus, soit 5 fois moins. Et encore doit-on, par le fait, n'admettre ce chiffre que pour une période relativement courte, celle pendant laquelle s'ajoutera le quantum d'amortissement avec celui des intérêts du capital dépensé. Après quoi, et lorsqu'il n'y aura plus à faire figurer que l'entretien et les frais de main-d'œuvre, le coût unitaire descendra à 0 fr. 25 ou 0 fr. 30 au plus.

L'exposé que nous venons de faire démontre donc péremptoirement la supériorité incontestable du système des barrages sur celui des pompes à vapeur pour les irrigations ; les chiffres sont assez éloquents, mais comme notre ouvrage comporte également d'autres questions de la plus grande importance et actualité, nous avons pensé que, vu leur connexité, il valait mieux réserver nos conclusions pour les exposer au dernier chapitre où nous récapitulerons alors tous les avantages de l'ensemble des travaux à prévoir.

Exposé rétrospectif
embrassant un ensemble de généralités sur l'Égypte
relativement à divers grands travaux
que nous avons étudiés successivement pendant
notre long séjour dans le pays.

1° Achèvement du canal Ibraïmieh.
2° Achèvement du canal raïa de Béhéra.

3° Canal du Khalig et construction des quais de Boulac, ainsi que de l'île de Roda au Caire.

4° Et enfin, l'achèvement du canal Ismaïlieh avec aperçu pour ce dernier de son mode d'alimentation actuel, ce qu'il pourrait être, les changements et les modifications qu'il pourrait subir pour avantager l'irrigation générale de la province du Cherkieh, avec indication des moyens pratiques pour satisfaire également aux besoins de la nouvelle province de l'isthme de Suez, y compris les deux domaines de l'Ouady et Bir-abou-Ballah, et principalement pour l'alimentation de la branche de dérivation à créer d'Ismaïlia à Port-Saïd dans le double but d'alimenter cette dernière ville et de fertiliser une vaste partie déserte du territoire égyptien, ainsi que de la relier aux chemins de fer de l'État.

Achèvement du canal Ibraïmieh.

Nous avons vu au rapport de la commission du canal de Suez que les arrosages en Égypte s'opéraient par bassins successifs créés artificiellement au moyen de digues, et remplis chaque année au moment de la crue du fleuve. Cette disposition, qui remonte à la plus haute antiquité, était imposée par l'obligation principale du lavage des terres, qui, sans cela, deviendraient stériles par suite des efflorescences salines dont le sol est imprégné et que la capillarité fait remonter à la surface.

En second lieu également, pour y faire déposer les matières azotées dont, à cette époque de l'année, le Nil est chargé ; mais ce mode d'irrigation, qui convient parfaitement aux cultures des céréales dont l'Égypte a toujours eu le monopole et la renommée, ne convient pas à la canne à sucre ni au coton. Or, si les blés et autres céréales donnent d'abondantes récoltes, ce mode de culture limite le rendement des terres à une seule récolte annuelle. Aussi, tout homme prévoyant se rendant compte que leur vente sur les marchés d'Europe aurait à souffrir de la concurrence étrangère et qu'alors le revenu du pays tendrait dans un avenir relativement proche à être considérablement réduit, Méhémet-Ali, l'homme des hautes conceptions, eut-il la pensée de faire introduire la culture du coton à laquelle le climat et le sol du pays se prêtaient merveilleusement et dont le produit, beaucoup plus riche que celui des céréales, assurait un rendement bien supérieur. Mais cette culture, qui commence précisément à l'époque de la croissance du Nil, n'exige que des arrosages périodiques et ne peut, sous peine de dépérissement supporter, l'immersion; c'est alors que le grand homme, aidé de savants et dévoués collaborateurs, entreprit à la hâte le projet de changer complètement le système d'irrigation du pays, il commença à l'appliquer dans la basse Égypte. C'est à cette vaste conception que sont dus les grands canaux et les ouvrages d'art exécutés sous son règne et qui devaient élever le rendement du pays à une grande puissance.

Nous n'examinerons pas ici la perturbation qui est résultée de ce changement radical dans les moyens employés jusqu'alors, mais nous dirons cependant que la suppression intempestive des inondations annuelles a été une faute grave : 1° parce qu'elle a provoqué l'appauvrissement des terrains, et qu'il eût été rationnel de n'étendre la culture du coton qu'au fur et à mesure de la possibilité de maintenir et d'assurer à volonté, et par périodes, les inondations partielles au moyen d'un ensemble bien étudié de canaux d'amenée et d'écoulement ; 2° parce que ce changement a provoqué en outre, par la suppression des bassins, la surélévation du niveau du fleuve et obligé ainsi dans tout son parcours à en relever les digues. Aussi voyons-nous aujourd'hui le niveau des hautes eaux atteindre dans le Delta jusqu'à 1^m,50

et plus au-dessus des plus hautes eaux connues et enregis-
trées autrefois, sans qu'il soit constaté dans le haut Nil une
augmentation sur les recettes. Il y a donc à l'étude de cette
question primordiale un problème fort intéressant à résoudre et que le gouvernement devra soumettre à l'examen
de la commission dont nous avons parlé; car il y a un intérêt majeur à ce que, tout en continuant la riche culture du
coton, on puisse rétablir le *statu quo ante* et permettre à
volonté de recommencer les inondations périodiques des
terres par bassins et suivant les rotations de la culture.

Après Méhémet-Ali, Son Altesse le khédive Ismaïl, voulant continuer l'œuvre de son illustre aïeul, entreprit d'é-
tendre une autre culture très productive, celle de la canne
à sucre, sur une grande échelle dans la moyenne Égypte qui
va de Siout au Fayoum et, pour y satisfaire, il reprit l'idée
déjà ancienne de la construction d'un canal dérivé sur la
rive gauche du Nil; mais, au lieu d'établir la prise d'eau à
Djebel-Silsileh comme l'avait conçu Linant-bey et comme
l'avait recommandé la commission du canal de Suez, Son
Altesse prescrivit de l'établir seulement à Deyrouth, mais
en même temps il indiquait de creuser une dérivation du
Nil à grande section ayant sa prise à Siout.

Cette dérivation que l'on comprend souvent sous la dénomination du canal Ibraïmieh (probablement parce qu'elle
a été exécutée en même temps) ne doit pas être confondue
avec ce dernier, parce qu'elle a eu pour motif également
d'alimenter plusieurs grands canaux très importants de la
province tels que les canaux du Bahr-Youssouf, du Deyrouthieh, du Sahlieh et autres dont les prises, ainsi que celle
de l'Ibraïmieh, sont toutes réunies à Deyrouth même, au
point terminus de la dérivation de Siout.

Réunis en un seul point, ces ouvrages de prise, quoique
non achevés complètement, offrent l'aspect le plus impo-
sant par le nombre ainsi que par la manière magistrale

dont les maçonneries ont été traitées; ils font le plus grand honneur à l'éminent ingénieur Salama-Pacha qui les a conçus et en a dirigé l'exécution.

Le canal a été projeté en six biefs principaux de plafonds différents, ainsi que le représente le profil ci-contre (Pl. 14).

La dérivation proprement dite du Nil, que nous appellerons le premier bief, va du kilomètre 0 de Siout au kilomètre 62, à Deyrouth.

Le second bief, où commence réellement le canal Ibraïmieh, va du kilomètre 62, au kilomètre 100, à Moussa.

Le troisième du kilomètre 100 au kilomètre 128, à Minieh.

Le quatrième, du kilomètre 128 au kilomètre 169, à Mattaï.

Le cinquième du kilomètre 169 au kilomètre 216, à Fechné.

Le sixième, du kilomètre 216 au kilomètre 268, à Acmint.

Il est ensuite projeté pour aller jusqu'au kilomètre 360.

La création de ce grand canal a été motivée, comme nous venons de le dire, principalement pour les besoins de la culture de la canne à sucre sur une étendue de 130,000 feddans annuels, soit, avec les rotations habituelles, une étendue totale atteignant 400,000 feddans.

Sur cette immense superficie, qui est presque d'un seul tenant, ont été installées et fonctionnent de gigantesques fabriques de sucre, réparties sur la longueur de la propriété et desservies par des lignes ferrées et spéciales atteignant environ 500 kilomètres et pouvant produire plusieurs millions de kilogrammes de sucre lorsque l'eau d'arrosage est assurée. On comprendra donc toute l'importance que Son Altesse attachait à la création de cette vaste industrie ainsi que les soins vigilants de sa sollicitude pour en assurer la réussite.

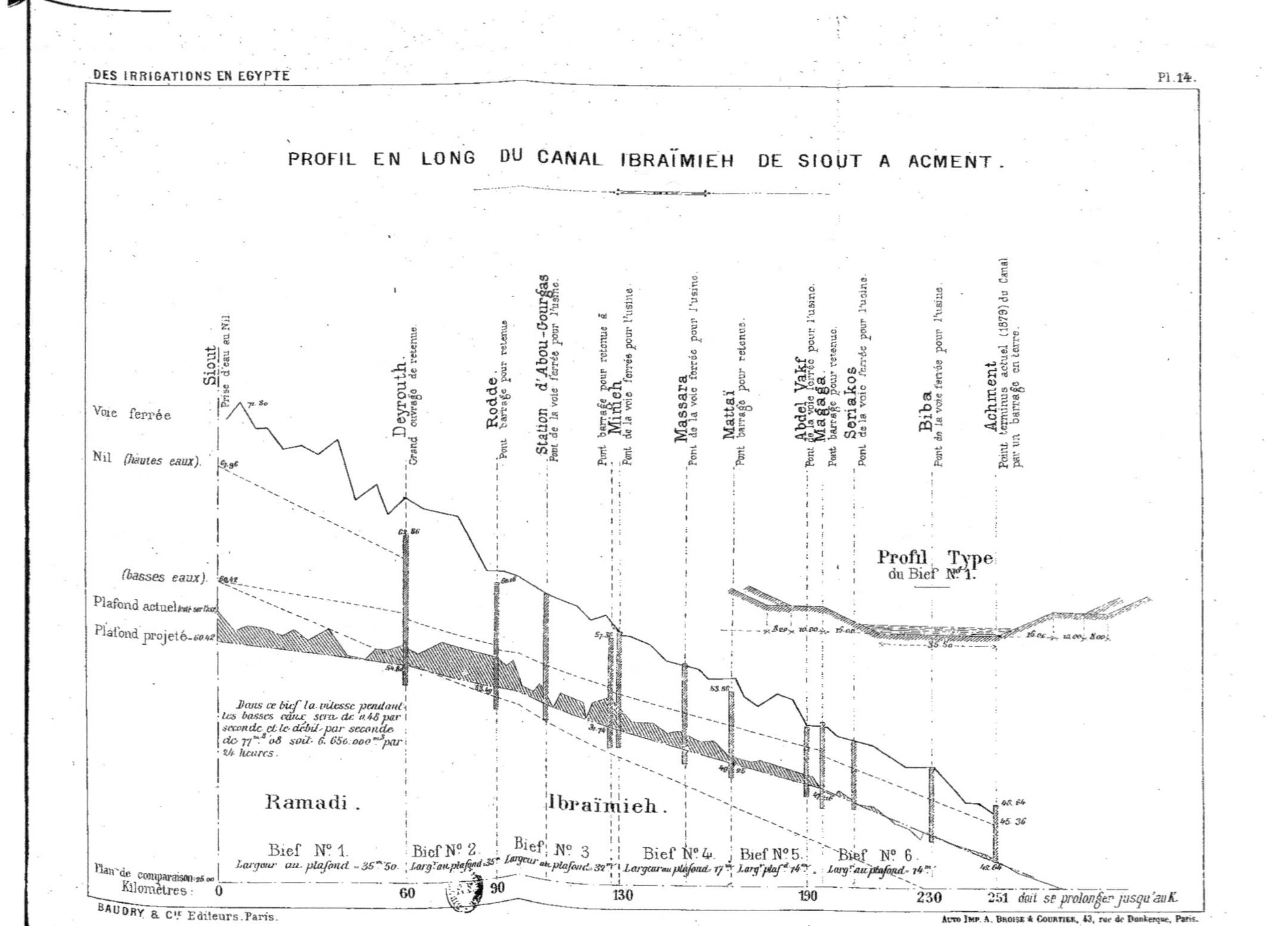
PROFIL EN LONG DU CANAL IBRAÏMIEH DE SIOUT A ACMENT.
Voie ferrée
Nil (hautes eaux).
(basses eaux).
Plafond actuel
Plafond projeté
Profil Type
du Bief N.º 1.
Siout
Prise d'eau au Nil
Deyrouth.
Grand ouvrage de retenue.
Rodde.
Pont barrage pour retenue.
Station d'Abou-Gourgas
Pont de la voie ferrée pour l'usine.
Minieh
Pont barrage pour retenue à
Pont de la voie ferrée pour l'usine.
Massara
Pont de la voie ferrée pour l'usine.
Mattaï
Pont barrage pour retenue.
Abdel Vakf
Pont de la voie ferrée pour l'usine.
Magaga.
Pont barrage pour retenue.
Seriakos
Pont de la voie ferrée pour l'usine.
Biba
Pont de la voie ferrée pour l'usine.
Achment
Point terminus actuel (1879) du Canal
par un barrage en terre.
Dans ce bief la vitesse pendant
les basses eaux sera de 0.48 par
seconde et le débit par seconde
de 77.ᵐ³ 08 soit 6.656.000 ᵐ³ par
24 heures.
Ramadi.
Ibraïmieh.
Bief N.º 1.
Largeur au plafond = 35.ᵐ 50.
Bief N.º 2.
Larg.ʳ au plafond 35.ᵐ
Bief N.º 3
Largeur au plafond 32.ᵐ
Bief N.º 4.
Larg.ʳ au plafond 17.ᵐ
Bief N.º 5.
Larg.ʳ plaf.ᵈ 14.ᵐ
Bief N.º 6.
Larg.ʳ au plafond 14.ᵐ
Plan de comparaison = 25.00
Kilomètres : 0 60 90 130 190 230 251 doit se prolonger jusqu'au K.

Malheureusement les circonstances ne lui ont pas permis d'achever cette belle œuvre et, malgré les pressants rapports des ingénieurs compétents Rousseau-Pacha, Ventrehey, et autres collaborateurs, il ne fut pas possible jusqu'à présent de parvenir à l'achever. Cependant, les travaux pressent non seulement pour assurer désormais les irrigations constantes et périodiques aux terres cultivées en cannes à sucre, mais aussi pour assurer les irrigations et même les inondations des terres éloignées du canal Ibraïmieh qui en sont privées par le passage du canal depuis sa création.

En dehors des travaux proprement dits du canal par son achèvement en approfondissant son lit, par le remaniement des talus, et l'achèvement des ouvrages de retenue, il y a obligation d'établir des siphons au travers de son lit pour l'écoulement des eaux d'inondation et d'arrosage, ainsi que pour leur retour au fleuve.

Nous citerons également, ici, de la brochure qu'a publiée Son Excellence Ali-Pacha-Moubareck, ministre des travaux publics, le passage ayant trait aux travaux du canal Ibraïmieh que le ministère divise en deux parties et qu'il appelle Ramadi et Ibraïmieh. L'appellation de Ramadi a probablement trait à la dérivation qui va de Siout à Deyrouth, que nous avons indiquée au profil ci-dessus comme premier bief du canal Ibraimieh.

Région des canaux Ramadi et Ibraïmieh.

(Extrait de la brochure du ministère des travaux publics.)

« 1° *Région au canal du Ramadi.* — Surface des terrains de la région, environ . . . . . 101.000 feddans
« Dont, appartenant à la Daïra . . . 40.000   »
« Si on veut assurer la culture séfi à toute cette région,

« il faut lui fournir de l'eau à l'étiage pour 34,000 feddans,
« à raison de 33^{m3} par feddan (10 p. 100 sont comptés
« pour les pertes dans les canaux), soit $1,125,000^{m3}$ d'eau
« par jour.

« Actuellement, pour les cultures de la Daïra, c'est à
« peine peut-être si on élève le dixième de ce volume
« d'eau au moyen de pompes à vapeur puisant au Nil. Le
« canal n'a jamais été mis à la profondeur voulue, et l'obs-
« tacle du rocher de Djebel-Silsileh empêche qu'on en
« reporte la prise d'eau assez loin vers le Sud pour obtenir
« une pente convenable jusqu'aux terres à arroser. Il
« semble logique de suppléer à cette insuffisance de pente
« par une élévation du plan d'eau à la prise d'eau du canal,
« 3 mètres environ à l'étiage, pouvant remplacer une
« trentaine de kilomètres de longueur d'amenée. Par des
« machines à vapeur ce serait une dépense de 120 à 125
« livres égyptiennes par jour pour le débit total ci-dessus,
« ce qui, dans une campagne d'arrosage de 150 jours,
« représenterait au maximum une dépense annuelle
« de 18,750 L. É.

« Il y aurait encore à dépenser en capital pour environ
« $3,500,000^{m3}$ de terrassements :

« 1,200,000 à la drague. . . . . . .   90.000 L.É.

« 2,300,000 à sec. . . . .   46.000   »

« Soit, ensemble. .   136.000 L.É.

« Et pour ouvrages d'art. . . . . . .   64.000   »

« Au total. . . .   200.000 L.É.

« Ces travaux, étant exécutés par une entreprise qui se
« chargerait ensuite de l'entretien du canal, pourraient être
« amortis à 8 p. 100 en un certain nombre d'années (25 en-

« viron), pendant lesquelles on aurait la dépense annuelle
« de ce chef. . . . .   16.000 L.É.
    « Si on ajoute l'entretien du canal sur
« 153 kilomètres environ 300,000^{m3} annuels
« à 5 p. 100 . . . .   15.000 L.É.
    « Plus pour l'élévation d'eau . . . . .   18.750 L.É.
                « On a au total. . .   49.750 L.É.

« représentant une charge annuelle de L.É. 1 1/2 par fed-
« dan cultivé en séfi, pendant l'amortissement du capital
« des travaux, réduit ensuite à L.É. 1 environ.

« Nous n'entendons donner ici qu'un aperçu de ce qui
« pourrait être fait avec le concours de la Daïra-Sahnieh,
« qui peut avoir un intérêt majeur non seulement à
« assurer l'arrosage de ses cultures dans les proportions
« exigées par l'importance de ses usines actuelles, mais
« encore à développer la culture de la canne à sucre dans
« cette région qui lui est exceptionnellement favorable.

« En tout cas, quelque chose est à faire dans la région du
« Ramadi en dehors même des intérêts de la Daïra-Sahnieh,
« *ce canal ayant coupé* plusieurs canaux des bassins, les-
« quels se trouvent ainsi placés dans des conditions dé-
« plorables qu'on devrait modifier si on ne développait
« pas le séfi dans la région.

« 2° *Région du canal Ibraïmieh.* — Nous n'exposerons
« pas ici les besoins de cette région ; l'étude en a été faite
« depuis longtemps, et nous nous contenterons de chiffrer
« les dépenses :

« 1° Travaux d'achèvement du canal proprement dit,
« 4,500,000^{m3} de dragages à compter à 7 piastres 1/2 le
« mètre cube à cause des conditions difficiles du travail,
« particulièrement pour le transport des
« déblais. . . . .   337.500 L.É.
                À *reporter*. . .   337.500 L.É.

$$\textit{Report}. \quad . \quad . \quad 337.500 \text{ L.É.}$$

« 2.500.000^{m3} de terrassements à sec à

« 2 piastres . . . .   50.000 »

« 2° Ouvrages à compléter ou à créer.   69.000 »

« 3° Ouvrages pour assurer les eaux du

« Nil aux bassins de la région, estimés

« plus haut à. . . . .   50.000 »

          « Total en capital. . . . 506.500 L. É.

« Ce capital, amorti à 8 p. 100, donne une dépense
« annuelle pendant la durée de cet amortissement (environ
« 25 ans) de . . . . 40.520 L.É.

« 4° Les dragages d'entretien que nous
« évaluons avec les autres dépenses de
« surveillance et d'entretien à. . . . . . 25.000 L. É.

          « Ensemble. . . . 65.520 L. É.

« de dépenses annuelles pendant 25 ans environ, réduites
« ensuite aux simples dépenses d'entretien.

«5° Curage de quelques branches dérivées des canaux
« Sakalieh, Deyrouthieh, etc.

« Ces curages ne sont pas organisés; les deux seuls
« canaux de Deyrouthieh et de Sakalieh exigent un curage
« annuel qui a atteint cette année 500,000^{m3}; ils ne peuvent
« pas rester à la charge de la prestation en nature parce
« qu'ils n'intéressent qu'une région très limitée dont les
« bras assujettis à la corvée sont en disproportion notoire
« avec des travaux aussi importants. Il y a donc là, pour
« ces deux seuls canaux, une dépense annuelle d'entretien
« à faire qui dépassera peut-être 20.000 L.É. C'est à la
« Daïra-Sanieh principal intéressé qu'il appartient de pren-
« dre l'initiative de l'organisation de ces travaux et de ceux
« analogues à faire peut-être sur d'autres branches du canal,
« le gouvernement n'ayant à intervenir que pour régler,
« s'il y a lieu, la participation des cultivateurs privés et

« que pour sauvegarder les intérêts généraux du régime des
« eaux. Pour ce qui est de la dépense à faire annuellement
« pour le canal proprement dit, le principe est déjà établi
« de répartir entre les terrains, dans la mesure où elles leur
« profitent, les dépenses d'entretien du canal; le même
« principe devra être appliqué pour les dépenses prévues
« plus haut qui n'ont rien d'excessif, si on tient compte de
« l'importance de la région à laquelle elles s'appliquent. »

Telle est la mention qu'a faite le ministère sur les travaux
qu'il entrevoit comme nécessaires pour achever le canal
Ibraïmieh.

Dans l'étude que nous avons faite, nous nous sommes
borné à celle qui a trait aux terrassements restant à exécuter pour mettre chaque bief au type voulu, de façon que,
par la suite, le dragage fût facile, et l'entretien peu coûteux, quant aux travaux d'art, nous n'avons pu en faire
l'évaluation. Nous nous bornerons donc à enregistrer les
chiffres du ministère.

Comme les travaux devront s'exécuter régulièrement
toute l'année, nous avons adopté une ligne fictive de
démarcation entre celle des hautes et basses eaux, à partir
de laquelle tous les déblais à extraire au-dessous de cette
ligne sont considérés comme déblais sous l'eau. Ils entrent
par conséquent dans la catégorie des déblais à draguer, et
tous les déblais au-dessus de cette ligne sont considérés
comme déblais à faire à sec.

Le type adopté pour chaque bief est spécial à chacun
d'eux, quant au plafond; les talus sont dressés tous
à 3/1 à l'intérieur de la cuvette *avec une banquette de
10 mètres de largeur sur chaque rive du canal et aussi à
une altitude telle que, pendant la période des basses eaux, les
dragues à couloirs puissent y déverser les déblais.*

Nous avons consigné sur le tableau ci-après le résultat des calculs pour les terrassements restant à faire pour achever complètement le canal depuis Siout jusqu'à Achmint.

Tel est le chiffre véritable des déblais qui étaient à faire à l'époque de notre relevé en 1879 et que l'on a tout lieu d'admettre encore aujourd'hui. S'il doit changer, c'est plutôt en augmentation qu'en diminution, car le travail qui a été exécuté depuis a tout au plus contribué à enlever les apports dans la cuvette ; toutefois, sans les augmenter, il faut toujours certainement compter au moins sur ces chiffres pour obtenir l'achèvement avec une banquette de 10 mètres, dimension minimum et même bien exiguë pour le dépôt provisoire des dragages. Aussi, avons-nous calculé ce que serait le cube à faire dans l'éventualité où cette banquette serait portée sur les deux rives à $18^m,50$, largeur réellement utile pour qu'une drague à couloir puisse fonctionner et librement ; nous avons trouvé que, pour le bief n° 1, l'augmentation serait pour les déblais à sec, de . . . . $5.911.663^{m3}$

pour le bief n° 2, de. . . . . 789.330 »

pour le bief n° 3 de . . . . 212.440 »

$$\text{Soit, au total, de. . . . . } 6.913.433$$

L'ensemble constituerait donc un cube de $25,144,635^{m3}$ dont $15,525,359$ pour le premier bief ou canal Ramadi, se décomposant par $4,572,943^{m3}$ à faire à la drague et $10,952,416$ à faire à sec ; et $9,619,276^{m3}$ pour le canal Ibraïmieh seul, soit $6,402,727^{m3}$ à draguer et $2,214,779^{m3}$ à faire à sec.

De tous ces chiffres, un seul s'accorde avec ceux de la brochure du ministère : c'est celui des déblais à faire à sec, $2,500,000^{m3}$ contre $2,214.779^{m3}$ que nous avons obtenu. Mais pour les autres il y a un écart si grand, que nous ne pouvons l'attribuer qu'à une erreur manifeste dans les

Résultat des calculs pour les terrassements restant à faire pour l'achèvement du canal depuis Siout jusqu'à Achmint.

DÉNOMINATION des LIEUX.	DÉSIGNATION des DISTANCES partielles.	LONGUEURS annulées.	PLAFOND		CUBES DES DÉBLAIS.		OBSERVATIONS.
			LARGEUR.	PENTE par kilomètre	A SEC.	A DRAGUER.	
Nº 1. De Siout à Beyrouth . . .	60.535	60.535	35.50	0.03006	5.040.753m3	4.572.943m3	Relevé fait en 1879.
Nº 2. De Beyrouth à Moussa. .	39.465	100.535	35.00 33.50 32.00	0.0517	1.945.467	4.090.524	Dans ce bief, le plafond au départ est de 35m pour les 10 premiers kilomètres, de 33,50 sur les 10 autres qui suivent, puis seulement de 32, sur le reste.
Nº 3. De Moussa à Minieh. . . .	26.722	126.722	17.00	0.0517	93.766	893.992	
Nº 4. De Minieh à Mattaï. . . .	39.858	113.971	14.00	0.0600	»	784.333	
Nº 5. De Mattaï à Fechn. . . .	48.039	214.619	14.00	0.0754	61.575	633.878	
Nº 6. De Fechn à Achmint. . .	51.645	266.264	10.00	0.0754	»	»	Pour le bief nº 8, l'application du profil de 10m de largeur au plafond ne comporte aucun travail à faire au delà de ce bief; jusqu'au kil. 360 nous n'avons pas procédé au relevé.
Totaux.					7.144.561m3	10.975.670m3	

chiffres du ministère, chiffres qui résultent d'appréciations tandis que les nôtres reposent sur des relevés et des calculs exacts, à moins cependant que le ministère n'ait eu l'intention de réduire le type des cuvettes en supprimant également l'aménagement des banquettes pour recevoir le dépôt des apports et des dragages. Cependant, comme il y a lieu de penser que cette province devra recevoir une alimentation conforme à ses besoins, dans le programme d'ensemble des irrigations, nous maintiendrons les chiffres indiqués au tableau précédent qui comprennent dans le type des cuvettes une banquette de 10 mètres, et qui représentent par conséquent 7,255,522^{m3} de dragages et 10,975,670^{m3} de déblais à sec, soit en chiffres ronds un cube total de 18,000,000^{m3} environ.

Dans sa brochure, le ministère évalue le prix unitaire du mètre cube de dragage au chiffre d'environ 2 francs, et celui de déblais à sec à environ 0 fr. 55 c.

Pour notre part, nous pensons que chacune de ces unités est erronée : l'une est un peu élevée, l'autre au contraire est beaucoup trop basse. Or, comme elles doivent jouer l'une et l'autre un rôle des plus importants dans les appréciations qui doivent découler de la présente étude, nous croyons qu'il est opportun de rechercher les éléments nécessaires pour les déterminer, puisque de ce résultat doit dépendre naturellement la base qui doit servir d'abord à rétribuer équitablement le travail de l'ouvrier indigène et ensuite à déterminer l'importance de la dépense, afin d'établir ainsi le budget des travaux à entreprendre.

A ce sujet, nous devons faire une petite digression et nous reporter un peu en arrière pour juger de la situation d'autrefois, de celle qui existe actuellement et de ce qu'elle deviendra dans un avenir peu éloigné.

Au début des travaux du canal de Suez, la journée des ouvriers fellahs ne dépassait guère 3 piastres courantes

dans les villages, mais alors les vivres étaient en proportion. Un poulet coûtait 3 piastres, ainsi qu'un demi-cent
d'œufs; un peu plus tard, le bien-être s'étant répandu par
suite des gains immenses réalisés par la vente du coton et
les grands travaux que le gouvernement faisait exécuter
parallèlement avec ceux du canal de Suez, tous les vivres,
et conséquemment la main-d'œuvre, augmentèrent dans des
proportions si rapides dans l'isthme, que l'on a vu les journées de simples ouvriers manœuvres atteindre jusqu'à
5 francs et celles des ouvriers d'art jusqu'à 20 et 25 francs. Il
est vrai que ces chiffres ne se maintinrent pas longtemps
et qu'une brusque réaction survint qui rétablit une plus juste
équation; mais le minimum s'établissait sur une moyenne
double de ce qu'elle était avant et se maintint de telle
sorte que l'on peut dire que, depuis 5 à 6 ans, la journée
ordinaire d'un manœuvre dans son propre village est au
minimum de 1 franc, soit le double du chiffre cité plus haut,
et que c'est un chiffre qui, maintenant, ne descendra plus.
Il ne peut même tendre qu'à augmenter; il y aurait mécompte même à le prendre comme base pour un travail de
longue durée.

La crise politique et financière que le pays a traversée et
dont il subit encore les secousses aujourd'hui, et qu'il a si
vaillamment supportée, laisse entrevoir qu'un avenir
plein de promesses et prochain lui est réservé et que, libre
de toute préoccupation et assuré de la plus grande quiétude, chacun va se mettre à l'œuvre et apporter au pays
son tribut de labeur quotidien. Ce moment psychologique
approche. Le bien-être et la richesse reparaissant, il en
résultera forcément une élévation dans le prix de tous les
salaires ainsi que de toutes choses; la situation générale
des fellahs en recevra une notable amélioration, et il n'est
pas téméraire de prévoir qu'il préférera rester chez lui à
travailler à la culture si productive et où il excelle, que de

se déplacer pour aller travailler au dehors et loin des siens. Il est donc évident que ceux qui s'y décideront ne le feront qu'en vue d'un gain plus élevé et rémunérateur; dès lors, la main-d'œuvre deviendra donc non seulement plus chère, mais plus difficile et plus rare à obtenir. Aussi, en prévision des travaux que nous entrevoyons devoir être entrepris par le gouvernement et les particuliers pour les canaux et les irrigations en général, ainsi que de ceux que la Compagnie du canal de Suez va entreprendre prochainement, doit-on s'attendre à voir s'accroître subitement le prix moyen de la journée ainsi que des denrées, et en tenir compte. Quel sera donc alors le prix moyen du mètre cube de terrassements pour fournir aux ouvriers un salaire rémunérateur?

Nous examinerons tout d'abord les moyens qui sont en usage dans le pays pour les terrassements dont le transport ne nécessite pas l'emploi de machines, savoir :

Terrassements au moyen de couffins.

      —   —   brouettes.

      —   —   chameaux.

Travail à la couffe.

Le mode d'exécution des terrassements au moyen de couffins est généralement employé en Égypte; il est le plus familier aux ouvriers qui, dès le plus jeune âge, y acquièrent une grande habileté; cet usage remonte d'ailleurs aux temps les plus reculés; l'engin est facile à se procurer : il est fabriqué dans le pays avec le palmier qui y croît en abondance, et son prix relativement modique le met à la portée du plus pauvre. Il y a donc lieu de tenir compte de son emploi dans les travaux d'utilité publique chaque fois qu'il y a possibilité et avantage, comme lorsque ce transport ne dépasse pas un relai, c'est-à-dire 30 ou 35 mètres au plus, et que le terrain est constitué de sable, gravier ou terre légère et qu'en outre les centres de gravité des hauteurs verticales des fouilles et des remblais ne donnent ensemble une côte telle que sa division par 8 ne dépasse pas la distance horizontale ci-dessus énoncée de 35 mètres.

Les ouvriers qui sont affectés au travail du transport sont des jeunes gens dont l'âge ne dépasse guère 14 à 15 ans ; lorsqu'ils travaillent à la tâche, ils se groupent généralement par brigades de 5 ou de 10 ouvriers au plus, dont 4 jeunes gens et un plus âgé qui les gouverne et commande.

Prenons, pour exemple, une équipe de 5 ouvriers : c'est généralement ainsi que les indigènes aiment à se grouper. Un est affecté aux soins et garde du gourbi, à quérir l'eau, les provisions et broussailles pour le combustible et enfin à préparer les aliments (les ouvriers libres en déplacement se nourrissent bien : chaque jour riz ou lentilles, et souvent de la viande et galette fraîche ; c'est d'ailleurs nécessaire pour un travail pénible et soutenu).

Sur les 4 qui restent un est affecté à piocher le déblai, à emplir les couffins et à prêter son aide pour charger les transporteurs, de telle sorte que, sur 5, 3 seulement transportent le déblai ; c'est donc, par le fait, sur ces 3 ouvriers que repose le gain de l'équipe entière.

Nous avons vu que le prix de la journée d'un ouvrier manœuvre dans les campagnes était généralement de 1 franc actuellement, et que bien certainement il s'élèvera avant peu. Il y aurait lieu de le prévoir à 1 fr. 50, si l'on veut attirer les bras sur les travaux ; cependant, vu l'âge des ouvriers affectés aux couffins, nous ne prendrons que celui de 1 franc comme base de gain journalier sur les chantiers, la journée de 10 heures effectives et 26 jours de travail par mois.

L'expérience a démontré qu'il faut le contenu de 38 à 40 couffins pour effectuer un mètre cube de déblais, y compris le foisonnement (à ce chiffre, le poids du chargement atteint environ 30 kilos); le parcours étant de 80 mètres environ, y compris aller et retour, l'ouvrier l'effectue généralement en 6 minutes, y compris le temps passé à la charge et à la décharge ainsi qu'au régalage des terres; chacun des trois transporteurs effectuera donc $2^m,50$ environ par jour, et par mois ($2^m,50 \times 26 =$) 65^{m3}, soit pour les trois ensemble 195 mètres cubes.

Chacun d'eux devant gagner un franc par jour en moyenne, le gain total des cinq devra atteindre mensuellement 150 francs; par conséquent, le prix unitaire du mètre cube ressortira au chiffre de $\dfrac{150}{195}$, soit . . . $0^f.70$

Il y a lieu d'abriter les ouvriers des intempéries, il est humain de leur remettre un couchouk en planches. Le prix de cet abri revient à 25 francs environ, il dure un an et son entretien est d'environ 2 francs par mois, soit 49 francs, et par mois $\dfrac{4}{195}$. 0.018

Un couffin coûte environ 0 fr. 60, il dure 10 jours; soit, au total, 9 couffins par mois, ou 0.027

Pelles, pioches, planches à farine, tôle à galette et jarre pour l'eau. 0.010

   $0^f.755$

Frais généraux, campement, surveillance, service médical, religieux, accidents et risques 10 %. 0.075

   $0^f.830$

Bénéfices et intérêts d'avances, frais de change, etc., 10 p. 100. . . . . 0.083

                     Prix de revient. . . . . $0^f.913$

Travail à la brouette.

Lorsque la distance à parcourir pour le dépôt des déblais dépasse 30 mètres, il est préférable d'employer la brouette, et ce jusque et pour une distance de 3 relais, c'est-à-dire pour 90 ou 100 mètres obtenus avec les distances verticales ramenées à l'horizontale par la formule usuelle.

Contrairement à ce qui se passe pour les brigades exécutant leur travail au couffin, la bonne marche du travail à la brouette exige que les ouvriers se groupent par dix et qu'ils développent plus de force et d'adresse ; dès lors, les ouvriers au-dessous de quinze ans doivent en être exclus.

La distribution du travail s'établit ainsi :

Un homme est affecté comme pour les équipes au couffin à la garde et à la préparation des aliments, etc. ;

Trois, à piocher dans la tranchée et à charger les brouettes ; ils forment trois charges distinctes à chacune desquelles sont affectés 2 rouleurs ; par conséquent, sur 10 hommes, 6 seulement sont affectés au transport des déblais.

L'aptitude et la force qu'ils doivent montrer et déployer leur permettent de prétendre à un salaire plus élevé que celui des ouvriers travaillant au couffin, et la coutume leur alloue généralement 1 fr. 30 en moyenne par jour, c'est donc pour les 10 ouvriers et pour les 30 jours du mois un gain de 390 francs qu'ils doivent réaliser.

L'expérience a démontré qu'il faut 16 brouettes pour exécuter un mètre cube (à ce chiffre le poids de la brouette dépasse 100 kilos).

Le parcours, aller et retour compris, étant en moyenne de 200 mètres, et l'ouvrier ayant l'obligation, pour assurer la bonne marche du travail, de régaler les terres à la décharge, ainsi que d'entretenir les chemins de roulage, met environ 9 à 10 minutes, y compris les arrêts pour accomplir un voyage.

Dans ces conditions, chaque rouleur exécute 4 mètres cubes, soit pour les six, 24 mètres par jour et, pour 26 jours effectifs, 624 mètres cubes par mois.

Le gain mensuel de l'équipe devant atteindre 390 francs, le prix du mètre cube ressort à. . . . . 0^f.625

Frais d'abri double de celui du couffin. . . . 0 .036

400 mètres de madriers de roulage (durant un an) à 5 francs le mètre linéaire, y compris cerclage et entretien, ci. . . . . 2.000 fr.

12 brouettes dont 3 de rechange à 25 fr. l'une (durée 2 ans), ci. . . . 150 fr.

Entretien 2 francs par mois. . . 288 »

$\overline{}$

2.438 fr.

Le cube de l'année $\dfrac{7.488^{m3}}{2.438} = $ ci. . . . . . . 0^f.325

Petit outillage, pelles, pioches, etc. . . . . . 0 .045

$\overline{}$

1.031

Frais généraux, service médical, etc. . . . . 0^f.103

$\overline{}$

1 .134

Bénéfices et intérêts d'avances, etc., 10 %. . . 0 .113

Total. . . . 1 .247

Travail exécuté à dos d'animaux.

Lorsque la distance à parcourir pour le dépôt des déblais dépasse trois relais et s'étend jusqu'à une distance de 150 mètres, il est préférable d'employer le transport par dos d'animaux, et c'est généralement le chameau ou le baudet qu'on y affecte en Égypte.

Nous prendrons ici le mode de transport par chameau, en observant que l'emploi de ces animaux n'a lieu qu'à certaines époques de l'année selon les localités, et que l'on ne peut ainsi compter sur un travail régulier ; néanmoins, comme pendant les périodes de l'année où il travaille, on peut l'obtenir en grand nombre, il est intéressant de tenir compte du prix de revient de ce mode d'exécution.

Le chameau est muni de deux caisses appropriées *ad hoc* se vidant par le fond au moyen d'une porte dont l'ouverture est facile et qui s'effectue sans astreindre l'animal à se coucher, comme il est obligatoire de le faire pour le charger.

La capacité de chacune des caisses est d'environ la quatorzième partie d'un mètre cube, ce qui, pour les deux ensemble, représente environ 250 kilogrammes de chargement, il effectue en moyenne cinquante voyages, soit environ 8 mètres par jour.

L'expérience a démontré que ce chiffre était le maximum pour un parcours de cette importance, parce que, dans ce mode d'opération, la fatigue la plus grande consiste dans l'obligation qu'on impose à l'animal de se coucher pour le remplissage des caisses à la charge ; aussi, et malgré sa douceur proverbiale, la douleur et le désagrément qu'il éprouve le rendent réfractaire et occasionnent beaucoup de perte de temps.

Le prix de la journée d'un chameau se cote généralement à 5 francs, y compris les guides ; dès lors le prix du mètre cube ressort à $\frac{5}{8} =$ 0.625

1 piocheur et 4 chargeurs pour 3 chameaux à 1 fr. 50, soit $5 \times 1.50 = \frac{7 \text{ fr. } 50}{24}$ ci. 0.312

Abris pour les ouvriers. 0.026

A reporter . . . 0.963

Report. . . 0.953

Matériel et outillage, pelles, pioches, caisses, cordes, plats-bords. 0.085

1.048

Frais généraux 10 p. 100. . . . . 0.104
Bénéfices 10 p. 100. . . . . 0.104

Prix de revient. . 1.256

Le rapprochement des trois unités de prix que nous venons de déterminer donne une moyenne de

$$(0.93 + 1.24 + 1.25 = 1.14).$$

Mais comme le rapport sur l'ensemble moyen d'un grand travail ne se répartit pas uniformément, nous croyons qu'il convient d'évaluer ainsi les quantités à prévoir :

Pour les terrassements
- à exécuter à la couffe, 4/10^{cs}. 0.456
- à exécuter à la brouette, 3/10^{cs}. 0.342
- à exécuter au chameau, 3/10^{cs}. 0.342

1.140

Ainsi, la moyenne du prix unitaire à introduire comme base minimum d'appréciation pour que les ouvriers gagnent leur vie et soient intéressés, par conséquent, à se déplacer ne devrait pas être moindre de 1 fr. 14 le mètre cube, soit plus du double du prix qui figure dans la brochure du ministère comme base de ses évaluations (1).

Quant aux dragages, nous pensons, au contraire, ainsi que nous l'avons déjà énoncé, que le prix de 1 fr. 95 pourrait être réduit si la condition que nous avons recom-

____

(1) Nous ferons remarquer en outre que le chiffre unitaire et moyen de 1.101 résulte du prix minimum de la journée des ouvriers et que l'on doit forcément prévoir son augmentation, pour attirer les bras sur les travaux.

mandée est observée et que l'on ménage dans le type des canaux une large banquette à une altitude telle que le déversement des déblais puisse s'effectuer directement par le couloir, et ensuite parce que les améliorations apportées aujourd'hui dans la confection des nouveaux types de dragues permettent d'obtenir un rendement bien supérieur à ce qu'il atteignait autrefois; en outre, pour l'Égypte, les besoins permanents de ces engins permettront à l'entrepreneur de les céder aux gouvernement à la fin des travaux pour servir à l'entretien des canaux creusés.

Toutes ces considérations concourent à nous permettre de déclarer que, pour les déblais dragués par couloir qui ne nécessitent pas de reprises, ils pourront être effectués au prix uniforme de 1 fr. 40 le mètre cube, ci. .   1 fr. 40 et que, pour les déblais nécessitant soit une reprise par machines élévatoires, soit par bateaux-clapets, ils peuvent être estimés à. . . . . . .   1 fr. 85 sauf, bien entendu, les cas spéciaux où les déblais seraient trop compacts et où les conditions d'exécution seraient exceptionnelles.

Il résulte donc de ce que nous venons d'énumérer que, appliquant aux chiffres par nous trouvés des cubes à faire pour l'Ibraïmieh, la dépense à prévoir serait la suivante comme prix moyen :

7,255,532^{m3} de dragages à 1 fr. 63. .   8.826.517 fr.

10,975,670^{m3} de déblais à sec à 1 fr. 14.   12.512.263   »

Ouvrages d'art, tels que : musoirs à la prise d'eau, 3 déversoirs, portes d'écluse, 3 siphons et 4 ou 5 prises d'eau directes sur le parcours du canal, évalués environ à (selon l'évaluation du ministère). . . . .   3.500.000   »

C'est donc un total d'environ. . . .   24.838.780 fr.

Il faut certainement prévoir le chiffre ci-dessus pour achever cette œuvre, auquel chiffre il convient en outre d'ajouter celui du barrage à construire à Siout pour relever le plan d'eau de 3 mètres comme l'a prévu le ministère, si ce mode est adopté ; sinon ce sera celui de la construction des installations de pompes, mais, dans l'une comme dans l'autre hypothèse, le chiffre ci-dessus ne variera certainement pas beaucoup.

Canal du Raïa de Béhéra.

Ce canal a été conçu et exécuté dans le but principal d'alimenter la province de l'Ouest ; il a sa prise d'eau en amont du barrage de Saïdich et se prolonge parallèlement au Nil jusqu'à la rencontre du canal du Katabé auquel il apportait les eaux pendant l'étiage ; il a environ 42 kilomètres de développement ; il traverse vers le kilomètre 8 l'extrémité du dernier des bassins d'inondation de la haute Égypte.

A cet effet, un grand ouvrage éclusé avait été projeté pour permettre le passage des eaux des bassins d'inondation en travers du canal pour leur écoulement au Nil ; mais cet ouvrage n'ayant pas été exécuté, il en résultait l'obligation annuelle d'établir des barrages provisoires en pierre et en terre au travers du canal et d'ouvrir les deux berges en ce point pour laisser, pendant vingt jours environ, écouler entièrement l'eau des susdits bassins d'inondation.

Cette disposition vicieuse entraînait d'énormes frais qui se renouvelaient forcément chaque année ; de nombreux apports en résultaient : aussi le plafond déjà trop élevé puisqu'il n'avait jamais été descendu à la cote du projet ne laissait plus passer l'eau, et comme la plus grande partie du bief vers l'altitude du plafond est composée en grande partie d'argile et sable un peu fluide, il en résultait que ce qui eût été facile à faire au moyen des dragues offrait de grandes difficultés pour curer annuellement ce canal par la corvée.

Le gouvernement avait donc, depuis longtemps, le désir d'achever ce grand canal qui, une fois fini, n'eût demandé que très peu d'entretien et eût rendu à la province de l'Ouest un service immense; mais l'état des finances n'ayant pas permis de le faire et ensuite l'idée d'élever l'eau par les pompes ayant prévalu, l'administration se décida en 1881, pour parer aux difficultés de curages du raïa de Béhéra, à alimenter désormais le Katatbé au moyen de pompes à vapeur par l'établissement hydraulique de Katatbé que chacun connaît et dont l'exécution fut confiée aux soins diligents de M. Aeston qui n'a malheureusement pas réussi la première année; mais aujourd'hui, grâce à des perfectionnements, l'établissement donne un contingent d'eau non pas égal à celui qui serait fourni au Katatbé par le canal du raïa, mais au moins une quantité probablement suffisante aux besoins de la province.

C'est parce que nous avons été chargé en janvier 1876 de faire les études d'achèvement du canal du raïa de Béhéra que nous venons de faire la déclaration ci-dessus : que le canal achevé donnerait une plus grande abondance d'eau que par les pompes, et nous ajouterons même que l'altitude du plan d'eau fourni par le canal serait supérieure à celle qui est obtenue avec difficulté par les pompes, comme nous le verrons plus loin.

Nous pensons qu'il ne sera pas sans intérêt d'exposer ici le résultat de notre étude, de façon à faire connaître les travaux qui seraient à faire en vue de l'achèvement complet de ce canal, ainsi que le chiffre approximatif des dépenses pour les comparer avec celles que nécessitent les pompes qui doivent élever théoriquement 2,500,000^{m3} par 24 heures à 2^m,50 de hauteur contre une quantité beaucoup plus forte élevée à une cote beaucoup plus haute que lui fournirait le canal avec la situation telle qu'elle est actuellement au barrage et sans y comprendre l'augmentation que nous avons projetée d'une retenue de 3 mètres au lieu de 2 mètres.

Le débit du canal du raïa de Béhéra, s'il était achevé avec le plafond actuel de 20 mètres selon qu'il est indiqué au profil-type du dessin ci-dessus, donnerait un cube de 3,436,646^{m3},400 par 24 heures, d'après la formule

$$\mathrm{RI} = 0.0000.444 \, V \times 0.000309 \, \overline{V}^2$$

En outre, si, comme on l'avait projeté, on donnait au canal un plafond de 30 mètres, le débit atteindrait 4,825,872^{m3} par 24 heures.

On voit donc que l'on aurait sur l'alimentation actuelle par les pompes une augmentation, dans le premier cas, de 1,000,000 de mètres cubes et, dans le second, avec plafond de 30 mètres, une augmentation qui dépasserait 2,000,000, soit le double de celle fournie par les pompes, et, nous devons le répéter, cette quantité serait fournie par le canal à une altitude supérieure à celle que l'on peut obtenir par les pompes, ainsi que nous allons le démontrer.

Nous devons faire ici une observation relativement au nivellement général de l'Égypte, afin de démontrer à nouveau combien il serait utile pour le pays de posséder partout des points de repères, dont les cotes seraient toutes établies en fonction d'un plan de comparaison unique comme, par exemple, celui qui a été adopté par la Compagnie du canal de Suez.

Aussitôt que nous fûmes chargé de faire l'étude pour l'achèvement du canal du raïa de Béhéra, nous nous sommes d'abord attaché à bien déterminer les altitudes du plan d'eau du fleuve et à les rapporter au plan de comparaison en usage dans l'isthme de Suez, lequel plan a été déterminé par Bourdaloue en prenant pour base, ou zéro, une ligne fictive passant à 20 mètres au-dessous du couronnement du quai de Suez (au-devant de l'hôtel péninsulaire anglais). C'est en vertu de cette ligne fictive que, après diverses expériences sur la fluctuation de la mer, on a adopté que la cote moyenne correspondrait à 18.20 (aujourd'hui 18.30).

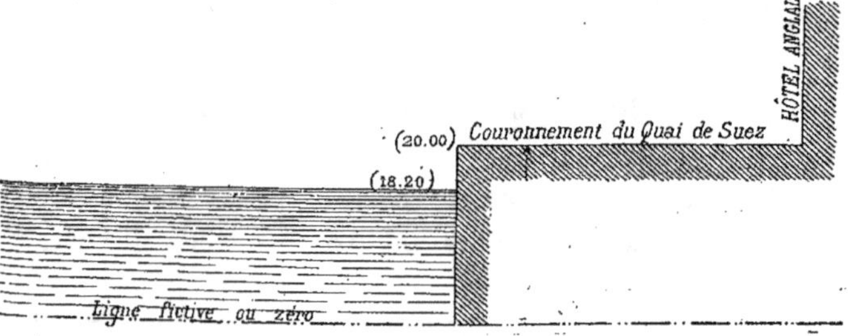

L'étude et l'exécution des prises d'eau du grand canal Ismaïlieh, de Kasr-el-Nil et de Choubrah au Caire, ont été effectuées en fonction du nivellement de l'isthme de Suez; nous en connaissions les ordonnées, et c'est en vertu de ces repères que nous avons effectué nos nivellements.

D'après les renseignements que nous avons puisés auprès de Son Excellence Salama-Pacha, il résultait que le plan de comparaison qui a servi à l'exécution du barrage de Saïdieh a été établi au moyen d'une ligne fictive prise sur les fortifications. On a nommé cote 20 le point situé à 8 mètres au-dessus de cette ligne, et c'est en vertu de ce plan de comparaison que le radier du barrage a été arrasé à la cote 10.50.

Nous avons donc procédé au nivellement du Caire au barrage et l'opération, plusieurs fois répétée, nous a démontré que le zéro du nivellement du barrage correspondait à la cote 15.96 du repère de l'isthme de Suez, c'est-à-dire à 2.24 au-dessous du niveau moyen de la mer. Cette différence si petite entre le zéro du plan de comparaison du barrage et le niveau moyen de la mer permettrait presque de supposer qu'en l'adoptant on avait cru probablement prendre par déduction le niveau de la mer; on voit donc bien mieux encore quel intérêt il y a pour un pays à faire un nivellement général et à rapporter les cotes à un même plan de comparaison.

Dans une grande partie de l'Europe, on a adopté le niveau de la mer comme base zéro; mais en Égypte, où il existe quelques points du sol qui sont au-dessous de ce niveau, il y avait obligation à prendre un plan de comparaison plus bas.

Nous avons en outre, en y employant deux opérateurs différents, fait procéder, les mêmes jours et aux mêmes heures (en janvier 1876), à plusieurs vérifications des hauteurs respectives du Nil, à Kasr-el-Nil au Caire ainsi qu'au barrage de Saïdieh, et nous avons déduit des cotes ainsi obtenues que la cote moyenne du Caire à Kasr-el-Nil) était de 32.92 et celle du barrage (tout ouvert à cette époque), 15.44. Nous venons de voir que la différence entre les deux plans de comparaison était de 15.96; dès lors, si nous ajoutons cette différence à la cote 15.44 trouvée, nous obtenons 15.44 + 15.96 = 31.40 pour la cote d'eau du Nil au barrage pour la concordance des deux cotes rapportées au même plan de comparaison.

Nous avons tenu, en outre, à vérifier à nouveau l'exactitude du nivellement par la comparaison des cotes ainsi obtenues. Nous avons donc retranché d'abord 31.40 de 32.92, ce qui nous a donné 1.52 de différence; or, la distance du Caire au barrage étant d'environ 18 kilomètres, il en résulte que la pente moyenne par kilomètre serait d'environ $0^m,084$ qui est réellement celle attribuée généralement au Nil à cette époque de l'année.

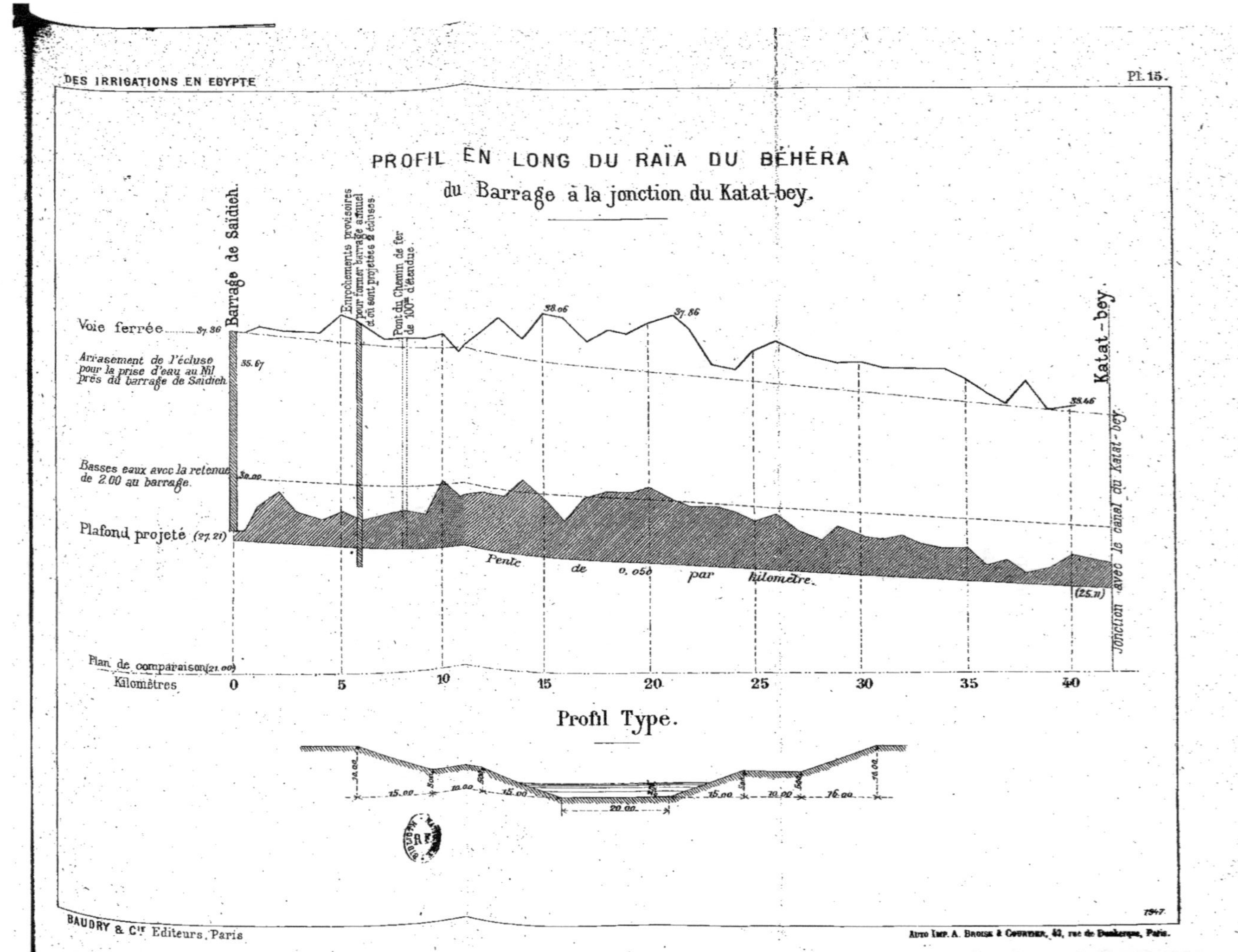

PROFIL EN LONG DU RAÏA DU BÉHÉRA
du Barrage à la jonction du Katat-bey.
Barrage de Saïdieh.
Enrochements provisoires pour former barrage actuel et où sont projetées 2 écluses.
Pont du Chemin de fer de 100m d'étendue.
Voie ferrée 37.36
Arrasement de l'écluse pour la prise d'eau au Nil près du barrage de Saïdieh.
55.67
38.06
37.86
38.46
Katat-bey.
Jonction avec le canal du Katat-bey.
Basses eaux avec la retenue de 2.00 au barrage.
30.00
Plafond projeté (27.21)
Pente de 0.056 par kilomètre.
(25.11)
Plan de comparaison (21.00)
Kilomètres 0 5 10 15 20 25 30 35 40
Profil Type.
15.00 10.00 15.00 20.00 15.00 10.00 16.00

En outre nous savons que de ce point à Rosette ou Damiette, le Nil a environ 165 à 170 kilomètres de parcours ; or, si nous multiplions 165 kilomètres par la pente 0^m,08, nous trouvons 13.20 à 13.60 qui, retranchés de 31.40, reproduisent la cote 18.20 environ, qui est bien celle adoptée pour le niveau moyen de la mer. On peut donc avec raison conclure que notre nivellement est bon et que les cotes des ouvrages maçonnés du barrage ainsi que du canal du raïa, rapportées au plan de comparaison de l'isthme de Suez, doivent être adoptées comme bien fondées.

En conséquence, la cote du radier du barrage deviendra alors, au lieu de 10.50, celle de 26.46, et le radier de l'écluse de prise d'eau du raïa de Béhéra, au lieu de 11.25, devient 27.21.

Ce point délicat étant établi, nous avons procédé au nivellement du canal du raïa de Béhéra depuis sa prise d'eau au barrage de Saïdieh jusqu'à son embouchure, c'est-à-dire jusqu'à sa jonction avec le canal du Katatbé qu'il alimentait aux basses eaux.

Comme nous le voyons par le profil en long (pl. 15), le plafond du canal du Katatbé, à sa prise d'eau au Nil, s'était à cette époque (en 1876) relevé au-dessus de la cote des basses eaux du fleuve, immédiatement au droit de cette prise d'eau, ce qui empêchait les eaux du Nil d'y entrer ; c'est alors que le canal du raïa servait d'auxiliaire pour l'alimentation en apportant les eaux depuis l'amont du barrage où s'effectuait annuellement une retenue allant jusqu'à 2 mètres de hauteur.

La berge gauche du canal du raïa ayant été utilisée pour y placer la voie ferrée qui relie la haute Égypte jusqu'à Siout aux réseaux des chemins de fer de l'État, nous avons mis, comme pour l'Ibraïmieh, cette disposition à profit afin de hâter nos opérations ; car, avec la voie ferrée ainsi placée nous avions immédiatement une parallèle à l'axe du canal que nous avons utilisée comme axe fictif de ce dernier.

Nous l'avons donc chaînée et piquetée exactement et nivelée ensuite sur tout son parcours ; c'est ainsi que nous avons été amené à figurer le tracé de la voie ferrée pour cette partie du chemin de fer de la haute Égypte et à indiquer forcément les raccordements des points nivelés qui étaient pour nous les sommets des cavaliers du canal. Les nombreuses fluctuations qu'attestent entre eux les points relevés indiquent qu'à cette époque la voie ferrée, qui avait été probablement posée à la hâte, avait besoin de quelques rectifications dans les altitudes, ainsi d'ailleurs que nous l'avons constaté et que le figure cette partie de la voie ferrée pour la haute Égypte sur le profil en long du canal Ibraïmieh.

Quant à l'altitude respective des plans d'eau, nous allons démontrer maintenant que, par le canal du raïa, le plan d'eau peut arriver au Katatbé à $1^m,50$ environ plus haut que ne le donnent aujourd'hui les pompes.

Nous avons trouvé entre le barrage et le Katatbé, $3^m,85$ de dénivellation entre l'altitude du fleuve au barrage et son altitude au droit du Katatbé, ce qui, pour 42 kilomètres de développement, représente environ $0^m,09$ par kilomètre, correspondant assez exactement avec celle déjà trouvée de $0^m,084$ (la différence s'explique par les courbes et les largeurs différentes du fleuve).

Nous avions, le jour de l'opération, l'eau du Nil au barrage à. 31.00

Au droit du Katat-bey 27.15

Ce qui donne une différence de 3.85

Or, comme la pente projetée pour le plafond du canal du raïa est de $0^m,05$ par kilomètre, il en résulte que l'on aurait gagné à l'intersection du raïa avec le Katatbé une différence de $0^m,084$ à $0^m,05$, soit $1^m,42$; mais cette différence provient des cotes repérées en février, époque où les eaux sont relativement hautes et la pente du fleuve plus forte. Aussi devons-nous tenir compte ici de la pente moyenne du fleuve au moment de l'étiage qui, de $0^m,09$ à $0^m,10$ par kilomètre pendant les hautes eaux, descend à $0^m,075$ de pente; aussi la cote du barrage arrivait-elle quelquefois à 28.21 (soit à la cote zéro du nilomètre en ce point).

Si de ce chiffre 28.21 nous déduisons la pente moyenne de $0^m,075$ par kilomètre, sur 42 kilomètres nous aurons la cote de l'étiage du Nil au droit de la prise d'eau du Katatbé 25.06 obtenue par 28.21 — 3.15; or nous voyons sur le profil en long ci-dessus que le plafond du canal du Katatbé à sa jonction au raïa est à la cote 25.11; il en résulte donc, comme nous l'avons déjà dit plus haut, que pendant l'étiage le canal du Katatbé ne pouvait recevoir d'eau sans le secours d'un puissant curage à sa prise d'eau qui ne lui donnait encore l'eau qu'à une cote relativement basse, ou bien avec l'auxiliaire du canal du raïa qui lui eût donné, comme nous l'avons vu, s'il eût été achevé, non seulement un énorme contingent d'eau, mais le lui eût donné à une cote bien supérieure à celle où il le reçoit des pompes, même aujourd'hui.

Nous venons de voir que la cote moyenne des basses eaux du fleuve au droit du Katatbé était $25^m,06$ et correspondait à peu près à celle du plafond du canal du Katatbé; d'un autre côté, nous avons vu par la brochure du ministère que l'établissement des pompes en ce point doit élever l'eau dans le canal à $2^m,50$ en moyenne, ce qui élève le plan d'eau à $25^m,06 + 2^m,50 = 27^m,56$.

Le rapprochement de ces cotes fait voir que le Nil ne pourrait fournir de lui-même aucun contingent, tandis que, par le canal du raïa, en prenant même la cote la plus basse de l'étiage au barrage qui est $28^m,21$ augmentée de la retenue ordinaire de 2 mètres, on élève cette cote à $30^m,21$ et si nous en retranchons en outre la pente moyenne du plafond par rapport à celle du plan d'eau qui, de $0^m,05$ au plafond, est toujours ramenée $0^m,03$ à la surface, nous aurions à l'arrivée au Katatbé le plan d'eau à la cote 28.95; or la différence entre le plafond du Katatbé, que nous avons reconnue être de 25.06, et cette cote du plan d'eau que l'on peut obtenir, est de 28.95, tandis que l'altitude du plan d'eau obtenu par les pompes n'atteint que $(25.06 + 210) = 27.56$ pour une couche d'eau de $2^m,50$ et un débit de $2,500,000^{m^3}$.

On aurait donc ainsi par le concours du raïa une couche d'eau de $3^m,84$ représentant une altitude de $1^m,34$ supérieure au niveau donné par les pompes et un débit atteignant jusqu'à $4,825,872^{m^3}$ sans qu'il ne soit rien changé au *régime actuel* du barrage de Saïdieh; mais ce débit serait beaucoup supérieur si nous prenions pour base une retenue de 3 mètres, car alors on pourrait ainsi obtenir, savoir :

Pour le canal de 20 mètres au plafond :

Débit par seconde. . . . . 69^{m^3} 61

Débit par 24 heures. . . . . $6.014.304^{m^3}$ »

et pour le canal de 30 mètres au plafond

Débit par seconde. . . . . 95^{m^3} 134

Débit par 24 heures. . . . . $8.219.577^{m^3}$ »

Soit quatre fois autant que ce que fournissent les pompes.

La dépense à faire pour l'achèvement du canal du raïa de Béhéra serait la suivante :

Le calcul des profils nous a fait constater qu'il y aurait pour un canal de 20 mètres au plafond avec banquette de 10 mètres,

$6.552.420^{m^3}$ de déblais à sec,

et $2.524.743^{m^3}$ de déblais à draguer.

Pl.16.

Dégouéh
Mechtoul-el-Souk
Mechtoul
Chbine el Conater
ISMAÏLIEH
Zafranieh
Om Dinar
Barrage de Sardiah
Canal du Caire
CALIOUB
Kanka
Route de Kenk à Suez
K.18
Ecluse de Serriacos
Canal du Raia ou du Béhéra projeté
Dixparition de la branche de Choubrah
CANAL
Voie Ferrée de Suez au Caire
Kalique
Route de Syrie
Abbasieh
ANCIENNE
Welch
du
Choubrah
a
Boulak
Kasr-el--Nil
MASR ou LE CAIRE.
Canal
b
VIEUX CAIRE
Gdes Pyramides de Ghizeh

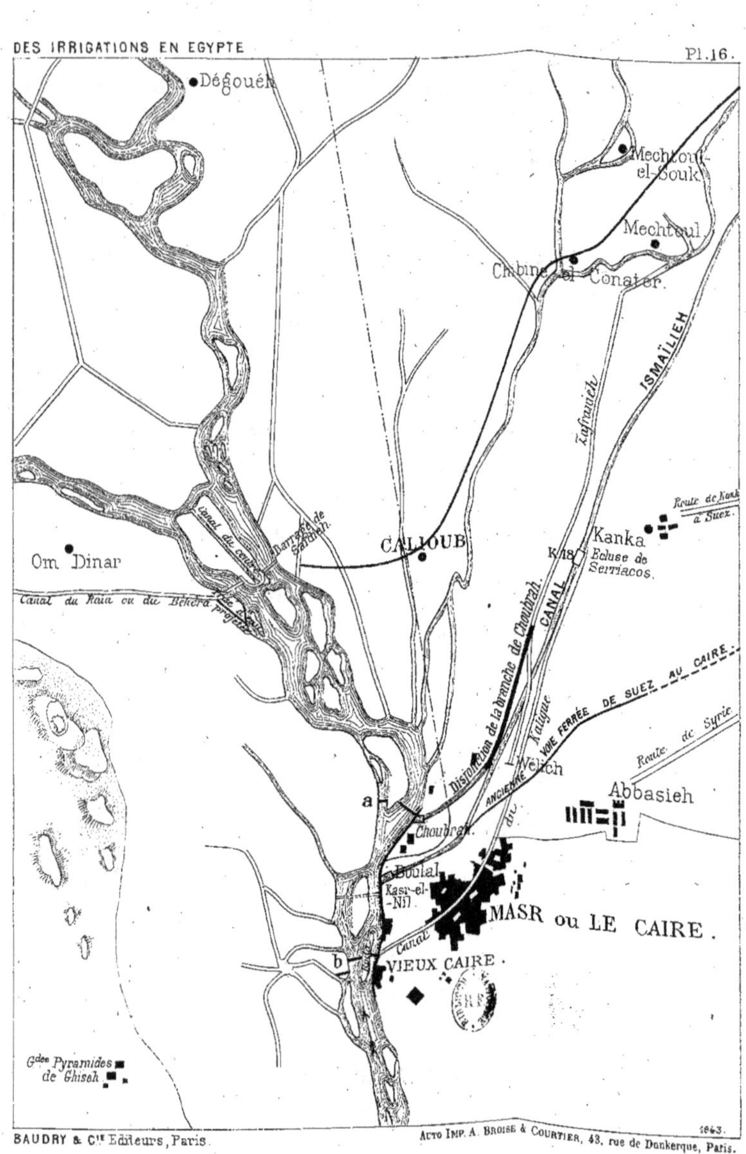

Pour un canal de 30 mètres au plafond, il y aurait

$$8.737.049^{m3} \text{ à faire à sec,}$$
$$\text{et } 3.323.874^{m3} \text{ à draguer.}$$

En outre il y aurait :

1° A assurer l'écoulement des eaux d'inondation du dernier bassin de la haute Égypte dont nous avons déjà parlé, soit au moyen d'un ouvrage éclusé comme il était prévu, soit, ce que nous croyons être préférable, au moyen de deux siphons traversant le canal et que l'on exécuterait d'autant plus facilement que le canal du raïa est en ce moment presque abandonné;

2° A exécuter une écluse avec pertuis à la jonction avec le Béhéra;

3° Et enfin, comme l'écluse de prise n'est pas achevée et qu'elle est placée de telle sorte que l'entrée est constamment comblée par les apports, nous avons à cet effet étudié une variante qui nous a permis de proposer non seulement de ne pas l'achever, mais de la reporter un peu plus loin à l'amont, selon que l'indique l'extrait du plan parcellaire de la carte de la basse Égypte (Planche n° 16).

L'ensemble de la dépense pourra s'élever à environ 12,000,000 pour le canal de 20 mètres, et à 15,000,000 fr. au plus pour le canal à 30 mètres.

Dans le premier cas, nous aurons :

1° Un intérêt de 12,000,000 à 5 p. 100. .   600.000 fr.

2° L'entretien du canal, y compris frais généraux, etc., 1,000 fr. par kilomètre. . .   42.000 »

Soit en chiffres ronds. . . . .   650.000 fr.

Et pour le deuxième cas, environ 800,000 francs au plus.

Devant un pareil résultat qui corrobore encore nos dires, nous pensons devoir conseiller d'achever au plus vite le canal du raïa de Béhéra, même avec 20 mètres seulement au plafond, d'autant plus que si, comme nous l'avons prévu, on adoptait le rehaussement de 1 mètre du plan de retenue du barrage de Saïdieh, le débit du raïa avec plafond à 20 mètres se rapprocherait notablement des 8,000,000 de mètres cubes que lui donnerait le canal avec plafond de 30 mètres avec l'altitude actuelle du plan d'eau; dès lors, non seulement ce canal pourrait permettre de cultiver une bien plus grande quantité de feddans qu'aujourd'hui, avec bien plus de facilités puisqu'il aurait le plan d'eau plus élevé et le débit presque quadruple, mais ce débit pourrait suffire (après avoir rectifié le type du Katatbé lui-même) à alimenter le canal du Mahmoudieh avec une abondance d'eau double de ce qu'elle est aujourd'hui et avec un plan d'eau également supérieur à celui qui lui est donné par les pompes de l'Atfeh.

Pour le canal du Mahmoudieh, n'ayant pas fait les nivellements, nous nous bornerons à procéder par analogie et nous établirons les cotes par les moyennes d'approximation des pentes et des distances respectives.

Nous avons vu que le niveau de la mer est établi à la cote 18.20, que d'Atfeh à Rosette la distance est d'environ 30 kilomètres et que, près de l'embouchure, les fleuves n'ont plus la pente aussi forte; nous aurons donc pour les cotes du Nil au droit de l'Atfeh, à l'étiage, $18.20 + 1.50$, soit 19.70.

Le Katatbé a 105 kilomètres de développement de sa prise d'eau à sa rencontre avec le canal de Mahmoudieh près de Damahour.

Le point de départ de son plafond étant à la cote 25.06, si nous lui attribuons une pente régulière de $0^m,03$ par kilomètre, on arriverait avec la cote 21.91 à la rencontre du Mahmoudieh; mais il y a lieu de reconnaître qu'il serait opportun et utile de diviser le Katatbé en 3 biefs de

chacun 35 kilomètres de longueur et de leur donner à chacun environ 0^m,50 de chute. Néanmoins on arriverait encore
à la cote 20.41 qui est approximativement la cote théorique et normale du plafond du Mahmoudieh à ce point, ce
qui démontre que le plafond du Mahmoudieh doit être
évidemment à 0^m,70 en contre-haut du plan d'eau du Nil à
l'étiage en ce même point, et qu'il ne peut être alimenté
directement à l'étiage par le Nil. C'est d'autant plus vraisemblable que depuis longtemps on a dû recourir à l'emploi
de moyens spéciaux pour alimenter pendant l'étiage le
canal Mahmoudieh, parce que, le barrage n'étant pas
achevé, les canaux qui devaient l'alimenter ont fait défaut.
C'est alors qu'on a recouru pour la première fois à l'emploi
de machines pour son alimentation, en créant à l'Atfeh
un grand établissement de pompes qui fut en Égypte le
premier de ce genre.

Nous voyons que les pompes de l'Atfeh élèvent l'eau à
2^m,50; elles mettent donc une couche d'eau de 1^m,80 seulement dans le canal à l'Atfeh; c'est-à-dire que le plan d'eau
s'élève à la cote de 20.41+1.80, soit 22,21.

Or, en admettant que nos cotes soient respectivement
ainsi que nous venons de le montrer théoriquement (ce
que nous avons établi par déduction bien entendu), nous
aurions comme plan d'eau du canal de Mahmoudieh la
cote 23.10 au lieu de 22.21, soit environ 0^m.90 plus haut que
le niveau atteint actuellement par les pompes, et par conséquent on aurait une couche d'eau de 1.80 + 0.90, soit
2^m.70 au lieu de 1^m.80, ce qui permettrait une irrigation
d'une bien plus grande quantité de feddans (pouvant s'élever
certainement au double), avec le précieux avantage d'avoir
une eau *bien plus saine pour l'alimentation d'Alexandrie,*
puisqu'elle serait plus abondante.

Il est inutile de nous étendre davantage sur le bénéfice
de l'adoption de ces mesures, il suffit de les signaler pour

en voir tous les bienfaits et les immenses et salutaires conséquences.

Nous signalerons en outre certains travaux d'amélioration à effectuer du barrage de Saïdieh au Caire, dans le lit du Nil, ainsi que dans tout son parcours depuis Siout, non seulement pour améliorer le cours du fleuve (mais aussi le plus souvent pour préserver de la ruine quantité de villages qui, sans ces précautions, menacent de disparaître) en élevant des épis ou des digues en pierres sèches comme l'a recommandé M. Ventre-bey dans diverses études et notamment dans une étude très consciencieuse qu'il a faite du Caire au barrage, et où il indique plusieurs épis entre Koriteine et Tourrache et l'île de Choubrah, avec perrés, le tout évalué approximativement comme devant employer 250 à 300.000 mètres cubes de moellons.

Nous devons observer, toutefois, que, par le projet de relever le plan d'eau du barrage de Saïdieh et surtout celui de projeter l'exécution d'un autre barrage près du Caire, il résultera une amélioration générale qui pourra atténuer notablement les travaux de protection de ce genre à l'avantage du régime du fleuve et de la consolidation de ses bords; mais il y a toutefois à l'étude de la direction des courants dans le Nil un problème fort intéressant à résoudre, quoique, bien entendu, il devienne moins opportun que par le passé : si l'hypothèse de diviser le Nil en biefs successifs au moyen de barrages que nous projetons est adoptée, comme il est vraisemblable de l'admettre, elle sera le précurseur de la gigantesque idée de M. Delamotte qui projette la création de grands et immenses lacs-réservoirs des crues, dans le Soudan. Il est incontestable, toutefois, que *la première chose à faire* est de prendre les mesures propres à

assurer d'abord et avant tout l'irrigation de la moyenne
et de la basse Égypte.

Canal du Khalig et amélioration des quais de Boulac ainsi que de l'île de Rhoda, au Caire.

Il serait utile, pour le Caire, d'établir un barrage soit
vers Choubrah, soit à l'île de Rhoda; le relèvement du
plan d'eau qui en résulterait rendrait un service immense
à la ville du Caire et notamment aux grands entrepôts de
Boulac, ainsi qu'au Khalig qui, pour lui seul, exigerait
même ce travail, afin qu'il soit désormais et pour toujours
rempli d'eau courante et abondante toute l'année. Un
grand service serait rendu à l'hygiène générale de la
population et ménagerait en même temps les susceptibi-
lités religieuses du sentiment populaire si orthodoxe,
qu'a consacré le temps et qui entoure cette antique artère
de la cité d'une grande vénération; son alimentation
régulière et constante permettrait alors de conserver ce
canal et de répondre en même temps aux exigences de la
salubrité et de l'hygiène.

Aussi croyons-nous que l'administration qui assurera
sa conservation par son alimentation constante recevra
de la population du Caire et de l'Égypte en général des
louanges et des remerciements.

Ce barrage aurait en outre l'avantage d'alimenter directement les deux canaux de Ghiseh, bien plus directement
que par le barrage de Saïdieh, et d'assurer à l'île de Rhoda
d'être entourée d'eau toute l'année.

Nous indiquerons également, comme devant être fort
utile et d'une grande amélioration pour l'hygiène et l'agré-
ment de la ville la construction d'un mur de quai depuis

le vieux Caire jusqu'à Boulac et même jusqu'à Choubrah, pour améliorer les entrepôts et y créer une large avenue qui deviendrait en même temps une voie des plus importantes de trafic, ainsi que des plus élégantes de la capitale par la promenade délicieuse qu'elle créerait. Nous sommes persuadé que la plus-value qui résulterait de cette création sur les terrains en bordure permettrait d'exécuter cet aménagement sans qu'il en coûtât rien ni au Trésor ni à la ville, et couvrirait peut-être bien les dépenses mêmes du barrage nouveau, si nous y comprenions surtout les dépenses que nécessiterait l'exécution des travaux qu'on projette pour couvrir d'une voûte maçonnée le canal du Khalig, à sa traversée dans le Caire.

On peut donc dire avec raison que l'exécution de ces travaux ne grèverait en aucune façon les habitants, et que, tout au contraire, ils augmenteraient considérablement la fortune générale de la cité; ils sont d'ailleurs, pour ainsi dire, spéciaux à la ville du Caire. Nous ne les comprendrons pas dans l'évaluation générale des dépenses à prévoir pour les irrigations et les améliorations de la navigation du Nil.

PROVINCE DE L'ISTHME

Achèvement du canal Ismaïlieh.

L'origine de ce canal remonte à l'époque où le projet du canal maritime de Suez fut conçu ; il fut compris par la commission dans le protocole de l'acte de concession, par les articles 4 et 5 du deuxième acte de concession octroyé par Son Altesse Saïd-Pacha, le 5 janvier 1856, et ainsi conçus :

« Art. 4. — Le canal d'irrigation approprié à la navi-
« gation fluviale, dans les conditions dudit programme,
« prendra naissance à proximité de la ville du Caire, sui-
« vra la vallée de Ouadie-Toumilat (ancienne terre de
« Gessen), et débouchera dans le grand canal maritime,
« au lac Timsah.

« Art. 5. — Les dérivations du canal précédent s'en
« détacheront en amont du débouché, dans le lac Timsah ;
« de ce point, elles seront dirigées d'un côté sur Suez, de
« l'autre côté sur Port-Saïd (sur Péluse alors), parallèle-
« ment au grand canal maritime. »

Ainsi qu'on le voit, le canal Ismaïlieh devait non seulement servir à alimenter la population des villes et des bourgades qui allaient être créées ou augmentées d'importance par suite de l'ouverture à la navigation de cette grande route maritime du monde ; mais il devait servir lui-même à la navigation du Caire à Ismaïlia, en même temps qu'à l'irrigation de tout le territoire de l'isthme, à l'aide des deux canaux de dérivation qui devaient s'en détacher à partir d'Ismaïlia pour aller l'un à Suez, l'autre à Port-Saïd.

Nous ne ferons pas ici l'historique de toutes les vicissitudes et des retards divers qu'a rencontrés l'exécution de cette grande artère d'eau douce : chacun les connaît; mais nous constaterons toutefois que, si elle fut décrétée dès 1856, sous Son Altesse Saïd-Pacha, elle ne fut complètement achevée qu'en juillet 1877, sous le règne de Son Altesse le khédive Ismaïl, auquel elle fait le plus grand honneur par la grandeur de vue qui a présidé à l'adoption du programme d'exécution; actuellement, le canal Ismaïlieh est certainement un des plus beaux et des mieux compris des canaux de l'Égypte.

Afin de compléter la narration qui précède, ainsi que pour permettre de mieux saisir celle qui va suivre sur l'ensemble de son régime, nous reproduisons ci-après (pl. 17) :

1° Le tracé théorique du profil en long, depuis la prise d'eau de Kasr-el-Nil, au Caire, jusqu'au lac Timsah, à Ismaïlia;

2° Les profils-types moyens qui représentent les sections du canal dans ses différents biefs.

Nous avons figuré sur le profil en long la prise d'eau de Kasr-el-Nil (qui n'a jamais fonctionné), au lieu de figurer la prise d'eau de Choubrah, qui alimente seule depuis 1874 le canal Ismaïlieh, au moyen d'un tronçon de canal qui a 10 kilomètres environ de parcours et vient rejoindre le canal Ismaïlieh vers le plateau d'Abascé, parce que nous entrevoyons que cet état de choses n'est que provisoire, et que la véritable prise d'eau de l'Ismaïlieh est réellement celle de Kasr-el-Nil. Nous développons plus loin les motifs qui militent en faveur de cette prévision qui se rattache à un ensemble de généralités dont l'exposé viendra après la narration de l'étude d'ensemble de l'Ismaïlieh.

PROFIL EN LONG DU CANAL ISMAÏLIEH
de la prise d'eau de Kasr-el-Nil au lac Timsah.

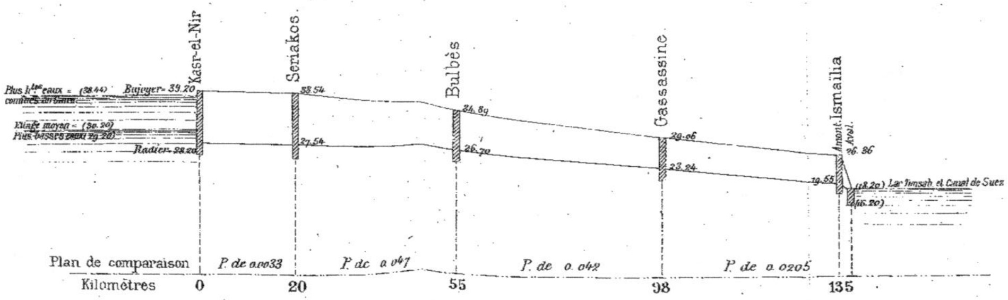

Profil-Type.

moyen.

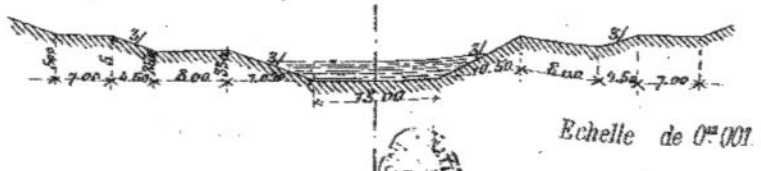

Profil
dans la traversée du marais d'Abasceh.

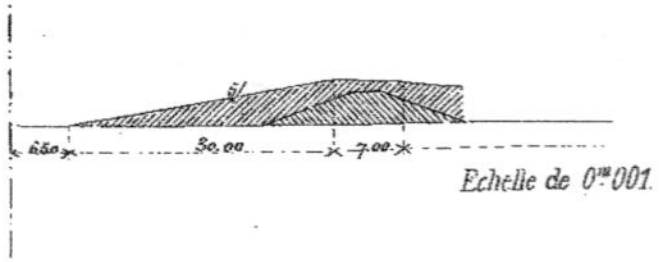

Le profil en long montre que le canal Ismaïlieh a un développement total, du Nil à Ismaïlia, de 135 kilomètres environ ; qu'il est sur cette longueur divisé par cinq biefs de longueurs et de pentes variables, mais constantes pour chacun d'eux. Nous ne rechercherons pas les causes qui ont motivé cette disposition, nous nous bornerons seulement à constater que, dans chaque bief, il y a régularité et symétrie de pente et de talus aux berges et qu'il nous a été dès lors possible d'évaluer approximativement le débit, en tenant compte bien entendu des pertes de toutes sortes, comme infiltrations, évaporations, batillage, etc., causées par le remous des bateaux, afin de déterminer le plus exactement possible les volumes d'eau restant disponibles.

Débit du premier bief.

Nous prendrons comme base de nos calculs la hauteur d'eau moyenne des basses eaux, soit celles qui donnent 2 mètres dans la cuvette du canal.

D'après la formule de Prony, les calculs nous donnent les débits suivants :

1° Pendant la période des basses eaux :

Débit par seconde. . . . . . . $11^{m3},666$

Débit par 24 heures. . . . . . $1.007.942^{m3}$

2° Pendant la période des hautes eaux :

Débit par seconde. . . . . . $34^{m3},874$

Débit par 24 heures . . . . . $3.013.114^{m3}$

Mais il faut considérer que la période des basses eaux ne dure guère que deux à trois mois et celle des hautes eaux deux mois environ, et qu'il reste, par conséquent, sept à huit mois qui comprennent un débit moyen entre les deux chiffres énoncés ci-dessus ; il y a lieu de le déterminer au chiffre de. . . . . $2.000.000^{m3}$

La détermination de ce chiffre a une grande importance au point de vue de la rotation des cultures qui devront recevoir l'eau d'arrosage soit par inondation, soit par irrigation, ainsi qu'on va le voir par ce qui suit et dont la majeure partie a été puisée par nous auprès de M. Ventre-bey le savant ingénieur du gouvernement de Son Altesse.

Évaluation des quantités d'eau nécessaires aux arrosages.

1° *Arrosages par irrigations.* — D'après Mahmoud-Pacha-el-Falachi, qui a vérifié plusieurs fois ces résultats :

Un mètre cube débité par seconde par un canal peut arroser :

> 4,000 feddans dans la basse Égypte,
> 3,000 feddans dans la haute Égypte.

Ce qui exige par jour :

$$(1^{m3} \times 60 \times 60 \times 24) = 86,400^{m3}$$

$$\text{Et par feddan} \begin{cases} \text{dans la basse Égypte} \dfrac{86.400}{4.000} = 21^{m3},600 \\[2ex] \text{dans la haute Égypte} \dfrac{86.400}{3.000} = 28^{m3},800 \end{cases}$$

Les expériences que Rousseau-Pacha a faites pour la canne à sucre lui ont donné 33^{m3} par feddan et par jour.

D'autres expériences faites dans la basse Égypte ont donné :

20^{m3} par feddan comme moyenne journalière,

24^{m3} —   pour les rizières,

16^{m3} —   pour cultures diverses exigeant moins d'eau.

2° *Arrosage par inondations.* — Les résultats obtenus s'accordent à reconnaître qu'il faut répandre une couche d'eau d'un mètre de hauteur en moyenne pour un bon arrosage pendant la période de deux mois que dure l'inondation.

Comparaison des résultats précédents aux pratiques du Midi de l'Europe. — L'évaluation du volume de 20^{m3} par jour et par feddan que doit théoriquement débiter un canal dans la basse Égypte conduit, par hectare et par seconde, à la proportion suivante :

$$\frac{20 \times 1,000}{4.200 \times 60 \times 60 \times 24} = 0^{lit.},55$$

soit $0^{lit.},55 \times 86.400 = 47^{lit.},52$ par 24 heures et par hectare, ou, en total, $47.52 \times 180 = 8,553^{m3},600$ par hectare et par 6 mois, durée ordinaire de la saison d'arrosage pendant l'été dans le Midi de l'Europe.

Supposons 1/3 absorbé par évaporation et infiltration (nous entrerons plus loin dans quelques détails relatifs à à ces chiffres), il reste un volume d'eau disponible de $2/3 \times 8,553^{m3},600 = 5702^{m3},400$ qui représente une couche d'eau de $0^{lit.},57$ sur toute la surface à arroser. Supposons aussi que, pour répandre cette eau, on procède par rotation de 18 jours ; on a, pour arrosage complet de l'hectare, à donner un volume d'eau de $\frac{5.702,4}{10} = 570^{m3},24$; il y aura 10 arrosages pendant les six mois ou 180 jours.

Pendant cette période de 18 jours, on aura arrosé tout l'hectare, et l'on aura bien répandu sur le sol une couche d'eau de $\frac{570^{m3},24}{1,000} = 0^{lit.},57$ de hauteur uniforme et réellement utile, puisque nous avons traité largement la question des pertes.

Il est dès lors facile de faire une comparaison avec les usages des contrées du Midi de l'Europe où la sécheresse règne le plus.

Nous prendrons comme premier exemple le Roussillon, où l'on a conservé l'usage d'arroser par submersion sur des superficies presque planes encaissées entre des bourrelets de terre, système analogue à celui pratiqué en Égypte; et, bien que l'on opère sur un terrain d'alluvion à sous-sol de gravier et par conséquent assez perméable, les quantités d'eau d'arrosage atteignent rarement 320^{m3} par arrosage, et l'on fait dix arrosages en moyenne dans l'année ce qui vérifie les résultats précédemment décrits.

Comme deuxième exemple dans le département des Pyrénées-Orientales, aussi bien qu'en Espagne, on admet que les arrosages ne consomment que $0^{lit.},30$ d'eau par seconde et par hectare, ce qui vérifie le tiers du débit à distribuer que nous avons adopté comme perdu; car, dans cette hypothèse, on a $0^{lit.},30 = 2/3 \ x$, d'où $x = 0^{lit.},45$, résultat qui est en proportion avec le point de départ $0^{lit.},55$ que ñous avons adopté pour les cultures égyptiennes.

M. Nadault de Buffon donne dans ses ouvrages les résultats ci-après sur les contrées ci-dessus indiquées pour l'eau consommée par hectare.

Pour les prés de $0^{lit.},25$ à $0^{lit.},50$ d'eau continue donnant par saison des hauteurs totales de 0,40 à 0,78 à partager entre 10 ou 12 arrosages, ce qui ferait de 0,04 à 0,07 de hauteur chacun, chiffre à peu près égal à celui d'Égypte; mais ici il s'agit uniquement de prairies, tandis que pour les céréales, maïs, etc., M. Nadault de Buffon compte moitié moins; dès lors, les conclusions que nous pouvons tirer des explications qui précèdent, c'est que, pour l'Égypte et la partie du Delta en particulier, l'évaluation de 20^{m3} d'eau par jour et par feddan de toutes cultures est suffisante; que l'on peut admettre cette base pour le calcul des débits à fournir par tout canal d'irrigation et qu'il n'est pas nécessaire de l'élever au-dessus de ce coefficient, même pour les pertes dues à diverses causes que nous allons énumérer et déterminer. Quoiqu'elles soient relativement considérables ainsi que nous l'avons indiqué plus haut, où nous avons compté 1/3 pour faire largement la part de ce chef, elles n'atteignent réellement en pratique que le 1/10e et encore n'est-ce que pendant quelques mois de l'année ; mais malheureusement ces quelques mois se rencontrent pendant la période des basses eaux.

On admet généralement dans les études en France pour l'eau perdue par jour 0^m,012 de hauteur, soit 0^m,004 par évaporation et 0^m,008 par infiltration.

D'après les expériences faites sur le canal de Bourgogne, l'évaporation n'a été en moyenne que de 0^m,0015 par jour. Nous compterons le double ici, soit 0^m,024, ce qui donne pour les basses eaux de l'Ismaïlieh, dont nous nous occupons, une perte de savoir :

Longueur totale du canal 138 kilomètres, largeur moyenne 25 mètres.

135,000 × 25 × 0,024 = 81,000^{m3} par jour, perte à laquelle il faudrait ajouter la consommation due au passage des bateaux ; mais malheureusement ce passage est jusqu'à présent resté insignifiant, à cause des prix élevés du tarif et des restrictions imposées à la navigation, lorsqu'au contraire ce canal devrait avoir un trafic considérable ; aussi n'y a-t-il pas lieu de tenir compte de la perte d'eau qui en résulte aujourd'hui ; cette perte d'eau ne pourrait d'ailleurs être bien appréciable, même dans le cas d'une active circulation.

Nous prendrons pour base les expériences faites par M. Graëff, sur le canal de la Marne au Rhin, qui déclare que, sans cause d'erreur possible, on peut admettre sur un canal en grande activité 0^m,20 par mètre courant de canal et par jour; nous aurions donc pour l'Ismaïlich 135,000 × 0,20 = un cube de 27,000 mètres.

L'ensemble de ces pertes, qui représente les chiffres les plus élevés, nous donnerait donc (81,000 + 27,000) un cube total de 108,000^{m3} par jour.

Le débit normal à l'étiage du canal Ismaïlieh étant de 1,008,000 mètres, ainsi que nous l'avons démontré, les pertes maximum représentent donc seulement environ 1/10e du débit, tandis que nous avons compté 1/3 pour les pertes de toutes sortes.

Afin d'arriver à une évaluation rationnelle des surfaces qui pourraient être arrosées, il y a lieu de se reporter à l'obligation de la rotation des différentes cultures du pays. Le tableau suivant en donne le détail :

A {	DOURA D'ÉTÉ. MAÏS D'ÉTÉ. COTON. CANNE A SUCRE. RIZ.	Cultures à irriguer pendant l'étiage : avril, mai, juin.
B {	ORGE. BERSIME. BLÉ. FÈVES ET AUTRES CÉRÉALES.	Cultures d'hiver suivant immédiatement l'inondation ayant besoin d'eau pendant et depuis la mi-août, septembre et mi-octobre au maximum.
C {	DOURA D'HIVER. MAÏS D'HIVER.	Cultures rapides précédant l'inondation irriguées d'août à septembre.

Nous n'avons donc pas à nous occuper spécialement des groupes de cultures B et C qui seront dotées largement pendant la crue, mais il y a lieu de voir spécialement dans quelle proportion les surfaces de cultures du groupe A, consommant beaucoup d'eau et principalement au moment des étiages, entrent dans la surface à cultiver, en tenant compte bien entendu de la nature des terrains arrosés par le canal Ismaïlieh.

C'est pourquoi nous prendrons comme base de comparaison la province de Cherkieh, située à l'est du Delta.

Dans l'énumération du tableau ci-contre, nous avons indiqué la canne à sucre, mais c'est plutôt à titre de mémoire, car cette plante ne saurait entrer comme élément de grande culture dans la région qui nous occupe.

D'après les statistiques officielles des années 1872 et 1876 que nous avons consultées, nous avons reconnu que, sur 780,000 feddans cultivés en totalité dans la province de Cherkieh, 609,000 feddans l'étaient en cultures d'hiver ou en cultures précédant l'inondation, et 171,000 feddans étaient cultivés en cultures d'été.

La proportion est donc pour 1 de toute culture :

0,78 en cultures d'hiver précédant l'inondation et 0,22 en cultures d'été.

Dès lors, avec les éléments de débit du canal Ismaïlieh que nous avons établis, nous aurons les surfaces arrosables suivantes pendant les deux mois d'inondations :

$$\frac{3.013.000}{100 \times 42.002} = 43.043 \text{ feddans.}$$

Pendant les sept mois répartis, avant et après l'inondation :

$$\frac{2.000.000^{m3}}{20^{m3}} = 100,000 \text{ feddans.}$$

Soit en total représentant les cultures d'hiver ou précédant les inondations. . . . . 143,000 feddans.

Pendant les 3 mois d'étiage :

$$\frac{1.008.000}{20} \ldots \ldots \ldots = 50.400 \text{ feddans.}$$

TOTAL des cultures diverses possibles. 193.400 feddans.

En procédant par analogie et d'après les résultats ci-dessus indiqués pour la province de Cherkieh, nous aurons pour 1 de toutes cultures à arroser sur l'Ismaïlieh :

0,74 en cultures d'hiver ou précédant l'inondation, et 0,26 en cultures d'été.

Nous voyons donc en résumé que tout cadre parfaitement avec la rotation des cultures, et même que les terrains qui seront arrosés par le canal Ismaïlieh pourront être un peu plus riches en cultures d'été que dans le Cherkieh ; et encore nous avons supposé que, pendant les deux mois des hautes eaux, nous inonderions pour colmater les terres, pour les conquérir à la culture et les préparer et désalpêtrer pour y faire la culture d'hiver. Mais si nous appliquions l'énorme volume d'eau $3,013,000^m$³ à faire des irrigations, au lieu de l'employer à faire des inondations (ce qui aura lieu d'ailleurs forcément dans un temps très rapproché), ce n'est plus 43.043 feddans que nous obtiendrions, mais bien $\dfrac{3.013.000}{20} = 150.650$ feddans, c'est-à-dire que l'ensemble des cultures possible, d'hiver et nili peut atteindre, avec le débit normal de l'Ismaïlieh, 250,650 feddans !

Tel serait le nombre de feddans que, réellement, le canal Ismaïlieh pourrait alimenter tel qu'il est aujourd'hui avec la prise d'eau à Choubrah ; or nous savons qu'il existe deux prises d'eau, dont une, la première, établie à Kasr-el-Nil dans des proportions grandioses, n'a jamais été utilisée parce qu'elle *n'a pas été achevée* (1), et cependant il est facile de se convaincre que l'achèvement n'offrirait pas beaucoup de difficultés.

L'extrait parcellaire de la carte d'Égypte, planche n° 16,

____

(1) Cette prise d'eau a été projetée et étudiée par les ingénieurs de la Compagnie de Suez sous la haute direction de S.-E. Voisin-bey, inspecteur général des ponts et chaussées de France, et l'exécution en fut ensuite confiée en 1865 à M. Sciama, ingénieur des ponts et chaussées, qui fut détaché de la Compagnie de Suez pour entrer au service du gouvernement égyptien

indique la disposition des deux prises d'eau, ainsi que le projet de disjonction des deux branches qui deviendraient alors deux canaux différents.

Préalablement à l'émission de cette idée, nous tenions à démontrer d'une façon bien évidente l'importance du débit du canal Ismaïlieh aux différentes époques de l'année et l'énorme surface d'arrosage à laquelle il pourrait suffire.

C'est ce que nous avions besoin de démontrer avant de détailler le projet d'établir la deuxième dérivation de l'Ismaïlieh, d'Ismaïlia à Port-Saïd, de façon à rassurer le ministère qui a cru devoir jusqu'à présent s'opposer et se refuser lui-même à l'exécution de ce petit canal d'alimentation.

La principale objection du gouvernement était basée sur l'impossibilité matérielle de pouvoir enlever au canal Ismaïlieh le contingent d'eau qui serait nécessaire à l'alimentation de la dérivation de Port-Saïd ; cette objection fut combattue par M. F. de Lesseps, qui se plaçait, comme toujours, au point de vue de l'intérêt général des habitants, alléguant non sans raison que les dimensions adoptées, avec tant d'intelligence des besoins de l'avenir de la nouvelle province égyptienne de l'Isthme, pour la section du canal Ismaïlieh devaient permettre non seulement d'alimenter les deux branches de dérivation sur Suez et sur Port-Saïd, prévues dès 1856, mais encore donner à ces deux dérivations une section plus grande et un débit plus fort. C'est d'ailleurs, nous le savons, pour assurer précisément cette alimentation qu'il savait devoir être largement assurée, que le gouvernement a si libéralement adopté les

dans le but principal d'exécuter le canal Ismaïlieh. La prise d'eau de Kasr-el-Nil fut fondée par lui, mais pendant le cours des travaux et lorsque les fondations n'étaient qu'en partie achevées, ce travail fut brusquement interrompu et confié ensuite au service indigène sous la direction de S.-E. Salama Pacha, qui l'exécuta tel qu'on la voit aujourd'hui.

larges sections des biefs de ce canal et poussé avec activité à son achèvement.

Aussi, le moment étant venu où Port-Saïd qui, augmente chaque année, atteint aujourd'hui 16,000 habitants, et la navigation du canal croissant également chaque jour, M. de Lesseps pensait que le gouvernement ne pourrait retarder plus longtemps l'exécution de la branche de Port-Saïd et qu'il devait ou l'exécuter lui-même, ou donner l'autorisation de le faire à une Société civile qu'il patronnerait dans l'intérêt général puisque la crainte de manquer d'eau ne pouvait se démontrer ni se soutenir eu égard surtout à cette particularité des deux prises d'eau qu'il est facile de disjoindre. Il est évident que la branche de Choubrah et celle de Kasr-el-Nil sont complètement indépendantes; elles le sont même à tel point que, les deux prises étant situées à 4 kilomètres de distance environ l'une de l'autre, il en résulte qu'entre les deux ouvrages le Nil établit, par sa pente naturelle, une dénivellation constante de $0^m,35$ à $0^m,40$, ce qui ferait refluer les eaux de l'un dans l'autre « et les ferait rentrer même dans le lit du fleuve aux époques d'étiage où les portes sont constamment ouvertes, de même que cette même cause empêcherait de tenir fermées les portes de l'écluse aval », si l'on y parait en interceptant toute communication entre les deux écluses au moyen d'un barrage en terre.

Il y a donc urgence à prendre une décision à cet égard, d'abord à cause de l'abondance de l'eau qui en résultera, et aussi surtout pour assainir cette branche de Kasr-el-Nil qui traverse le plus beau quartier du Caire et en fait depuis dix ans un cloaque infect, pendant les basses eaux.

Mais nous persistons à croire que le gouvernement avait prévu que la nouvelle prise d'eau, ainsi que le tronçon du canal qui va de Choubrah à l'Abasceh, seraient ultérieurement l'amorce d'un canal spécial et indépendant pour alimenter les provinces de l'Est; car ce qui a motivé la construction de la branche de Choubrah pour alimenter le canal Ismaïlieh (dont la prise directe et spéciale est à Kasr-el-Nil) est dû certainement au peu de solidité, plutôt apparente que réelle, que présente cette dernière prise d'eau. C'est au manque de précaution prise lors de la construction des murs de quai de cette écluse et lors des épuisements effectués pour la fondation de ces murs, qu'un mouvement s'est produit dans les maçonneries de l'écluse et fait naître les craintes sur la solidité de l'ouvrage entier; aussi a-t-on immédiatement cessé de compter sur l'utilisation de cette prise d'eau. Cet abandon ne peut être que momentané, car il résulte plutôt de la crainte des agents d'alors d'endosser une responsabilité, que de la solidité réelle de l'ouvrage.

Ce qui nous confirme dans cette opinion, c'est que l'on achevait les quais d'écluse de la prise d'eau de Kasr-el-Nil, pendant qu'on construisait en même temps la prise d'eau de Choubrah, preuve évidente que le gouvernement avait l'intention d'affecter la prise d'eau de Kasr-el-Nil au canal Ismaïlieh et que la prise d'eau de Choubrah était destinée à un canal spécial pour augmenter le contingent d'eau de la province de l'Est qui en avait grand besoin à cette époque, parce que le Cherkawé n'en débitait plus autant, et aussi parce que les cultures s'étaient étendues notablement dans cette région.

Les choses ont été ainsi faites et le canal Ismaïlieh étant encore aujourd'hui alimenté par la prise d'eau de Choubrah, il y a urgence et facilité d'ailleurs à remettre les choses selon les prévisions premières.

C'est, du reste, l'intime conviction de Son Excellence Aly-Pacha-Moubarek qui a reconnu le grand intérêt pour le pays à ce que les deux branches soient au plus tôt disjointes.

Nous avons examiné minutieusement la prise d'eau de Kasr-el-Nil, ainsi que le pertuis, et nous avons reconnu que sa mise en état n'exigerait que peu de réparations, un temps relativement court (7 ou 8 mois) et une dépense d'environ 6 à 700,000 francs (28,000 L.), temps pendant lequel on pourrait espérer également effectuer le dragage de la partie du canal Ismaïlieh qui va de l'Abasceh à Kasr-el-Nil en traversant le Caire, et dont l'importance peut être évaluée au double. Ce serait donc une dépense de 2,000,000 de francs environ que coûterait la remise en état de cette partie du grand canal Ismaïlich pour le rendre à la navigation et à l'irrigation.

La prise d'eau de Choubrah devenant libre pourrait être utilisée à alimenter la province de l'Est vers Bul-Beis en prolongeant le tronçon actuel qui va de Choubrah à l'Abasceh et en le joignant à l'ancien tronçon du Zafranieh. (*Voir planche n° 16.*)

Le canal Ismaïlieh serait alors ramené au but qui l'avait fait établir et n'alimenterait désormais que la seule province de l'Isthme; les 3,000,000 de mètres cubes de son débit journalier aux hautes eaux iraient dans l'Isthme, et la branche actuelle de Choubrah porterait cette même quantité dans la province du Cherkieh; ce serait ainsi un contingent de 6,000,000 de mètres cubes au lieu de 3,000,000 que l'on obtiendrait et dont on pourrait disposer au grand avantage de chacun et du gouvernement lui-même, au moyen de dépenses relativement minimes qui, dans tous les cas, seraient vite compensées par les revenus généraux de toutes sortes qui en découleraient.

Il n'y a donc aucune crainte à avoir sur la possibilité de pourvoir aux besoins de la seconde branche de dérivation projetée de l'Ismaïlieh sur Port-Saïd, que nous avons, sur l'avis de M. de Lesseps et pour perpétuer le nom de Son Altesse le khédive, dénommée sous le nom patronymique de *Tewfickieh,* comme on l'a fait précédemment pour les autres souverains du pays, témoins l'Ismaïlieh, l'Ibraïmieh, le Mahmoudieh, etc.

Ce que nous venons d'énumérer démontre surabondamment l'inanité des craintes de manque d'eau; en conséquence, nous pensons que le ministère ne s'opposera plus à l'exécution de cette œuvre et qu'il donnera à la Société civile créée sous le patronage de M. de Lesseps l'autorisation qu'elle sollicite depuis longtemps de l'exécuter avec ses propres ressources.

Cette Société est toujours prête et disposée à reprendre les travaux que les événements lui avaient fait interrompre, d'autant plus qu'il y a de jour en jour plus de nécessité; car ce canal rémunérera amplement les dépenses qu'il occasionnera; c'est donc double et triple avantage que de ne pas retarder plus longtemps ce travail, ainsi d'ailleurs qu'on pourra s'en convaincre par la copie du rapport que nous adressions à M. F. de Lesseps en avril 1882, lequel rapport résume parfaitement et le travail d'étude déjà fait et l'avenir que l'on peut entrevoir après l'achèvement de cette œuvre importante et indispensable.

Nous pensons en même temps devoir faire précéder la reproduction de ce rapport de la circulaire en vertu de laquelle la Société du Tewfickieh s'est constituée sur l'appel de M. de Lesseps à Alexandrie, en mai 1881. Après plusieurs demandes au gouvernement, et alors que ce dernier avait déclaré ne pouvoir faire ce travail avec ses propres ressources, M. de Lesseps résolut, vu l'importance et l'opportunité de ce travail, de faire exécuter par une compagnie indépendante les études, afin de connaître ce qu'il coûterait et là où le tracé pourrait passer de préférence. On a donc procédé de la sorte et l'on n'a aujourd'hui aucun doute sur les tracés et sur l'importance de la dépense. Ce qui va suivre fera voir l'état de la question et le sérieux avec lequel les travaux d'études ont été entrepris, dirigés et conduits.

Avant de donner la description relative au projet du Tewfickieh, nous pensons qu'il sera intéressant de compléter l'étude que nous venons de faire de l'Ismaïlieh lui-même en donnant quelques détails sur les importants domaines de l'Ouady et de Bir-Abou-Ballah.

Nous avons dit que le canal Ismaïlieh avait subi beaucoup de vicissitudes depuis l'émission de l'idée qui l'a reconnu indispensable en 1856 jusqu'à la date de son achèvement en 1877 ; nous n'avons pas à entrer dans les détails qui ont occasionné les retards, mais nous devons toutefois relater qu'ils ont eu pour conséquence d'obliger la Compagnie de Suez à amener par un autre moyen l'eau douce dans l'isthme.

Dès 1862, elle exécuta à la hâte la partie du canal Ismaïlieh comprise entre Tel-el-Kébir et Ismaïlia, en ne donnant provisoirement à ce canal qu'une section réduite de moitié ; elle obtint alors que l'alimentation d'eau serait fournie par le petit canal de l'Ouadée dont la prise d'eau était à Zagazig sur le Bahr-Moès, canal construit par Méhémet-Aly pour l'irrigation et la fertilisation des plaines qui ont formé depuis le vaste domaine que l'on connaît sous le nom de *Domaine de l'Ouady,* que la Compagnie avait acheté, qu'elle a possédé et qu'elle a fait valoir elle-même pendant quelques années.

Le petit canal de l'Ouadée s'arrêtait alors à Tel-el-Kébir même ; au delà, jusqu'à Ismaïlia, il n'y avait jamais d'eau qu'à l'époque des crues et lors des débordements du Nil dont l'eau se répandait ainsi de vallée en vallée jusqu'aux grandes dépressions de Maxhamah et de Timsah ; il fut ensuite conduit avec la même section jusqu'à Suez.

On jugera par ce qui vient d'être décrit combien a été précaire l'alimentation de l'isthme pendant la période d'exécution du canal maritime; aussi Son Altesse jugea-t-elle, dès 1870, qu'il ne devait plus y avoir de retard dans l'exécution complète du canal Ismaïlieh, d'autant plus que c'était le gouvernement qui avait pris le soin de l'achever.

Le tracé du Caire jusqu'à Tel-el-Kébir fut celui adopté par la commission de 1856, ainsi que de Tel-el-Kébir à Gassassine; mais de ce dernier point jusqu'à Ismaïlia, il fut reconnu préférable et moins coûteux d'abandonner la rigole qui avait été faite un peu trop bas dans la vallée par la Compagnie en 1862, que de l'élargir et la porter au type normal, pour la reporter à une altitude un peu plus haute et avoir moins de parties remblayées; il occupe à peu près le milieu du flanc du coteau.

La vallée de l'Ouadée a toujours été le réceptacle des eaux d'écoulement des cultures environnantes, mais de petites rigoles intelligemment entretenues permettaient, depuis Méhémet-Aly, de dégager le thalweg en écoulant, comme nous venons de le dire plus haut, toutes les eaux jusqu'au lac Timsah. Déjà, lors de la construction par la Compagnie de ce petit canal de Tel-el-Kébir à Ismaïlia, certaines entraves avaient été forcément apportées à l'écoulement des eaux, quoique le plan d'eau d'alors fût relativement bas; mais, depuis l'achèvement du grand canal du Caire à Ismaïlia, le plan d'eau ayant été notablement relevé, il en est résulté une perturbation générale qui a notablement affecté le revenu du domaine de l'Ouady et de celui de Bir-Abou-Ballah, ce dernier de création relativement toute récente.

A l'époque où nous exécutions les travaux du dernier tronçon du canal Ismaïlieh, le gouvernement nous avait demandé une étude pour remédier à cet état de choses et nous lui avons remis un rapport avec plans et profils à l'appui.

Pensant également que ce travail trouvera utilement sa

place dans cet ouvrage, nous allons en donner, le résumé succinct ci-après :

Domaines de l'Ouady et de Bir-Abou-Ballah.

Le domaine de l'Ouady est situé à l'entrée de la vallée de Gessen, dont il occupe le thalweg; il s'étend depuis le village d'Abasceh jusqu'au lac de Maxhamah, comprenant ainsi une étendue d'environ 25 kilomètres ; sa largeur, limitée au Nord par le chemin de fer et le canal Ismaïlieh et au Sud par les dunes de sable qui font suite à la grande chaîne Libyque, peut avoir en moyenne 5 kilomètres d'étendue, formant ainsi une surface d'environ 11,000 hectares ou 22,000 feddans. Lorsque la Compagnie de Suez acheta en 1861 ce domaine à S. E. El-Hamy-Pacha, il n'y avait en culture que 6,000 feddans environ, rapportant au plus 4,000 livres, avec une population d'environ 4,500 habitants ; mais quatre ans plus tard, grâce à l'intelligente et habile direction d'un homme éminent, M. Guichard, à qui la Compagnie avait eu la bonne fortune de confier la gérance de ce beau et vaste domaine, secondé par un personnel intelligent et dévoué mettant au service de l'œuvre commune la plus grande fermeté ainsi que la mansuétude là plus bienveillante, la Compagnie avait obtenu le résultat merveilleux d'attirer en si peu de temps une population qui s'élevait, en 1866, à 14,000 habitants, dont 4,500 Bédouins qui, de nomades et errants autrefois, étaient venus spontanément se fixer dans ces parages hospitaliers et lucratifs. Aussi la Compagnie était-elle parvenue à mettre en culture plus de 12,000 feddans, représentant en baux authentiques un revenu produisant plus de 650,000 francs et une moyenne de location de 70 francs ou 270 P. T. le feddan.

Ce résultat fait voir ce que la Compagnie eût obtenu si

elle eût continué à diriger cette exploitation agricole ; car, pendant ce laps de temps si court de cinq années, elle avait atteint ce but en ne faisant simplement que de petites améliorations aux rigoles d'amenées, mais elle avait relevé le plan topographique de la vallée entière et prévu l'établissement d'un grand collecteur qui devait évacuer les eaux d'infiltration et de drainage pour les conduire dans le lac Maxhamah.

Comme suite de l'exposé succinct que nous venons de faire sur les merveilleux résultats obtenus par la Compagnie de Suez avec son exploitation du domaine de l'Ouady à Tel-el-Kébir, nous croyons intéressant de reproduire ici les principaux passages d'une intéressante étude que M. Guichard lui-même, l'ex-directeur du domaine, a publiée en décembre 1881, dans la *Nouvelle Revue*, sous le titre de : *Colonisation de l'isthme de Suez* (1861-1866) :

« Le numéro de la *Nouvelle Revue* du 1ᵉʳ décembre 1881
« contenait une remarquable appréciation de M. Ferdi-
« nand de Lesseps sur le caractère des Arabes. L'auteur,
« après avoir soutenu que la haine irréconciliable de
« l'Arabe musulman contre le chrétien n'existe pas, con-
« cluait en faisant appel à la justice et à la bienveillance
« de la France en faveur des indigènes algériens.

« Nous avons retrouvé des notes prises en 1866 sur les
« résultats obtenus par la mise en pratique des principes
« de l'illustre président de la Compagnie du canal de
« Suez, lorsqu'il fit en Égypte l'acquisition du domaine
« de l'Ouady (terre de Gessen de la Bible) pour le compte
« de la Compagnie, et appela les populations arabes à ferti-
« liser le désert.

« L'historique de l'Ouady, le système de colonisation
« appliqué dans l'isthme de Suez de 1861 à 1866 sont inté-
« ressants à connaître ; les faits démontrent que l'Arabe

« nomade, l'homme du désert, est capable de fertiliser la
« terre, de s'y fixer, de s'enrichir et d'enrichir en même
« temps les possesseurs du sol qui le traitent avec justice et
« savent lui inspirer confiance.

« Le domaine, ou chiflck de l'Ouady, d'une contenance
« de 10,000 hectares, a été créé par Mehemet-Ali. Le
« fondateur de la dynastie régnante d'Égypte revenait de
« Syrie par la route de Kantara et de Salahieh ; il se rap-
« prochait de Bulbeis lorsqu'il apprit qu'une conspiration
« était ourdie contre lui et devait éclater aussitôt après
« son retour au Caire. Il résolut de s'arrêter à l'endroit
« où il se trouvait, à Tel-el-Kébir, centre de l'Ouady (le
« Pitoum de la Bible) ; de là, il dépêcha ses lieutenants au
« Caire pour déjouer les projets de ses ennemis.

« L'inaction était insupportable à Mehemet-Ali. Son
« activité avait sans cesse besoin de créer ou d'améliorer ;
« la vallée où il campait attira son attention : l'état en était
« déplorable ; les eaux provenant des irrigations de la
« province de Charkieh formaient des marais pendant la
« crue du Nil, mais, durant sept mois de l'année, la terre
« restait desséchée. Jugeant rapidement le parti qui pou-
« vait être tiré de l'aménagement des eaux, Mehemet-Ali
« donna l'ordre d'élever en amont de la vallée une grande
« digue courant du Sud au Nord ; puis il fit creuser un
« canal principal sur une longueur de 35 kilomètres, en
« même temps que les canaux nécessaires à la distribution
« et à l'écoulement des eaux. Ces travaux furent exécutés
« en quelques mois. La vallée une fois assainie, le vice-
« roi y implanta une colonie agricole, par la force suivant
« son habitude.

« Il refoula dans le désert les Bédouins Toumilat, les
« anciens occupants du sol, qui étaient toujours en guerre
« avec les autorités turques ; puis il fit prendre dans les
« diverses parties de l'Égypte 16,000 fellahs, qui furent

« installés dans l'Ouady et contraints de cultiver non
« seulement les produits usuels du pays, mais le coton et
« l'indigo dont il s'agissait d'essayer l'acclimatation.

« Le château de Tel-el-Kébir fut élevé à l'endroit même
« où le vice-roi avait campé; on construisit un village avec
« une mosquée, des magasins généraux, un vaste établis-
« sement pour les fonctionnaires.

« Le domaine était en pleine prospérité à la mort de
« Mehemet-Ali; mais, après lui, sous Abbas, la plus grande
« partie des fellahs transportés dans l'Ouady désertèrent
« pour retourner dans les provinces d'où ils avaient été
« tirés. Au commencement du règne d'Abbas-Pacha, les
« Bédouins étaient en faveur, particulièrement les Anadis,
« tribu puissante qui avait aidé Mehemet-Ali dans sa lutte
« contre les Turcs : ils furent autorisés à occuper la
« vallée abondonnée; mais bientôt les caprices du vice-roi
« indisposèrent les nouveaux colons de l'Ouady; moins
« patients que les fellahs, ils se mirent en pleine révolte.
« Les troupes envoyées contre eux ruinèrent la contrée;
« la population décimée s'enfuit, 12,000 Anadis firent
« leur exode et se réfugièrent en Syrie.

« Abbas étant décédé, le domaine échut à son fils Elami-
« Pacha, gendre du sultan. Ce prince mourut peu de
« temps après son père, laissant une succession fort
« obérée. Saïd-Pacha, héritier du trône, se porta garant
« de toutes les dettes de son neveu et prit possession du
« domaine de l'Ouady.

« En 1861, M. de Lesseps songea à acquérir cette pro-
« priété pour le compte de la Compagnie de Suez, afin
« d'avoir la jouissance du canal d'eau douce qu'il était urgent
« d'amener jusqu'à Suez, parallèlement aux travaux du
« canal maritime que l'on devait exécuter en plein désert;
« il était destiné à l'alimentation des travailleurs, ainsi
« qu'aux transports des matériaux. La vente fut consen-

« tie par le vice-roi au prix de deux millions de francs.

« La Compagnie avait à utiliser le territoire aussi riche
« qu'étendu qu'elle venait d'acquérir. La réorganisation
« du domaine offrait de grandes difficultés. Il fallait recru-
« ter une population agricole pour remplacer celle qui
« avait émigré sous Abbas. Les quelques milliers de fel-
« lahs disséminés sur le domaine suffisaient à peine pour
« cultiver le tiers des terres arables.

« Des pourparlers furent engagés avec les cheiks des
« villages dans le but de conclure des locations. Défiants
« d'abord, comme tout être habitué à ne voir dans le
« maître qu'un despote avide, les fellahs paraissaient peu
« disposés à signer des contrats avec les chrétiens. Le
« système des locations était nouveau pour eux; ne
« cachait-il pas un piège?

« Fort heureusement, les Bédouins Anadis, qui avaient
« émigré en Syrie à la suite de leur rupture avec Abbas-
« Pacha, étaient revenus planter leurs tentes sur la partie
« du désert qui borde l'Ouady, après avoir appris la mort
« de leur persécuteur. Ils avaient envoyé des émissaires au
« Caire pour implorer leur pardon auprès de Saïd-Pacha.
« Ils sollicitaient en vain depuis plusieurs années d'être
« indemnisés de la confiscation qu'ils avaient subie.

« En apprenant que la Compagnie de Suez offrait aux
« cheiks fellahs de louer le domaine qu'elle venait d'ac-
« quérir, quelques-uns des cheiks Anadis se proposèrent
« comme locataires à des conditions acceptables. Des baux
« de trois ans furent immédiatement signés avec eux.

« L'exemple une fois donné, les cheiks fellahs s'empres-
« sèrent de le suivre. Mais les rivalités d'ancienne date
« entre les fellahs et les bédouins ne tardèrent pas à éclater.
« Les premiers voulaient reprendre les terres cédées aux
« Bédouins; l'usage des eaux d'irrigation était surtout une
« cause journalière de conflits. De plus, les Bédouins

« Toumilat vinrent ajouter à la situation une nouvelle
« complication. Chassés, depuis Mehemet-Ali, de la vallée
« qu'ils avaient occupée pendant des siècles et qui avait
« porté leur nom, « Ouady Toumilat », ils voulurent pro-
« fiter de l'occasion qui s'offrait de rentrer sur leur ancien
« territoire, après avoir compris que les locations étaient
« sérieuses.

« Le représentant de la Compagnie, entrevoyant la pos-
« sibilité de peupler rapidement son domaine, accueillait
« indistinctement tous les locataires qui se présentaient.

« Le contingent des Anadis était d'environ trois mille
« cultivateurs; celui des Toumilat de quatre mille, les
« fellahs restés dans les villages comptaient quatre mille
« âmes. Au lieu de se mettre à défricher et à ensemencer
« les terres qui lui étaient louées, cette population d'origi-
« nes diverses, composée d'éléments hostiles entre eux, ne
« cessait de se quereller. Un conflit général menaçait de
« faire crouler le bon effet attendu du système des locations.

« Pour mettre un terme à cet état de choses, une assem-
« blée de tous les cheiks bédouins et fellahs fut convoquée
« au château de Tel-el-Kebir. Une distribution nouvelle
« des terres, dont le plan avait été minutieusement étudié,
« leur fut proposée.

« Le domaine de l'Ouady était partagé en cinq grandes
« divisions. Chaque division était subdivisée en bassins,
« dont les canaux d'irrigation formaient les limites. Les
« fellahs auraient leurs bassins, les bédouins les leurs; cha-
« cun devait être indépendant de son voisin; les fauteurs
« de désordre seraient expulsés sans rémission; enfin, ceux
« qui se trouveraient mécontents du lot qui leur était
« assigné pouvaient avoir en compensation, en dehors de
« l'Ouady, des terres dans la région que le canal d'eau
« douce, prolongé par la Compagnie à travers le désert,
« permettait d'irriguer et de cultiver.

« Cet arrangement définitif fut accepté.

« Les cheiks Anadis, dont les locations primitives étaient
« sensiblement modifiées, donnèrent l'exemple d'une con-
« fiance absolue dans le représentant de la Compagnie. Ils
« se déclarèrent publiquement ses serviteurs dévoués et
« tinrent fidèlement leur parole. Quelques mois après, les
« cultures couvraient plus de 6,000 hectares dans l'Ouady,
« au lieu de 3,000. La bonne harmonie s'établit entre les
« fellahs et les bédouins, qui ne songèrent plus qu'à pro-
« duire de riches récoltes.

« On avait imposé aux colons la condition expresse de
« payer leurs fermages tous les mois, par douzième, car
« il était important de ne pas laisser se former d'arriéré
« et de se précautionner contre la facilité qu'eussent pos-
« sédée des tenanciers aux habitudes nomades, de gagner
« le désert au moment d'acquitter leurs redevances, si
« elles n'avaient été exigibles qu'à la fin de l'année. Cette
« mesure ne souleva pas de réclamations. Grâce au régime
« de liberté, de justice et de protection dont les locataires
« comprirent vite les bienfaits, jamais les rentrées ne se
« firent attendre et ne nécessitèrent de poursuites.

« L'organisation administrative était des plus simples.

« Aucun agent du gouvernement n'avait à intervenir
« dans le domaine de la Compagnie. Le fondé de pouvoirs
« de M. de Lesseps, assimilé à un fonctionnaire égyptien,
« était chargé de l'application des lois et des ordonnances
« vice-royales concernant les impôts, la conscription, la
« police. La justice en matière civile et correctionnelle
« était rendue par lui au divan de Tel-el-Kébir, avec l'as-
« sistance d'écrivains cophtes qui inscrivaient sur les
« registres officiels les causes, l'instruction et le jugement.
« Les agents d'exécution étaient : un nazir ou préfet indi-
« gène nommé et appointé par la Compagnie, deux cawas
« ou gendarmes turcs, les gafirs ou gardes entretenus par

« chaque village, et des courriers bédouins pour corres-
« pondre avec les tribus éloignées. Les cheiks de village
« élus par la population fellah, et les cheiks héréditaires
« des tribus étaient responsables de la sécurité des biens
« et des personnes dans la limite du territoire qui leur était
« assigné. Les cheiks étaient réunis de temps à autre pour
« être consultés sur les questions litigieuses soulevées
« entre les villages et les tribus. Les plus âgés et les plus
« respectés étaient choisis comme experts ; le représentant
« de la Compagnie décidait en dernier ressort.

« Pendant cinq ans, il n'y eut pas un désordre sérieux à
« réprimer parmi cette population composée de 10,000
« fellahs et de 20,000 bédouins de tribus ou de fractions
« de tribus diverses, dont le nombre continua de s'accroître
« jusqu'au jour de la cession des terres.

. . . .

« Sa prospérité avait été toujours croissante depuis 1861.
« L'expérience des locations avait complètement réussi.
« En 1865, les baux de trois ans étaient renouvelés. Le
« revenu était quadruplé et porté à 650,000 francs ; il était
« destiné à augmenter encore dans la période suivante.
« Les impôts à payer au gouvernement étaient à la charge
« des locataires. La population recensée accusait 14,000 ha-
« bitants, répartis dans plus de soixante villages ; elle se
« composait principalement de fellahs venus des provinces
« de l'Égypte, des bédouins Anadis, et des Toumilat..... »

Cet exposé succinct mais fait avec la meilleure bonne
foi prouve ce que l'on peut espérer obtenir en employant
la justice et les bons procédés envers les indigènes dans
une exploitation agricole : l'exemple cité par M. Guichard
sur les résultats qu'il a obtenus pendant la courte période

de quatre années est suffisamment éloquent ; en outre de ces moyens tout spéciaux et moraux, il y a l'obligation essentielle pour la prospérité de toute culture en Égypte d'amener l'eau facilement sur les terrains pour l'arrosage, et la seconde, qui est non moins nécessaire, car elle en est le corollaire obligé, est de posséder un exutoire pour écouler l'eau des irrigations aussitôt après qu'elles ont pénétré dans le sol par infiltration. La vallée de Gessen est, par le fait seul de l'altitude de sa position, le point où viennent s'accumuler les eaux de tout le versant Ouest de la province ; aussi sa fertilité est-elle assurée si, avec la facilité qu'elle a d'avoir de l'eau en abondance, on lui assure l'écoulement du trop-plein. C'est ce qu'avait compris la Compagnie de Suez et ce qu'elle avait essayé de réaliser.

Aussi, nonobstant les dispositions spéciales de petites rigoles qu'il est indispensable de faire ou de réparer et que possédait déjà le domaine de l'Ouady pour ses irrigations et desquelles nous n'avions pas à nous occuper, nous avons indiqué l'opportunité (eu égard à l'achèvement alors prochain du grand canal Ismaïlich) de projeter une rigole d'écoulement qui partait d'Abasceh près d'Abou-Hamet suivait le fond de la vallée en contournant le pied des dunes et venait aboutir au lac Maxhamah ; puis de là, afin d'assurer désormais au lac un niveau constant et capable de l'empêcher de nuire aux terrains bas environnants, cette rigole continuait à parcourir le thalweg de la vallée en passant dans les bassins inférieurs de Rhamsis, Mackfar et enfin de Bir-Abou-Ballah, pour aboutir aux lacs Amers vers le Sérapéum, en empruntant le petit aqueduc qui a été judicieusement prévu et exécuté en 1865 par la Compagnie vers Bir-Abou-Ballah sous le canal d'eau douce qui va à Suez, ainsi que celui qui a été ménagé sous la voie ferrée.

Son développement était d'environ 80 kilomètres, en y comprenant les raccords nécessaires pour relier les divers bassins à cette rigole de drainage, comportant en déblais et remblais un cube d'environ 2,000,000 de mètres.

D'après l'examen des cotes du plan topographique que nous avions fait avec soin sur toute cette étendue, nous avons pu nous convaincre que l'exécution de cette rigole permettait de cultiver 32 à 35.000, feddans dans les meilleures conditions possibles et d'y attirer facilement la population par l'espoir incontestable et non moins précieux d'assurer la plus grande salubrité à cette partie de la province de l'Isthme, en faisant disparaître un nombre considérable de marécages qui, remplis de joncs et de matières putrescibles, forment autant de foyers occasionnant souvent des fièvres qui nuisent à la population et entravent son développement.

C'est certainement en grande partie à la négligence de l'entretien et au non-achèvement des rigoles de drainage que doit être attribué le dépeuplement qui s'est manifesté depuis le départ de la Compagnie de l'Ouady, qui aujourd'hui n'a de population que le chiffre à peu près le même de 4,500 à 5,000 habitants qu'il avait en 1861, au lieu de 14,000 qu'il atteignait en 1866.

Les eaux stagnantes formant des marais insalubres envahissent les terres et obligent les cultivateurs à les quitter; aussi, le nombre des feddans cultivés dans ces parages a-t-il suivi forcément la diminution de la population, lorsque, au contraire, tout concourait à une rapide augmentation.

Il est donc urgent de reprendre ce projet qui a d'autant plus d'avenir pour l'intérêt général, que, le canal Ismaïlieh étant achevé, l'on pourrait également alors étendre cette mesure à l'immense plaine qui s'étend de Bulbeis à Gawarneh, plaine très facile à arroser aujourd'hui, mais qui n'a pas d'écoulement pour les eaux de drainage ; or, en faisant une rigole de drainage dans le thalweg de cette plaine, cette rigole atteindrait un développement d'environ 25 à 30 kilomètres. Elle serait raccordée au moyen d'un siphon qui passerait sous le plafond du canal Ismaïlich à Gawarneh pour aller rejoindre la rigole de l'Ouadée dont le point de départ est en face, vers le village d'Abasceh ; il en résulterait ensuite la possibilité d'augmenter les cultures de toute cette partie dans une proportion double de celle déjà énoncée. On peut donc sans conteste admettre que l'on pourrait cultiver plus de 50,000 feddans de Bulbeis à Ismaïlia, et nous avons vu que le canal Ismaïlieh satisferait, sans nuire en rien à l'alimentation générale, non plus qu'à celle du canal Tewfickieh dont nous allons ci-après détailler le projet.

Canal Tewfickieh.

NOTICE POUR LES FONDATEURS DU CANAL PROJETÉ ENTRE ISMAÏLIA ET PORT-SAÏD.

Après avoir décrit quelques articles des actes de concession de la Compagnie de Suez avec le gouvernement égyptien depuis 1856 jusqu'à l'achèvement du canal de Suez, la circulaire ajoutait :

« En conséquence de ce qui précède et à la suite de ses
« communications avec le gouvernement égyptien, le Pré-
« sident, Directeur de la Compagnie du canal de Suez, en
« vertu de ses pouvoirs, a décidé de faire exécuter immé-
« diatement les études définitives de la branche d'irrigation

« et d'alimentation dirigée vers Port-Saïd, aux frais d'un
« groupe de fondateurs, en attendant la formation d'une
« Société anonyme égyptienne dont les statuts seront
« soumis au gouvernement et qui remplira les con-
« ditions des actes de concession avec les avantages qui
« s'y trouvent stipulés.

« La Banque générale égyptienne recueillera la liste des
« membres fondateurs du canal Tewfickieh qui auront
« droit à 10 p. 100 des bénéfices nets de l'entreprise et au
« remboursement de leurs avances lorsque, les études
« étant terminées, il sera procédé à l'exécution des travaux.

« Le nombre des parts de fondateurs sera de 200
« la valeur de chaque part de 1000 francs.

« Les versements seront appelés par la Banque générale
« égyptienne qui fera les paiements des études sur les
« états présentés par M. Paponot, ingénieur entrepreneur,
« et visés par M. Lemasson, ingénieur de la Compagnie
« du canal maritime.

« Un premier versement de 500 francs sera effectué
« en souscrivant, et le solde, sur un avis envoyé un mois
« d'avance à chaque souscripteur par la Banque générale
« égyptienne.

« Alexandrie, le 12 mai 1881.

« Signé :

« FERDINAND DE LESSEPS.

« La souscription est close. »

Les fonds ayant été souscrits de suite, M. de Lesseps
nous chargea de faire les études suivant la convention
ci-après :

« Le Président de la Compagnie universelle du canal

« maritime de Suez a décidé, le 14 mai 1881, la mise à
« l'étude d'un canal d'alimentation et d'irrigation entre
« Ismaïlia et Port-Saïd.

« Ce canal aura sa prise à Ismaïlia sur le canal Ismaïlieh,
« traversera le désert et le lac Menzaleh à l'ouest du
« canal maritime et débouchera dans la Méditerranée à
« Port-Saïd.

« Le Président-Directeur a, en outre, décidé que M. Pa-
« ponot serait chargé des études et de l'exécution dudit
« canal, sous le contrôle et la surveillance des ingénieurs
« de la Compagnie de Suez. »

(Suivent les articles du contrat.)

Aussitôt ces arrangements pris, nous nous sommes
empressé de composer les brigades d'études, que nous
pûmes former avec le personnel de choix que nous avions
eu l'occasion de trouver sur place. Aussi, comme chacun
était actif et dévoué, les travaux étaient-ils achevés dès le
mois de janvier 1882, époque à laquelle nous adressâmes
à M. de Lesseps, qui était revenu en Égypte, un rapport
complet sur l'ensemble de nos opérations et sur la perspective que présentait l'avenir de cette œuvre, ainsi qu'on le
verra par la lecture de ce rapport que nous reproduisons
ci-après.

Rapport à M. de Lesseps, après l'achèvement des études. Avril 1882.

Les études pour le canal d'alimentation d'Ismaïlia à
Port-Saïd ont été achevées sur place à la fin du mois de
décembre, et la mise au net des carnets et des documents
divers ainsi que l'étude des ouvrages d'art se poursuivent
au bureau avec régularité et seront achevées sous peu.

Nous possédons dès maintenant les éléments nécessaires pour déterminer l'importance des travaux à exécuter.

Ainsi se trouvent réalisées les espérances que nous avions établies au mois de mai dernier pour le temps nécessaire à la durée des études; de même pour le chiffre des dépenses d'icelles, et cela grâce au zèle intelligent ainsi qu'à la bonne volonté déployée par les agents de l'entreprise et aux conseils bienveillants des ingénieurs de la Compagnie de Suez auxquels nous sommes heureux de pouvoir, en le portant à votre connaissance, rendre ce témoignage.

Les études ont été poursuivies pour deux buts à atteindre :

1° L'exécution proprement dite du canal ;

2° La mise en culture des terrains limitrophes ;

Les opérations ont été commencées le 15 juin 1881, par l'établissement d'une ligne fictive que nous avons balisée et rattachée au canal maritime.

La ligne ainsi tracée a été nivelée par deux opérateurs différents, et simultanément d'autres opérateurs étaient chargés de niveler jusqu'à plusieurs kilomètres perpendiculairement à la ligne de l'opération.

Au mois d'août, nous parcourûmes à petites journées la ligne nouvelle et vérifiâmes le travail fait sur place et déjà rapporté sur un plan à grande échelle. C'est après avoir ainsi procédé que nous avons pu adopter avec M. l'ingénieur en chef de la Compagnie :

1° Le tracé définitif du canal projeté ;

2° La distribution des biefs de partage et fixer le régime des eaux dans chacun d'eux ;

3° Les dimensions de la cuvette et l'inclinaison des talus, ainsi que la largeur des banquettes ;

4° Le nombre des ouvrages d'art ;

5° Enfin le programme de marche pour l'étude de la traversée des lacs Menzaleh.

2° Un pont au passage du chemin de fer d'Ismaïlia au Caire.

3° Un premier ouvrage de retenue avec ventelles à établir conformément aux niveaux indiqués sur le profil en long ci-dessus au kilomètre 32 du canal projeté, correspondant au kilomètre 30 de la base d'opération ; un tablier de pont devra être établi sur les bajoyers de la retenue, au passage de la route de Syrie pour les caravanes.

Le service de la retenue entraînera en outre la construction d'une maison d'habitation pour deux cantonniers.

4° Un second ouvrage de retenue, avec maison d'habitation pour deux cantonniers, sera construit au kilomètre 36 du canal, correspondant à peu près au kilomètre 34 de la base d'opération.

5° Un siphon pour l'écoulement des eaux de la branche Pélusiaque sera exécuté au kilomètre 37 du canal, correspondant au kilomètre 35 de la base d'opération.

6° Un ouvrage de décharge avec ventelles au débouché du canal à Port-Saïd, plus deux ponceaux dans la ville.

Fait double à Ismaïlia, le 16 septembre 1881.

<table>
<tr><td>Pour la Compagnie.</td><td>Pour l'Entreprise.</td></tr>
<tr><td>Signé :</td><td>Signé :</td></tr>
<tr><td>LEMASSON.</td><td>PAPONOT.</td></tr>
<tr><td>DELAVILLE.</td><td>JAILLON.</td></tr>
</table>

A la suite de ce procès-verbal, nous avons procédé au nivellement du tracé définitivement adopté et continué les opérations à travers les lacs Menzaleh jusqu'à Port-Saïd et rapporté le tout sur le plan coté (Pl. 18 et 19), savoir :

1° Le tracé complet du nouveau canal d'Ismaïlia à Port-Saïd ;

2° Le profil en long sur le développement total ;

3° Les profils-types définitifs.

Pl. 18.
PLAN DU CANAL TEWFICKIEH.
N.V.
LAC MENZALEH
Colateur
Bassin N° VII
Bassin N° VI
Bassin N° IV
Banc de Gypse
Bassin N° III
Bassin N° II
Bassin N° I
Banc de Gypse
Colateur
Culture Séf.
Feddans 40,928
Cote 18,80.
Feddans 34,247
Canal Projeté
Canal maritime
Canal Tewf.
ISMAILIA
Lac Timsah
El Guisr
El Ferdane
Kantara
MER MÉDITERRANÉE
PORT-SAÏD.
PROFIL EN LONG SUR L'AXE DU CANAL PROJETÉ
d'Ismailia à Port-Saïd.
ISMAÏLIA.
Prise d'eau d'Ismaïlia.
Pont au passage du chemin de fer.
Ouvrage de retenue.
Ouvrage de retenue.
Lacs
Ouvrage pour retenue éventuelle.
Menzaleh
PORT-SAÏD.
Ouvrage d'arrivée.
MER MÉDITERRANÉE
Pente de 0,02 par kilomètre.
Pente de 0,06 par kil.
Pente de 0,04 par kil.
P.te de 0,02 p. k.
Pente de 0,005 par kilomètre.
Kilomètres. 0.
12
20
28
32
36
60
83
Type N° 1.
Type N° 2.
Type N° 3.
RF

BAUDRY & Cie Éditeurs, Paris.
Auto.-Imp. A. Broise & Courtier, 43, rue de Dunkerque, Paris.

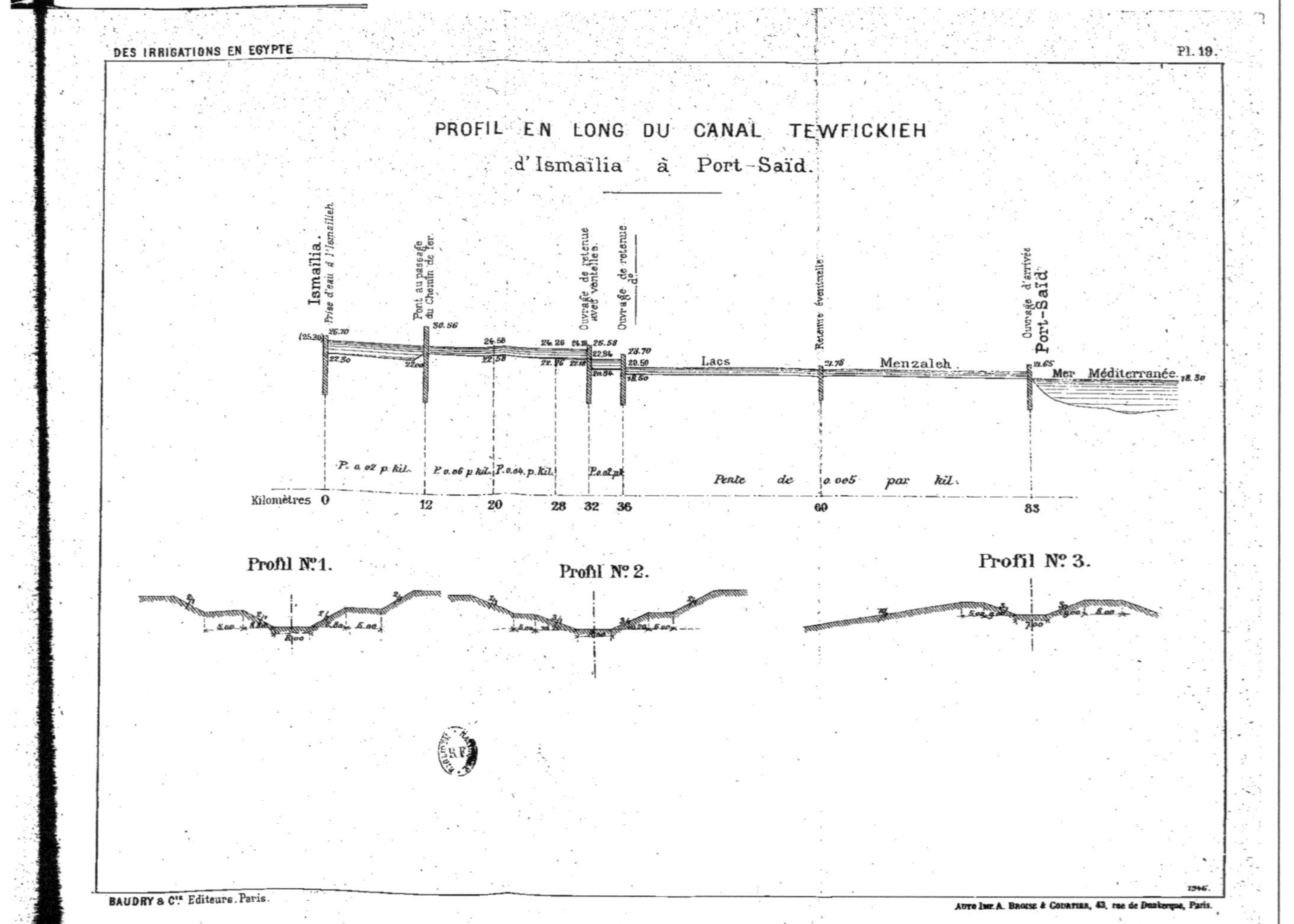

PROFIL EN LONG DU CANAL TEWFICKIEH
d'Ismaïlia à Port-Saïd.
Ismaïlia.
Prise d'eau à l'Ismaïlieh.
Pont au passage du Chemin de fer.
Ouvrage de retenue avec ventelles.
Ouvrage de retenue do
Retenue éventuelle.
Ouvrage d'arrivée
Port-Saïd.
Lacs
Menzaleh
Mer Méditerranée.
P. a 02 p. kil.
P. 0 06 p kil.
P. 0 04 p. kil.
P. 0 02 pk
Pente de 0 005 par kil.
Kilomètres 0 12 20 28 32 36 60 83
Profil N° 1.
Profil N° 2.
Profil N° 3.

Enfin, les ouvrages d'art divers ont fait l'objet d'une étude spéciale et séparée.

Une réduction de tous ces plans et profils a été faite, et j'ai eu l'honneur de vous en remettre copie avant votre départ d'Ismaïlia. Il résulte d'après les opérations accomplies et la vérification des calculs des profils :

1° Que l'importance des déblais à effectuer à sec du kilomètre 0, au départ d'Ismaïlia, jusqu'au kilomètre 36, à l'entrée des lacs Menzaleh, y compris la plus-value de défonçage du gypse (sur la longueur de la banquette seulement) à la traversée des lacs Balah, est d'environ 5.000.500 mètres cubes, au lieu de 9.000.000 que nous avions évalués dans nos prévisions du mois d'avril 1881.

2° Que l'importance des déblais à effectuer pour la confection des berges, à la traversée des lacs Menzaleh, du kilomètre 36 à l'arrivée de Port-Saïd au kilomètre 82 + 942, est de 7.133.000^{m3}, soit 133.000^{m3} seulement de différence avec les prévisions d'avril 1881. La différence dans cette partie est donc presque nulle, et cela devait être à cause de la régularité du sol des lacs que nous connaissions, tandis qu'il ne pourrait en être de même sur la partie déserte composée de mamelons intermittents entre Kantara et Ismaïlia.

3° Que le canal aura une longueur développée de 82 kilomètres + 942 mètres et qu'il sera divisé en 4 biefs de partage avec trois plans d'eau différents.

4° Que les ouvrages d'art sont au nombre de six, savoir :

Une prise d'eau avec pont au grand canal Ismaïlich.

Un pont fixe pour le passage du chemin de fer.

Un pont avec retenue et vannes au débouché, à la mer, à Port-Saïd.

Une retenue avec vannes au kilomètre 32.

  — — — 36.

  — — — 60.

Trois maisons de garde pour les gardiens et manœuvres des ouvrages de retenue.

Sept grandes prises d'eau maçonnées avec vannes pour les rigoles d'arrosage.

Sept autres prises d'eau moins importantes pour les garages et campements de la Compagnie du canal de Suez, nécessitées par la suppression ultérieure des conduites en fonte, alimentant aujourd'hui Port-Saïd.

Les terrassements nécessaires pour l'exécution des rigoles d'amenée et d'écoulement ainsi que pour tous les besoins de cultures sont évalués approximativement au chiffre de 4.200.000 mètres cubes pour la superficie des huit bassins que nous avons délimités, et dont la surface d'ensemble comprend environ 50,000 feddans.

La longueur développée des rigoles d'amenée atteindra environ 56 kilomètres, et celle des rigoles auxiliaires environ 80 kilomètres.

L'exécution comporte trois catégories bien distinctes, que nous désignerons ainsi :

Section première. Terrassements.

Section deuxième. Terrassements.

Ouvrages d'art dans les deux sections.

La première section est comprise entre le kilomètre 0, à la prise d'eau d'Ismaïlich, et le kilomètre 36, où commencent les lacs Menzaleh ; cette section première a donc un développement de 36 kilomètres.

Le travail à exécuter se constitue de remblais et déblais dont le transport rentre dans les conditions normales, sauf pour un seul endroit situé vers le kilomètre 25, à la traversée des anciens lacs Balah, où une couche de gypse d'un mètre environ d'épaisseur affleure le sol.

Ce gypse est d'une excellente qualité : nous en avons fait faire l'analyse à l'École des mines de Paris, ainsi que par un chimiste spécial, et les résultats ont été à peu

près semblables; ils ont donné les bases suivantes pour
100 parties :

Eau totale.	21 . »	
Chlorure de sodium.	0.25	
Sulfate de soude.	0.16	100
Sulfate de chaux.	78.50	
Silice, alumine et oxyde de fer.	0.09	

Comme on le voit, ce gypse est un sulfate de chaux
presque pur, puisque, en dehors de l'eau qui s'évapore à
la cuisson, il ne reste que 0,50 de matières étrangères; il
est donc riche en sulfate de chaux et le peu de chlorure
de sodium qu'il contient pourra facilement disparaître au
moyen d'un lavage à l'eau que l'on aura à proximité et en
abondance par le canal projeté; ce plâtre ainsi épuré sera
d'un emploi facile en Égypte. Car jusqu'ici le plâtre du
pays n'est pas beaucoup employé à cause de ses impuretés
et des efflorescences salines qu'il produit.

Nous avons fait passer le tracé du canal dans la plus
petite largeur du lac Balah, parce que, pour assurer la
solidité des berges, il y aura nécessité d'affouiller tout ou
partie de leur emplacement, d'enlever la couche de gypse
et de la remplacer par du sable pur pour former ainsi
toutes les berges de cette partie qui est en remblais,
malgré l'augmentation de dépenses qui en résultera.

La situation toute spéciale du tracé à travers le désert
obligera à recourir à un moyen quelconque pour alimenter
d'eau douce les chantiers, ainsi que pour le transport du
matériel, soit au moyen de petites rigoles parallèles au
canal projeté, soit par l'établissement de machines refou-
lantes avec tuyaux de conduite d'eau, ou par la création
d'une voie ferrée avec wagons et caisses; la dépense sera
sensiblement la même.

La voie ferrée servira en même temps au transport du matériel et des ouvriers, en outre, cette voie pourrait servir par la suite à relier Port-Saïd, il y aurait donc avantage à adopter ce dernier moyen.

La deuxième section est comprise entre le kilomètre 36 et le kilomètre 82 + 942, c'est-à-dire jusqu'à son débouché à la mer à Port-Saïd, elle a une longueur développée de 46.942 mètres.

Le travail à exécuter dans cette section est le plus difficultueux, mais il est également uniforme. Il se constitue essentiellement de remblais pour la formation des deux berges qui doivent endiguer le canal dans son parcours au travers des lacs Menzaleh.

Deux moyens d'exécution sont en présence : l'un consisterait à draguer, parallèlement au canal projeté, la quantité de terre nécessaire pour former les deux digues.

L'autre, au contraire, consisterait à élever les deux digues au moyen de sable pur emprunté ailleurs et transporté par wagons et machines.

La qualité et la nature des couches qui constituent le sol des lacs (terre plastique ou très liquide) et le souvenir encore présent des difficultés rencontrées lors de l'exécution du canal maritime pour la formation des berges dans cette région, alors qu'il ne s'agissait que d'endiguer un plan d'eau presque en équilibre avec celui des lacs, doivent faire redouter d'en rencontrer de bien plus grandes encore puisqu'il s'agit dans le cas présent de retenir un plan d'eau dont l'altitude sera de 2 mètres environ au-dessus de celui des lacs Menzaleh. C'est pourquoi, nous avions pensé déjà, dès le premier projet que nous avons eu l'honneur de vous adresser en décembre 1869, à confectionner les digues au moyen de sable pur transporté par wagons malgré l'énorme distance à parcourir pour aller le quérir au seul emplacement possible, près de Kantara.

Ce mode, d'ailleurs, offre encore cet avantage immense pour la solidité et la résistance des berges : que, le travail s'effectuant par relevages et ripages successifs de la voie ferrée, il se produira par l'effet du roulement de l'énorme poids des machines et wagons chargés un damage général qui donnera cohésion et affinité immédiate aux déblais et, par conséquent, toute sécurité, tandis que le déblai dragué est loin d'offrir ce résultat ; il ne peut d'abord être déposé dans l'emplacement même du type des berges, sa fluidité l'étendrait en outre fort loin malgré la possibilité d'établir préalablement un bourrelet et, par conséquent, nécessiterait l'obligation de le reprendre à nouveau ; ensuite il met longtemps à sécher, puis, lorsqu'on peut le reprendre, il se détache par mottes et les ouvriers le déposent ainsi. Il se produit alors un foisonnement dangereux que la plus active surveillance ne peut parvenir à éviter. Il est donc prudent de prévoir ces éventualités et de prévenir les désastres qui résulteraient d'une rupture des digues du canal au milieu des lacs Menzaleh !

Il faut chercher à s'en garantir, et le seul moyen pratique que nous entrevoyions est de former les digues fortes et larges au moyen de sable pur transporté par wagons et machines, d'autant plus que, si le gouvernement, comme il est vraisemblable de l'admettre, adoptait l'idée de relier Port-Saïd au réseau de l'État, la voie serait toute posée à la fin des travaux et le matériel, qui dans ce but final serait du même type que celui du gouvernement lui-même, pourrait lui être cédé.

Néanmoins, comme la dépense est peut-être un peu moindre pour la formation des berges par dragages que par le sable transporté en wagons et que ce premier moyen est préconisé par M. l'ingénieur en chef de la Compagnie de Suez qui a donné son avis, en cette circonstance, en se basant sur les résultats qu'il obtient au moyen de batardeaux qu'il emploie pour retenir les eaux, dans la construction des perrés maçonnés sur les risbernes du canal maritime (ces batardeaux n'ont que 1^m,50 de largeur), il pense qu'une berge de la dimension et du poids de celle adoptée pour le canal Tewfickieh supporterait parfaitement la poussée et résisterait. En théorie c'est possible, mais en pratique, ainsi que nous l'avons déjà énoncé, il y a à tenir compte des malfaçons inévitables qui empêcheront l'homogénéité des terres remblayées, en outre de la *crainte continuelle des glissements* qui, certainement, se produiraient par l'effet du vide de la cuvette qui serait formée latéralement à une faible distance des berges par suite des dragages pour les emprunts de terres; c'est alors que le moindre glissement entraînerait de graves mécomptes et de grandes dépenses.

Toutefois, nous avons dû tenir compte de l'idée (tout en ne la partageant pas), parce que, dans l'hypothèse de former complètement les digues avec les dragages, il nous a paru possible d'employer un moyen mixte qui consisterait à draguer d'abord pour avoir assez de déblais afin de former simplement au milieu de chacune des digues un bourrelet ou corroi argileux, comme l'indique le croquis ci-contre en *a*, mais à condition, bien entendu, de le réduire aux plus strictes dimensions afin de diminuer la cuvette que fera latéralement la drague pour l'emprunt des terres et que les dimensions du couloir des dragues obligeront malheureusement à faire toujours très près du pied du cavalier des berges, ce qui nous fait craindre de voir se produire des glissements, danger que nous avons déjà signalé et que nous redoutons par-dessus tout.

Ce bourrelet *a* doit avoir triple but : d'abord, celui de diminuer la dépense; ensuite, de servir à l'étanchéité des berges; puis enfin, après son achèvement et les terres asséchées, d'y poser les rails de la voie ferrée pour continuer

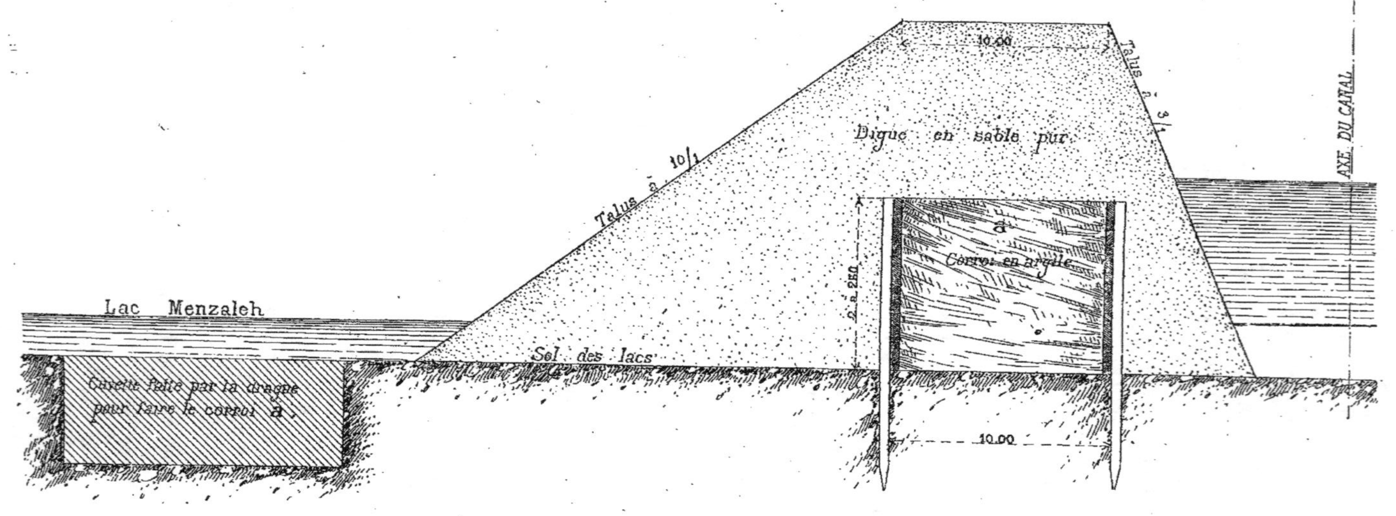

AXE DU CANAL
Talus à 3/1
10.00
Talus à 10/1
Digue en sable pur
Corroi en argile
2 à 2.50
10.00
Sol des lacs
Lac Menzaleh
Cuvette faite par la drague pour faire le corroi a

le remblai au moyen de sable pur et porter la berge aux dimensions et types adoptés, de sorte qu'en procédant ainsi, s'il y a eu des malfaçons dans le remaniement des terres du corroi *a*, le roulement des trains les fasse disparaître.

NOTA. — Au sujet des types des berges dans la traversée des lacs, nous avions proposé de donner aux berges une banquette de 10 mètres de largeur à l'Ouest et de 8 mètres à l'Est et une hauteur de $1^m,50$ au-dessus du plan normal des hautes eaux ; mais les ingénieurs de la Compagnie s'y sont opposés, et le type adopté a réduit à 5 mètres la banquette Ouest et à 8 mètres celle de l'Est ; cette largeur de 8 mètres a été admise dans l'éventualité de recevoir ultérieurement la voie ferrée qui reliera Port-Saïd au réseau égyptien.

Cette mesure pour la berge Ouest est regrettable, parce que cette berge sera la plus exposée aux coups de vents et marées ; mais elle a paru s'imposer aux ingénieurs de la Compagnie devant l'économie de la dépense. Il y aura lieu alors, dans l'avenir, de porter la plus grande attention à la berge Ouest, car les effets des trombes et des orages sont terribles ; toutefois, comme une grande partie du lac (du canal Tewfickieh au canal maritime) sera asséchée, il sera probablement possible d'y faire des emprunts pour réparer la berge Ouest, le cas échéant. Mais nous tenions, pour sauvegarder notre responsabilité, à vous signaler les craintes que nous entrevoyons dans l'avenir pour la conservation et la bonne tenue des berges.

Le développement total du canal dans la deuxième section est de 46,942 mètres représentant avec le type adopté un cube de. . . . . $7.133.000^{m3}$

L'adoption du moyen mixte qui vient d'être décrit permet de scinder le chiffre du cube ci-dessus énoncé en deux fractions ainsi réparties :

1° Le corroi à former par les dragues et pour les 2 digues s'élèvera au chiffre de. . . . .   2.133.000^{m3}

2° Le recouvrement du corroi et la confection des berges au type adopté restera de. . . . .   5.000.000^{m3}

La première phase d'exécution, qui comprend le travail à faire au moyen des dragues, devra être poussée avec activité afin de ne pas retarder le travail à faire par les wagons ; cependant, comme ce mode d'exécution au moyen des dragues pour la première phase n'a pour but que d'économiser les dépenses, il y a lieu de ne pas exagérer le nombre d'engins à employer.

A cet effet, il conviendra de ne considérer le travail à faire que pour une berge et de prévoir alors le même matériel pour faire le travail de la seconde ; par conséquent, nous n'aurons à considérer que la moitié du chiffre ci-dessus indiqué, soit. . . . .   1.066.500^{m3}

Nous avons donc à délimiter le nombre de dragues à employer dans un temps déterminé pour exécuter le cube de. . . . .   1.066.500^{m3}

Nous prendrons un an comme délai maximum. En admettant qu'une drague de la puissance de celles qui seront adoptées produise 1,000^{m3} par jour, nous obtiendrons, pour 25 jours de travail effectif par mois, un cube annuel de trois cent mille mètres cubes, ci. . . . .   300.000^{m3}

$$\frac{1.066.500}{300.000} = 4.$$

C'est donc quatre dragues qu'il sera nécessaire d'employer.

La hauteur de l'eau dans les lacs ne permettant pas de faire flotter les dragues toutes montées et appareillées, les coques seules seront amenées à leur place respective et ensuite munies de leurs accessoires ; elles seront placées à chacune des extrémités, l'une à Port-Saïd, l'autre au kilomètre 36, et les deux autres au milieu vers le kilomètre 60.

Elles fonctionneront en allant à la rencontre l'une de l'autre dans chaque sens.

Ainsi pour la deuxième berge.

L'importance du matériel à prévoir sera le suivant :

4 dragues complètes et armées.

8 chalands en fer.

2 canots à vapeur.

3 remorqueurs.

Ateliers, outillages divers, caisses à eau, citernes, etc.

Le temps à prévoir pour la livraison du matériel et pour sa mise en marche doit être évalué à une année environ ; par conséquent, le travail à faire au wagon ne pouvant commencer qu'après le passage des dragues, il en résultera un retard dans l'attaque de ce travail, puisqu'il faudra le même temps au moins pour livrer et monter le matériel des wagons que pour celui des dragues et que le dragage de la première digue nécessitera un an. Cependant ce retard sera un peu atténué, attendu que, pendant le temps du montage du matériel, il y aura, pour le travail au wagon, à préparer les cunettes d'emprunt ainsi que les voies de raccordement pour aller de la charge à la berge à remblayer, et qu'il sera possible, au fur et à mesure de l'avancement de la première drague au kilomètre 36, de poser les voies au fur et à mesure également que le déblai dragué sera assez ferme pour être repris, de même que préalablement on aura préparé les cunettes d'emprunt aux emplacements à occuper par les 4 dragues respectivement.

Le travail au wagon nécessitera, comme on l'a vu déjà, un énorme transport; car, d'après les relevés topographiques et l'examen du plan et des lieux environnant les lacs, nous avons reconnu qu'il n'y avait la possibilité d'emprunter le sable que vers le mamelon situé en face le kilomètre 30 à l'Ouest du tracé et à la distance d'environ 6 kilomètres de ce tracé (entre Kantara et Tel-el-Daphné). Nous avons fait exécuter un relevé spécial sur ce point et constaté que le mamelon qui servirait à l'emprunt représente un cube d'environ 20,000,000 de sable pur; nous avons donc toute certitude en prévoyant l'établissement des lignes ferrées sur ce point.

Le parcours du transport sera d'environ 60 kilomètres de l'emprunt à l'extrémité du canal de Port-Saïd.

Afin de ne pas non plus augmenter ici le matériel, nous procéderons au travail en faisant les berges l'une après l'autre.

Quels seront donc les besoins du matériel par rapport à ce qu'il sera possible d'employer en opérant sur une seule voie à la fois, ainsi que le temps nécessaire pour l'exécution complète de la quantité de mètres cubes restant à faire et qui s'élève au chiffre de 5,000,000.

En procédant par analogie, et prenant pour exemple un travail similaire exécuté par nous-même, en 1871, pour le canal Ismaïlieh à sa traversée dans le marais d'Abasceh près d'Abou-Hamet, travail qui a nécessité le transport des déblais par wagons et machines pour la formation des digues, nous aurons dès lors une base sérieuse pour nos évaluations, car la seule différence qu'il y ait dans le cas cité par rapport à celui qui nous occupe, c'est que, pour le chantier d'Abou-Hamet, le parcours moyen des transports n'a pas dépassé 7 kilomètres, tandis qu'il dépasse 60 kilomètres dans le cas présent.

Nous avions trois locomotives du Creusot de chacune

60 chevaux de force; il y en avait deux en fonction et la troisième pour rechange. Nous avions en outre 100 wagons à marchandises (cédés par le gouvernement et modifiés par nous pour les adapter aux terrassements); ils avaient chacun une capacité de 7 mètres cubes.

40 wagons étaient affectés à chacune des machines pour former deux trains de 20 wagons; il y avait ainsi 80 wagons en activité avec les deux machines locomotives; les 20 autres wagons restaient à l'atelier pour les réparations et pour parer aux rechanges.

Chacune des locomotives remorquait donc 20 wagons chargés de 7 mètres cubes chacun, soit au total 140 mètres cubes par voyage, et chacune d'elles a pu atteindre quelquefois jusqu'à 14 voyages par jour; mais la moyenne, pour les *vingt-cinq jours effectifs de travail par mois*, n'a jamais dépassé 69 à 70,000 mètres cubes pour les deux machines, et nous n'avons nous-même obtenu ce chiffre qu'à l'aide d'une prime de 100 p. 100 des appointements pour les employés mécaniciens et surveillants, et une augmentation de 50 p. 100 également aux ouvriers terrassiers pour les deux derniers voyages, c'est-à-dire pour le treizième et le quatorzième voyage de la journée. Toutefois, la moyenne des voyages n'a été que de 10 pour une journée de travail.

Dès lors, si nous prenons la moyenne des 12 voyages par jour (ce qui représente 42,000^{m3} par mois et par machine), nous serons dans les conditions maximum, difficiles à atteindre il est vrai, mais enfin susceptibles de l'être.

Nous pouvons donc poser la proportion suivante :

$$7 : 42,000 :: 60 : x, \text{ soit } 4,900^{m3}.$$

C'est-à-dire qu'une machine qui pouvait produire à

Abóu-Hamet 42,000^{m3} par mois avec un parcours de 7 kilomètres, n'en produirait plus, dans le cas qui nous occupe,
que 5,000 environ pour un parcours de 60 kilomètres,
soit alors environ un train et demi seulement; mais il y a
lieu de tenir compte que nous aurons moins d'arrêts, puisqu'il y aura moins de trains; aussi, quoique nous ayons
compté sur la moyenne de 12 trains au lieu de 10, nous
croyons pouvoir porter au double le coefficient mensuel
du rendement et l'élever au chiffre rond de 10,000^{m3} par
mois et par machine, parce que nous pensons appliquer
à l'exécution l'idée philanthropique des primes mensuelles
qui associent ainsi l'ouvrier à la marche rapide du travail
et élève en même temps son bénéfice et son bien-être. A
Abou-Hamet, nous avons vu ce résultat magnifique que
la prime accordée élevait la journée des ouvriers de 2 fr. 50,
taux normal des bons tâcherons, à celui de 5 et 6 francs, et
cela pendant plus de 6 mois consécutifs, ce qui nous a
permis d'achever nos travaux beaucoup plus tôt.

Nous avons vu plus haut que la première année sera
employée à la commande du matériel, à son arrivée et
montage sur place, à la construction des logements, ateliers, magasins, etc.; nous venons de voir, en outre, que
le travail au wagon ne peut commencer qu'après le travail
des dragues, lequel est soumis lui-même à l'observation
précédente pour la commande, la livraison et le montage
sur place.

Il y a lieu, par conséquent, de prévoir environ 18 mois
avant de pouvoir commencer le travail effectif au wagon.

Aussi, avec la base de 10,000^{m3} par mois que nous
venons d'adopter pour le travail d'une machine et l'obligation que nous nous sommes imposée, par mesure d'économie, de ne remblayer les berges que l'une après l'autre
et l'impossibilité ensuite, par l'effet de cette mesure, de ne
pouvoir faire circuler librement sur une seule voie beau-

coup de machines à la fois, nous avons dû limiter ces dernières au nombre de huit. Il résulte donc de l'ensemble de ces considérations que le chiffre du cube à pouvoir faire annuellement sera d'environ 1,000,000.

Nous avons déjà reconnu qu'il restait à faire au moyen des wagons un cube de 5,000,000; le travail entier nécessitera donc cinq années, soit, avec la période préparatoire de 18 mois déjà citée, une durée totale de six années et demie qu'il est indispensable de prévoir pour achever le canal depuis le jour où les travaux seront commencés jusqu'au jour de leur achèvement. On peut toutefois espérer gagner six mois sur ces prévisions, mais on devra compter réellement sur une durée de six années si l'on se borne au matériel indiqué.

Le matériel à prévoir sera le suivant :

Dix locomotives, dont 2 de rechange.

360 wagons (à marchandises, type du chemin de fer égyptien modifiés provisoirement pour terrassements), dont 40 de rechange.

70 kilomètres de voie ferrée de 36 kilogrammes le mètre simple, y compris éclisses, traverses, boulons, aiguilles, etc.

OUVRAGES D'ART

Ils sont de deux sortes : 1° ceux spéciaux au canal lui-même, et 2° ceux pour l'arrosage des bassins de culture et pour l'alimentation des garages du canal maritime.

Ouvrages d'art spéciaux au canal Tewfickieh.

1° Prise d'eau à l'origine du canal Ismaïlieh.

Cet ouvrage sera maçonné avec chaux du Teil ; la pile

du milieu et les deux culées seront munies de rainures pour poutrelles mobiles. Pont en fer au-dessus pour le chemin de halage du grand canal Ismaïlieh, perrés maçonnés avec radier de béton pour l'ensemble de 1 mètre d'épaisseur.

2° Un pont en fer fixe pour le passage du chemin de fer du Caire à Suez; piles et culées en maçonnerie avec radier, comme à l'ouvrage précédent, y compris changement provisoire des voies ferrées actuelles; terrassements pour icelles et ragréement.

3° Un ouvrage maçonné *idem,* ventelles mobiles en fer avec treuil, pour la première retenue au kilomètre 32.

4° Un ouvrage identique pour la deuxième retenue au kilomètre 36, sauf quelques modifications pour les terrassements.

5° Un ouvrage semblable pour retenue *éventuelle* au kilomètre 60.

6° Un ouvrage *idem* pour la troisième retenue à Port-Saïd, avec pont en fer pour le chemin du quai Eugénie.

7° Trois maisons d'habitation pour les gardiens.

Ouvrages d'art spéciaux aux cultures et à l'alimentation.

Ces ouvrages, ainsi que nous l'avons indiqué dans le cours du présent rapport (Art. 5), étant le corollaire obligé des travaux à faire pour le défrichement et la mise en culture, feront l'objet d'une description ultérieure.

Nous n'avons pas cru devoir entrer ici dans le détail du prix de revient, puisqu'il peut varier considérablement suivant l'hypothèse adoptée; mais on peut voir toutefois que, quelle que soit celle adoptée, l'ensemble de la dépense ne sera pas sensiblement élevé (25,000,000 environ), et qu'il sera en outre notablement atténué en ce sens qu'il y a lieu d'admettre l'éventualité où le gouvernement égyptien adopterait d'idée de relier Port-Saïd au réseau de l'État. Nous l'avons déjà prévue dans le présent rapport en signalant que la berge *Est* avait sa banquette portée à 8 mètres, tandis que la berge Ouest n'en avait que 5 ; c'est donc un surcroît de dépenses que la Société s'imposerait dès maintenant et dont il y a lieu de tenir compte.

Quelle serait donc l'indemnité que la Société serait en droit de réclamer pour céder au gouvernement l'usage de la berge *Est ?*

Eu égard d'abord à la difficulté toute spéciale d'élever des digues au travers des lacs Menzaleh et considérant que, tout récemment, une commission de notables de Port-Saïd évaluait à 140,000 francs le kilomètre (prix minimum de l'Europe) pour la voie ferrée qu'ils projetaient par Damiette en longeant les bords de la mer, où les terrassements sont presque nuls, il y aurait lieu, dans le cas qui nous occupe, d'élever au quadruple le chiffre ci-dessus ; mais, dans l'intérêt général que vous considérez toujours et avant tout, ainsi que dans le but de conciliation avec le gouvernement et malgré qu'il soit tenu moralement et effectivement lui-même de contribuer à donner l'eau douce ainsi qu'à relier à ses voies ferrées une ville égyptienne, qui a, comme les autres, le droit de compter sur sa sympathie et sa bienveillance, « d'autant mieux qu'elle donne par sa douane un revenu assez notable au budget de l'État », nous vous proposerons donc de n'évaluer qu'à 100,000 francs par kilomètre le chiffre unitaire à réclamer à titre d'indemnité au gouvernement.

Alimentation du canal Tewfickieh.

Nous avons vu déjà que le grand canal Ismaïlieh, dans l'état où il se trouve aujourd'hui, alimenterait facilement

la nouvelle branche de dérivation projetée par Port-Saïd ;
dès lors, il y suffirait encore bien mieux s'il était achevé au
type dans tout son parcours et qu'il fût ensuite entretenu
régulièrement ; car, en dehors des apports qui se sont produits depuis sa mise en eau vers Sériakos, Bulbeis et
Gawarneh, il y a vers Zawamelle une partie encaissée
dans le massif rocheux du plateau qui n'a jamais été mise
au type : aussi y a-t-il grande opportunité à ce que cette
situation cesse pour rendre le débit plus régulier.

A cet effet, nous croyons qu'il y aurait double intérêt à
ce que la Société elle-même du canal Tewfickieh fût chargée du soin d'achever ce canal, et de l'entretenir ensuite
au moyen d'un accord avec le gouvernement ; ce dernier y
gagnerait toute tranquillité et l'isthme toute sécurité. C'est
dans l'expectative d'être préparés à ce but que nous venons
de procéder au relevé du canal Ismaïlieh, d'Ismaïlia au
Caire, afin de reconnaître son état réel d'entretien à ce
jour.

La réparation de la prise d'eau de Kasr-el-Nil, le curage
du bief dans la traversée du Caire et la mise au type du
canal entier, la disjonction des deux branches de Choubrah
et de Kasr-el-Nil à l'Abasceh, la prolongation de la branche
de Choubrah dans les canaux de la province, ou sa prolongation par une nouvelle branche spéciale, etc., pourraient
être effectués dans la période des deux ans et demi que
nous avons prévus pour l'ouverture de la première section
du Tewfickieh ainsi que pour sa mise en eau.

A cette époque, le canal Ismaïlieh serait rendu à sa
première destination de n'alimenter à peu près que la
province de l'Isthme, à laquelle il suffirait largement, et la
province de l'Est y aurait gagné un contingent d'eau
considérable.

Le type du canal projeté, le Tewfickieh, a été adopté
en conformité de celui de la branche de Suez ; son débit

théorique représente environ 600,000^{m3} par 24 heures aux hautes eaux et 250,000 environ aux basses eaux.

Malgré ce contingent relativement faible, nous avons l'espérance d'arroser au delà de 45,000 feddans que nous avons pu déterminer dans les huit bassins de culture que nous avons déjà énoncés, parce que nous avons, en outre, espérance de pouvoir utiliser pendant les hautes eaux, avec le contingent fourni par le canal Tewfickieh, une certaine quantité d'eau de la branche Pélusiaque près de Tel-el-Daphné au moyen d'une retenue et d'un siphon, au lieu de laisser perdre cette eau inutilement dans les lacs Menzaleh, comme cela se passe aujourd'hui.

Nous conduirions une partie de cette eau dans la vaste plaine qui sera obtenue par le dessèchement déjà indiqué entre le canal projeté et le canal maritime de Kantara à Port-Saïd, pour servir à dessaler par inondation et ensuite pour irriguer les plantations d'arbres en forêt dont nous parlerons plus loin.

Des sondages pratiqués sur cette plaine, qui est recouverte par l'eau du lac aux époques des crues du Nil, nous ont permis de reconnaître que jusqu'à plusieurs mètres de profondeur le terrain n'était constitué que de terres provenant des apports du Nil, et très compactes, car nous avons pu descendre les sondages jusqu'à 1^{m},50 sans que l'eau d'infiltration ne devienne une gêne aux ouvriers. Il y a donc lieu d'en déduire que des arbres trouveront dans ce sol vierge une abondance d'azote et de matières organiques suffisante à leur prompt développement.

Nota. — Le dessèchement de cette partie aujourd'hui en communication avec le lac Menzaleh, quoique peu profonde, abonde en poisson; la compagnie devra prendre alors une importante mesure hygiénique en faisant à temps enlever le poisson qui sera emprisonné dans cet espace après la constitution des digues du canal et que l'évaporation mettra vite à sec. Nous évaluons la quantité de poissons ainsi captés à 1,000,000 de kilogrammes environ ; on peut à cet effet envisager qu'il en résultera probablement une recette effective assez importante pour la Société.

Aperçu approximatif des revenus probables.

Ils se constituent de 3 catégories distinctes :
1° La location des terres de cultures ;
2° L'exploitation du gypse ;
3° La culture des arbres en forêt.

D'après l'examen du plan topographique, il y a lieu d'admettre que nous rencontrerons les dispositions, si recherchées en Égypte, d'un arrosage naturel, ainsi que celles non moins précieuses de l'évacuation naturelle des eaux de drainage après l'arrosage.

L'altitude du sol des divers bassins de culture nous en a démontré la possibilité ; c'est ainsi, d'ailleurs, que les bassins ont été délimités et classés suivant la nature du terrain rencontré ; aussi avons-nous le ferme espoir d'obtenir un excellent résultat, d'autant plus que les terres dont il s'agit sont comprises dans les limites de la *fameuse vallée de Gessen*, dont les historiens ont tant vanté la prodigieuse fertilité.

D'après divers renseignements puisés à Bir-Abou-Ballah ainsi qu'à Tel-el-Kébir, nous avons reconnu qu'il y avait certaines parties dont la location annuelle atteignait jusqu'à 6 livres égyptiennes le feddan, sans descendre jamais au-dessous d'une livre pour les terrains de médiocre qualité ; or le domaine de l'Ouady est administré par les wafs qui n'ont pas la réputation d'être bien exigeants.

A Bir-Abou-Ballah même, où le sol est devenu marécageux depuis 7 à 8 ans, il y a encore cette année, malgré cette mauvaise disposition, des sous-locations de terre à 4 livres le feddan. Il n'est d'ailleurs pas rare de voir en Égypte, dans les conditions exposées ci-dessus, des locations atteindre jusqu'à 10 livres le feddan.

Pour ce qui nous concerne, je rappellerai que, lors de la période des études, nous avons eu des propositions, toutes spontanées, de la part de chefs bédouins et pour certaines régions du canal projeté à raison de 5 livres le feddan ; or, il est évident que ces terrains-là en vaudraient davantage, je ne cite le fait que pour faire remarquer que non seulement les terrains à mettre en culture seront fertilisables et fertiles, mais que l'immigration des cultivateurs ne peut laisser aucun doute pour un rapide peuplement par l'élément bédouin principalement qui, de nomade et épars aujourd'hui depuis Ghaza jusqu'en Syrie, viendrait s'établir et demeurer sédentaire et constituerait en même temps pour l'Égypte une augmentation de population active, laborieuse et économe qui donnerait au gouvernement un revenu notable tout en augmentant la fortune publique du pays.

Malgré les chiffres indiqués ci-dessus, nous sommes d'avis qu'il convient, afin de ne pas avoir de mécomptes ultérieurement et surtout pour les premières années, de ne prendre pour base que les prix les plus modestes et évaluer ainsi le rendement probable :

        10,000 feddans à 3 livres.
        10,000   —   2 —
        10,000   —   1 livre 1/2.
        10,000   —   1 napoléon.
         5,000   —   1/2 —

soit 2 napoléons en moyenne le feddan, et nous avons

vu que la moyenne des locations de l'Ouady atteignait 3 napoléons et demi (250 PT). Le chiffre ci-dessus est donc susceptible d'augmenter en moyenne de 100 PT par feddan au minimum. Car, on ne saurait assez le répéter, ces terrains doivent être classés parmi les meilleurs d'Égypte, d'autant plus qu'en dehors de la disposition de fertilité du sol, de la facilité d'irrigation et d'écoulement des eaux, il y a pour l'exportation des produits cette particularité qui a le plus grand prix : c'est que, placés près de la plus grande voie maritime, ils s'expédieront sans frais appréciables.

En outre de cette source principale de revenus, il y a aussi celle non moins appréciable également et qui commencera de suite à donner des résultats dès la première année des travaux : l'exploitation du banc de gypse dont l'importance est considérable.

Les calculs auxquels nous nous sommes livré nous ont démontré que le banc seul actuellement constaté et reconnu dont la surface affleure le sol, représente environ 40,000,000 de mètres cubes, c'est, d'après l'analyse qui a été faite une quantité effective de 31,000,000 de mètres cubes de plâtre pur ou 35,000,000 de tonnes !

Le plâtre du pays qui est exploité au Caire est peu abondant et de mauvaise qualité ; il se vend 28 francs la tonne, et le plâtre d'Europe, qui a un grand débouché pour les travaux soignés, atteint jusqu'à 50 francs la tonne.

D'après nos renseignements, la fabrication actuelle atteindrait environ 500 tonnes par jour en Égypte avec les moyens imparfaits que l'on possède.

Il est évident que si le plâtre du pays était de meilleure qualité et qu'il coutât moins cher, son emploi serait beaucoup plus fréquent et recommandé. Il y a donc là un débouché facile de ce produit, d'autant plus que, contrairement aux autres plâtres du pays, l'analyse de celui dont nous entrevoyons l'exploitation a constaté que le chlorure de sodium ne s'y trouvait qu'en quantité infinitésimale. (Nous avons en outre fait des expériences en le faisant cuire et gâcher, et les échantillons ainsi obtenus nous ont donné les meilleurs résultats.)

Une exploitation faite en grand, avec les moyens perfectionnés du jour et conduite avec intelligence, offrirait de grandes ressources et serait fructueuse, car le plâtre de Paris qui est exploité en galeries à grands frais et grevé en outre des frais d'octroi, se vend couramment 20 francs la tonne et laisse forcément un bénéfice au fabricant d'au moins 20 p. 100.

A priori, on peut donc espérer réaliser au minimum 8 à 10 francs par tonne, tout en le vendant pur et meilleur marché que celui exploité au Caire, où, malgré le prix de 28 francs la tonne auquel on le livre, il est encore, *au su de tout le monde, mélangé d'un quart de sable.*

En outre de son emploi pour les constructions, son usage s'adapterait très bien à l'agriculture à laquelle son utilisation rendrait les plus grands services.

Chacun sait l'expérience fameuse de Franklin, qui, pour convaincre ses concitoyens de l'efficacité de cet amendement, traça largement sur l'herbe d'une prairie, avec du plâtre répandu, ces mots « *Ceci a été plâtré* » ; si bien que la récolte étant venue à maturité, les mots tracés avec le plâtre se manifestaient par une si riche végétation que tout le monde en fut émerveillé.

L'action du plâtre s'exerce avec grand avantage sur un grand nombre de plantes, principalement la luzerne (ou bersime), les pois, les fèves, les haricots, les lentilles, le lin, etc., et en général sur toutes les plantes légumineuses.

Voici, à ce sujet, comment s'expliquait dernièrement un chimiste agronome, président d'un comice agricole, M. Bidault, dans la gazette *l'Agriculteur français,* sur le sulfate de chaux, vulgairement dit le plâtre.

« Le plâtre est le plus soluble, il donne aux plantes la
« chaux sous la forme la plus assimilable, avec l'avan-
« tage de ne pas volatiliser l'azote des autres matières
« d'engrais ; sur les sols argilo-siliceux, il favorise la mise
« en liberté de l'ammoniaque et force l'argile à céder les
« éléments de fertilité happés et absorbés par elle, il est
« en outre par son acide un stimulant sur la végétation. »

Son emploi doit s'effectuer lorsque la plante a déjà
acquis un certain développement, il se jette à la volée après
une pluie ou de grand matin, pendant que la rosée est encore sur les feuilles, afin que son effet ait toute son action.

Il en faut en général 4 à 500 kilos par hectare ou
250 kilos par feddan. On voit que son emploi en agriculture
serait susceptible d'un grand développement, tout en
rendant au pays un immense service.

Les bestiaux font défaut en Égypte, et c'est grand
dommage ; chacun s'en est ému. Or faciliter la culture des
plantes fourragères, c'est encourager l'élevage et, par l'élevage, recréer cette nouvelle source de force et de richesse
à la fois si féconde partout et qui s'appliquerait avec d'autant
plus de certitude de succès en Égypte, qu'elle se combi-
nerait avec les mesures générales d'hygiène qu'il est si
opportun d'appliquer dans les villages, surtout pour éviter
le retour de ce terrible fléau, l'épizootie.

Dans ce même but de venir en aide à l'agriculture, nous
ajouterons également ici un autre passage de l'étude déjà
citée, ayant trait aux phosphates de chaux dont le pays
possède quantité de riches dépôts naturels et qu'on laisse
malheureusement depuis longtemps exporter.

Voici comment s'exprime M. Bidault :

« Qu'est-ce que le phosphate de chaux ?
« Vous avez entendu parler du phosphore, vous le voyez

« au bout d'une allumette, c'est un poison violent que l'on
« retire des os des animaux et d'autres corps.

« Le phosphore existe dans tout ce qui se boit et se
« mange, et s'il n'empoisonne pas, c'est que sa noire
« malice a été corrigée. Comment? le voici : on brûle du
« phosphore comme vous brûlez une allumette.

« Les blanches et épaisses fumées qui se dégagent si
« désagréablement, se résolvent par l'humidité en un
« liquide nommé *acide phosphorique* aussi dangereux que
« le phosphore d'où il provient, cet acide phosphorique
« incapable de brûler et capable de ronger les chaînes,
« devient en s'associant à la chaux un produit bienfaisant,
« une bonne poussière blanche, un *phosphate de chaux.*

« Les os sont la partie du phosphore associé à la
« chaux.

« Puisqu'il y a du phosphate dans tout, c'est donc un
« élément indispensable, et tout arbre, toute plante doit
« le trouver dans le sol pour prospérer, comme aussi tout
« animal pour former sa charpente osseuse, doit le trouver
« dans le lait, dans la farine, le foin, les pâturages qui
« l'empruntent au sol; aussi peut-on dire avec raison que
« si *dans certains pays les animaux ont un faible développe-*
« *ment et sont de petite taille,* c'est que le terrain est pauvre
« en phosphate de chaux. »

Cette déduction que tire de ce fait le savant agronome
nous a vivement frappé et nous a amené à nous demander si pour l'Égypte (où les races animales indigènes
sont si petites et relativement peu rustiques et où les races
européennes importées s'étiolent si rapidement), il n'y
aurait pas vraisemblance d'adaptation de cette doctrine
comme cause principale du motif qui influe sur le dépérissement des espèces en Égypte.

C'est un problème fort délicat dont la solution pleine

d'intérêt et d'actualité s'impose comme un devoir à l'attention des hommes spéciaux et soucieux de l'intérêt du pays, car si des expériences et des observations qui seront faites corroboraient l'affirmation de ce phénomène, cette découverte aurait incontestablement d'heureuses conséquences par l'emploi plus fréquent de cet élément régénérateur dont l'Égypte possède certainement de considérables dépôts, soit par les énormes carrières de la haute Égypte, soit aussi par les carrières de fossiles qui peuvent se rencontrer en assez grande quantité dans la chaîne du Mokatam, où nous-même avons rencontré quantité d'ammonites fossiles d'une grosseur prodigieuse, lors de notre exploitation de la carrière de El-Douaïa près du Caire, pour la construction des ouvrages d'art du canal Ismaïlieh.

Ces phosphates fossiles seraient facilement broyés au moyen des établissements hydrauliques dont nous avons parlé et que l'on disposerait en quantité par la création des barrages, de même que ces barrages permettraient de répandre plus régulièrement les eaux du Nil par inondation sur les terrains du Delta, au grand avantage non seulement des terres, puisque nous venons de voir que l'acide phosphorique est non seulement nécessaire à la culture, mais qu'il est indispensable, et que nous avons vu au tableau du docteur Letheley sur l'analyse de l'eau du Nil, cité à la page 69, que cette eau contient une notable quantité d'acide phosphorique.

En admettant que pour la première année nous n'exploitions que sur une moyenne de 200 tonnes par jour nous aurions une source de revenus de plusieurs centaines de mille francs.

Création d'une forêt.

Dans la partie qui sera asséchée entre le canal projeté et le canal maritime, où, comme nous l'avons déjà fait remarquer dans le présent rapport, le terrain est d'excellente qualité, l'on pourrait créer une forêt en y plantant des arbres d'une essence spéciale, tels que le filaô, l'eucalyptus, etc., lesquels poussent très bien sur les bords de la mer et dans les marais salins comme à l'île Maurice et à l'île de la Réunion. On peut ainsi espérer recouvrir 25 à 30,000 feddans susceptibles de recevoir la culture des arbres, sans aucun frais de défrichage, le terrain étant une plaine unie dans toute son étendue et d'une altitude qui varie de 0^m,50 à 1 mètre au-dessus du niveau de la mer.

Or, l'espace moyen que nécessite l'intervalle d'un arbre à l'autre étant d'environ 4 mètres carrés, y compris les chemins, il y aurait donc environ 1,000 pieds d'arbres par feddan.

A Ismaïlia, nous avons vu des filaô, des eucalyptus et des leyback plantés il y a dix ans dans un terrain des plus ingrats (puisque c'était dans le sable même), qui avaient atteint la grosseur des plus gros poteaux télégraphiques et une hauteur double; si nous prenons pour exemple ces résultats et que nous cherchions à estimer la valeur d'un pied d'arbre de cette dimension, sans rechercher ce qu'il vaudrait non seulement comme usage de poteaux pour télégraphes (ces derniers se vendent en Égypte régulièrement 8 et 9 francs l'un), ni même comme bois de charpente ou charronnage, usages auxquels ils pourraient être employés et utilisés vu la qualité excellente de ces bois, mais en admettant seulement leur emploi comme *bois à brûler* ou pour faire du charbon, et en ne comptant que 10 arbres pour un stère et le stère à raison de 25 francs, au lieu de 60 et 80 francs que valent couramment les bois similaires, chaque pied d'arbre représenterait encore 2 fr. 50 au lieu de 8 et 9 francs.

Nous devons faire remarquer ici que nous ne pouvons faire les plantations qu'après l'assèchement complet du périmètre de terrain à convertir en forêt, mais l'évaporation de l'eau peut commencer à partir de l'achèvement du corroi argileux de la digue Est, par laquelle on peut commencer les berges. Et, d'après ce que nous avons énoncé, on peut espérer avoir terminé le dragage du corroi Est la deuxième année et voir par conséquent l'assèchement se produire dans les deux années qui suivront.

Le filaô est exploitable dès qu'il a accompli son évolution d'adulte, à l'âge de 10 ans : la forêt pourrait donc être mise en coupe réglée à partir de la quatorzième année, soit huit ans après l'achèvement des travaux.

Malgré cette longue période d'attente, nous allons voir que la Société en serait grandement récompensée, car nous avons vu qu'il pouvait être planté 1,000 arbres sur chaque feddan, et que nous avions l'espoir de convertir 30,000 feddans en forêt sur cette vaste plaine d'un seul tenant ; c'est donc $30{,}000 + 1{,}000 = 30{,}000{,}000$ de pieds d'arbres au minimum que la Société posséderait.

Admettons même un tiers de non-valeurs, nous aurons certainement, la quatorzième ou la quinzième année, vingt millions de pieds d'arbres propres à la charpente et au charronnage, ce qui représenterait un capital foncier d'une centaine de millions. Toutefois, pour rester dans les termes modestes que nous avons adoptés dans cette évaluation, nous admettrons seulement le chiffre du bois de chauffage, soit 25 francs le stère ou 2 fr. 50 par pied d'arbre, déduction faite de tous frais de culture et administration. C'est donc encore une représentation de cinquante millions de francs qu'aurait acquise la nouvelle propriété foncière de la Société, nonobstant l'augmentation normale d'une exploitation annuelle et régulière du dixième sur 3,000 feddans à la fois.

Chaque coupe aurait ainsi une valeur supérieure qui augmenterait chaque année jusqu'à la dernière, qui donnerait alors à l'exploitation des arbres de 20 ans, après quoi les rotations deviendraient normales et égales chaque année, si la Société conservait l'exploitation en forêt; mais chacun a pu se convaincre combien le filaô amende le terrain; ainsi d'ailleurs que le font les terrains plantés en bois. Il y aurait donc à la suite de chaque coupe annuelle une décision à prendre soit pour continuer l'exploitation en forêt, soit au contraire pour cultiver en riz pendant un certain nombre d'années, car la culture en rizières donnerait également une large rémunération dans cette localité, parce que les produits seraient certainement préférables à ceux de Damiette qui ont cependant la réputation d'être supérieurs à ceux de toute l'Égypte.

Il n'y aurait au sujet de l'eau aucune crainte d'en manquer, puisque nous avons démontré que le canal Ismaïlieh pourrait arroser jusqu'à 250,000 feddans.

De toute façon, cette exploitation, soit en forêt, soit en terrains de culture, produirait un revenu très rémunérateur et fort considérable.

Cette perspective de boisement d'une surface aussi importante amènerait certainement une amélioration dans l'hydrologie de cette contrée et profiterait incontestablement dans une notable proportion à l'assainissement des parages ainsi qu'à l'hygiène générale de l'isthme et de Port-Saïd en particulier.

L'exposé sincère et loyal qui vient d'être donné démontre surabondamment que la Société peut avec confiance exécuter le canal projeté; car, indépendamment d'une œuvre de civilisation et de progrès autant qu'humanitaire, le produit de l'exploitation donnera au capital engagé l'assurance d'être rétribué avec munificence.

Veuillez agréer, etc.

Signé :
PAPONOT.

Le Caire, le 26 février 1882.

———

A la suite de ce rapport, M. F. de Lesseps, qui était obligé de rentrer à Paris où il était attendu, et désirant, avant son départ d'Égypte, voir commencer les travaux d'exécution, ne doutant pas de l'acquiescement de sa proposition par le gouvernement, nous avait ordonné de commencer les travaux; mais les événements politiques d'alors ne permirent pas d'y donner suite. Seul l'approvisionnement du matériel a été fait à la tête du canal, au moyen de celui que nous possédions à Rhamsès et que nous avons à cet effet transporté à Ismaïlia.

Dans le même temps et dans l'intérêt de la science, nous avons également transporté et érigé sur une place d'Ismaïlia de belles stèles et statues monolithes que nous avions découvertes à Rhamsès, lors de l'exécution des travaux du canal Ismaïlieh.

Ainsi qu'on le voit, l'étude du canal Tewfickieh est non seulement achevée, mais elle a été faite avec une telle précision qu'il a été possible d'envisager toute l'efficacité qu'elle aurait si elle était mise à exécution.

Il appartient donc aujourd'hui au gouvernement de statuer à cet effet. Le rapport que nous venons de reproduire indique suffisamment les avantages qu'il y aurait à tous égards à exécuter ce travail en le confiant à la Société qui déjà a contribué par sa hardiesse et sa confiance au résultat que nous venons de faire connaître.

La nouvelle province de l'Isthme de Suez est appelée, dans un avenir relativement peu éloigné, à devenir une des parties de l'Égypte la plus florissante, et, quoi qu'on puisse faire, ce résultat est forcément indiqué suivant cet axiome familier à l'illustre fondateur du canal : *le mouvement attire le mouvement.*

Or, si cette maxime peut s'appliquer ici-bas, c'est bien au canal de Suez, nouveau détroit où passent les navires de toutes les nations, c'est-à-dire tout le commerce entier résultant des échanges des 600 millions d'Asiatiques avec les 400 millions d'Européens. A quel point du globe peut-on rencontrer semblable mouvement?

La mer Rouge elle-même, si déserte il y a vingt ans à peine, commence à avoir un cabotage, et nous verrons d'ici peu l'intérieur de l'Afrique, l'Abyssinie, les Gallas et autres peuplades riveraines ouvrir leurs territoires immenses au commerce; le Nil lui-même fournirait depuis longtemps déjà un large tribut de trafic à Ismaïlia, si des idées étroites n'en avaient momentanément entravé l'essor; mais là où est le bon marché, le commerce reprend ses droits (1).

Le gouvernement doit donc s'intéresser vivement à l'avenir de sa province de l'Isthme qui a d'ailleurs tout autant que les autres provinces, droit à ses sympathies, et faciliter tout ce qui doit contribuer à son développement. Ce serait même répondre au désir de Son Altesse le khédive que d'accroître le bien-être des habitants de l'isthme; puisqu'à sa visite au canal, il y a deux ans, elle avait reconnu la nécessité urgente du canal Tewfickieh.

---

(1) Nous sommes heureux de nous rencontrer ici en communauté d'idée avec M. le colonel Moncrief qui, dans sa brochure de l'année dernière, s'émeut du peu de mouvement du canal Ismaïlieh et demande l'abaissement des tarifs actuels sur la navigation.

Quant à la crainte de manquer d'eau pour l'alimentation de la nouvelle branche de dérivation, nous en avons démontré péremptoirement l'inanité, même si l'état actuel d'alimentation restait tel qu'il est; mais il n'en sera pas ainsi, puisque la disjonction des deux prises d'eau de Kasr-el-Nil et de Choubrah s'impose de plus en plus, et qu'alors, le barrage actuel de Saïdieh étant mis en bon état, l'élévation de l'eau à la prise de Choubrah ainsi qu'à Kasr-el-Nil sera toujours constante pendant l'étiage et le débit des deux prises d'eau pendant cette époque ne descendra jamais au-dessous de 2,500,000^{m3} pour chacune des branches, c'est-à-dire 5,000,000 au lieu de 1,100,000 comme il est aujourd'hui.

RÉCAPITULATION ET CONCLUSIONS

Nous venons de démontrer avec la plus grande évidence que, pour produire avec abondance, l'Égypte avait besoin d'une sage et judicieuse répartition des eaux de son unique fleuve, le Nil ;

Que les meilleures terres du pays se distinguaient bien plus par leur situation topographique que par la qualité spéciale des couches ; on en trouve la preuve dans chaque localité par la différence du prix de location. Ainsi, une terre qui peut recevoir naturellement l'eau du fleuve, d'un canal ou d'une rigole, et qui permet ensuite l'écoulement naturel de l'eau d'infiltration par des rigoles de drainage, sera louée jusqu'à 10 livres le feddan ; tandis que celle qui est privée de tout ou partie de ces dispositions, surtout de celle de l'écoulement, n'atteint guère que 1 ou 2 livres au plus.

C'est donc à augmenter la surface de ces terrains que le gouvernement doit appliquer tous ses efforts. Le meilleur et même le seul moyen efficace est sans contredit celui de diviser le Nil en une grande quantité de biefs, au moyen de barrages-écluses. Nous en avons projeté cinq dans le Delta, y compris la réparation et mise en état de celui de Saïdieh et un à Siout ; mais il est certain que le gouvernement s'empressera de projeter l'exécution de

beaucoup d'autres, jusqu'à les échelonner de 25 en 25 kilo-
lomètres au plus, lorsqu'il verra par l'expérience le bienfait si immédiat et si peu coûteux de l'effet produit par
les seules retenues que nous recommandons de faire dès
maintenant.

On divisera également les grands et les petits canaux en
biefs successifs au moyen d'ouvrages fixes, maçonnés et
composés d'une écluse avec pertuis, après avoir préalablement, pour chacun d'eux, adopté le régime de leur plan
d'eau, la pente de leur plafond et le profil régulier de leurs
cuvettes respectives, conformément d'ailleurs au type si
judicieusement établi et appliqué au grand canal Ismaïliéh.

Il est incontestable que l'effet produit par la construction des barrages projetés, avec l'adjonction de la régularisation des seuls canaux existant et la construction ou
la mise en état de quelques rigoles de drainage, on arriverait immédiatement à arroser et drainer naturellement une
quantité considérable de terrains qui, aujourd'hui, sont
obligés de recourir à la chadouf, aux sakiehs ou machines
à vapeur, pour leur irrigation ou le drainage; dès lors, le
nombre des bonnes terres que nous signalions au début
de cet article serait considérablement accru.

Augmenter le nombre des terrains qui, d'une location
de une à deux livres le feddan, peuvent prétendre à une
location de 8 à 10 livres, c'est augmenter la fortune
publique et incidemment les revenus généraux du pays,
qui seraient triplés et quadruplés même avant l'achèvement complet du programme que nous avons décrit, et
dont nous allons ci-après résumer la dépense :

1° Mise en état des deux barrages de
Saïdieh évaluée à la somme de. . . . .   8.000.000 fr.

2° Construction de 5 barrages nouveaux,

A reporter. . . .   8.000.000 fr.

Report. . .   8.000.000 fr.

dont un à Siout et les 4 autres dans le
Delta.

Ces barrages nouveaux ne se constituent
absolument que de l'indispensable radier
et d'une écluse qui, seule de tout l'ouvrage, émerge au-dessus de l'eau et enfin
d'un appareil de retenue mobile.

Ils peuvent être exécutés au moyen de
pieux-palplanches pour 7,000,000 chacun
et pour 8,400,000 au moyen des caissons.

Nous prendrons ce dernier chiffre maximum, soit pour les 5 barrages la somme
de. . . . .   42.000.000   »

Et au total. .   50.000.000 fr.

Ce chiffre de 50,000,000 représentera
au taux de 5 p. 100 un intérêt de. . . . .   2.500.000 fr.

L'entretien de chacun des ouvrages,
ainsi que les frais de manipulation et gar-
diennage, n'exigeront pendant longtemps
que la somme minima de 50,000 francs
au plus, soit 50,000 × 7 = ...   350.000   »

Total. .   2.850.000 fr.

Le coût de ces ouvrages si utiles se réduirait donc à la
modeste somme annuelle de 350,000 francs pour l'entretien
et la manœuvre, nonobstant, bien entendu, les 2,400,000
pour l'annuité de l'intérêt, des sommes engagées. Mais
comme l'Égypte entrerait alors dans une ère nouvelle de prospérité, elle peut prétendre à ce que son crédit lui permette
d'emprunter à ce taux de 5 p. 100, en y comprenant l'amor-

tissement du capital ; il en résulterait ainsi qu'en 50 ans au plus cette dette serait éteinte et que le pays serait en possession complète de ces instruments qui seraient alors en aussi bon état que lors de leur achèvement. Il n'y aurait donc plus à porter au budget qu'une somme de 350 à 400,000 francs, tandis que, avec l'hypothèse des pompes, qui n'exige il est vrai que 25 à 30,000,000 dès maintenant au lieu de 40,000,000 (1), il y a obligation perpétuelle de porter au budget annuel une somme qui dépasse 10,000,000 de francs pour une élévation *théorique* de 19,000,000 de mètres cubes d'eau.

L'économie de l'emploi des barrages par rapport à l'emploi des pompes est donc à nouveau bien démontrée, en outre des avantages si précieux que nous avons déjà énumérés, tels que :

1° Débit supérieur plus régulier et plus certain pendant les étiages *sur tout le parcours du fleuve ;*

2° Augmentation considérable des facilités pour la navigation.

3° Édification avec les matériaux du pays et suppression de *l'impôt si lourd de l'achat du combustible au dehors ;*.

4° Et enfin, perpétuité dans la durée de l'œuvre, avec surcroît d'une libre disposition de forces motrices à pouvoir répartir dans tout le pays sur chacune des rives du fleuve et des canaux éclusés, force telle que, dans la plupart des cas, elle pourrait alimenter des canaux à grande section pour l'irrigation des terrains élevés, car elle représente plusieurs milliers de chevaux de 75 kilogrammètres.

Maintenant, si nous examinons le temps nécessaire à l'exécution complète des barrages et des grands canaux

----

(1) Nous ne comprenons pas ici le barrage de Siout.

à rectifier, l'on peut prévoir que, disposant des moyens perfectionnés du jour, un barrage ne nécessitera pas plus de temps qu'il en faudrait pour ériger des installations de pompes avec leur abri et leur raccordement aux canaux, et qu'un délai de 18 mois à 2 ans nous paraît suffisant pour chacun des ouvrages.

Par extension, et comme suite du présent exposé, nous récapitulerons ici, par ordre d'importance et d'opportunité, l'ensemble des travaux à faire et que nous avons déjà décrits ; nous en donnons ci-après le coût approximatif.

1° Mise en état de la prise d'eau de Kasr-el-Nil et achèvement complet du canal Ismaïlieh au type, dans sa traversée du Caire ainsi que dans la partie rocheuse de Zawamel, travail estimé environ à. . . .   2.000.000 fr.

2° Disjonction de la branche de Choubrah à l'Abasseh, avec prolongation dans l'ancien canal Zafranieh ou dans une direction spéciale, pour alimenter la province de l'Est de 3,000,000 de mètres cubes d'eau supplémentaires ; travail estimé environ à. . . . .   5.000.000 »

3° Achèvement du canal Ibraïmieh dans tout son parcours, travail qui, exécuté en connexité avec le barrage de Siout, assurera à la Daïra un revenu triple ainsi qu'aux cultures particulières de cette région, qui s'étendent sur un million de feddans environ ; travail estimé au chiffre de . . . .   24.500.000 »

4° Achèvement du canal raïa de Béhéra, qui permettrait la suppression des pompes

A reporter. . . .   31.500.000 fr.

Report . . . 31.500.000 fr.

établies au Katatbé et donnerait, ainsi
que nous l'avons démontré, avec un plan
d'eau plus élevé, 5,000,000 de mètres
cubes au lieu de 2,500,000 ; travail estimé. 12.000.000 »

5° Rectification et amélioration par biefs
éclusés du canal Katatbé, du Nil à Damanhour au Mahmoudieh, pour le mettre à
même de recevoir les 5,000,000 de mètres
cubes que lui apporterait le raïa de Béhéra,
afin qu'il puisse satisfaire non seulement à
l'arrosage de cette riche région qu'il traverse, mais aussi pour satisfaire pendant
l'étiage à l'alimentation entière du canal
Mahmoudieh, dont il doublerait le débit
tout en lui donnant également un plan
d'eau supérieur à celui qu'il reçoit péni-
blement des pompes de l'Atfeh, dont la
suppression pourrait alors s'effectuer tout
en assurant aux riverains du Mahmoudieh une plus grande quantité d'eau, et *à
Alexandrie une eau plus abondante et plus
saine*, et cela pour une somme relativement modique que nous estimons s'élever
environ à . . . . 8.000.000 »

6° Exécution immédiate du canal de
dérivation le Tewfickieh d'Ismaïlia à Port-
Saïd, estimé environ 25 à 30,000,000 ;
mais ce travail pouvant être avantageuse-
ment concédé à la Société civile qui en a
fait l'étude et qu'a constituée M. F. de

A reporter . . . 51.500.000 fr.

Report. . . 51.500.000 fr.

Lesseps, nous ne porterons ici ce travail
que comme mémoire . . . .   Mémoire.

7° A cette nomenclature, qui est basée
sur des évaluations que nous considérons
comme assez exactes, nous ajouterons
une somme double, soit 45 à 50,000,000,
pour parfaire les rectifications, améliorations et créations nouvelles de canaux et
rigoles, pour les mettre à même de recevoir le nouveau contingent d'eau qu'ils
seraient désormais appelés à débiter, soit
pour l'irrigation, soit pour le drainage, ci.   45.000.000   »

Somme d'autre part afférente aux bar-
rages, ci. . . . .   48.000.000   »

ToTAL de la dépense à prévoir. . . . 144.500.000 fr.

Ainsi donc, en portant même le total de la dépense à
prévoir pour toute l'Égypte au chiffre de 150,000,000 de
francs, on resterait encore dans une limite suffisante pour
parer à tous les besoins du programme qui s'impose dès
maintenant pour assurer au pays, non pas une complète
irrigation comme il sera possible et facile de le faire plus
tard, car l'ambition des édiles du gouvernement devra
toujours avoir pour objectif l'application de ces mémo-
rables paroles de Bonaparte, lors de son séjour en Égypte.
Il déclarait que « s'il en avait le temps, il voudrait faire
« exécuter de tels travaux, pour qu'il fût possible ensuite
« que pas une goutte d'eau du Nil ne s'écoulât à la mer
« avant d'avoir passé sur les terres pour les irriguer et les
« fertiliser », parce que, disait-il, dans son langage imagé,
« chaque mètre cube d'eau du Nil qui s'écoule à la mer,
« c'est un talari perdu ».

Cette expression est évidemment employée au figuré ; mais, pour les personnes qui connaissent le pays, elle doit servir de base pour atteindre dans la limite du possible les moyens d'y parvenir, parce que le jour où l'on s'en rapprochera le plus, la culture sera arrivée à sa plus haute puissance et le pays entier à sa plus grande richesse foncière.

Les 150 millions que nous prévoyons ne permettront certainement pas d'obtenir immédiatement tout le résultat possible, mais ils seront la semence qui donnera l'assurance d'y parvenir dans un laps de temps relativement court, s'ils sont rapidement employés à cette seule destination.

Nous conseillerons donc de répartir cette dépense en sept annuités au plus qui représenteraient environ 20 millions de francs en dehors du budget ordinaire de l'entretien qui s'élève lui-même à 600,000 livres ou 15 à 16 millions de francs environ.

Il y a loin, comme on le voit, de ce chiffre de (20 — 16) 36 millions en y comprenant l'entretien, aux prescriptions citées par Amrou-ben-el-Ass dans sa lettre au khalife Omar, lorsqu'il disait « qu'il était de bonne économie d'affecter « le 1/3 des revenus aux canaux et travaux publics, ce qui, sur un budget qui dépasse 200 millions, donnerait le chiffre de 66 millions soit moitié plus que celui indiqué comme devant être adopté pendant sept années seulement ; mais ce chiffre de 36 millions serait certainement suffisant pour améliorer progressivement la situation générale, assainir les villages, créer des chemins et des routes et, en un mot, améliorer l'hygiène des habitants, de telle sorte que, le bien-être régnant, le nombre en augmente rapidement à la satisfaction générale. Par ses nouvelles et abondantes recettes, le gouvernement aurait certainement la possibilité d'éteindre les dettes de l'État, capital et intérêts, en moins de 25 ans ; elles pourraient l'être même avant, si nous prenions pour base la conclusion du premier rapport, cité page 32 et qui, rédigé cependant par de sages et intelligents Égyptiens, il y a 43 ans! prévoyait déjà, à cette époque où tout était meilleur marché qu'aujourd'hui, que l'exécution du seul barrage de Saïdieh augmenterait les revenus généraux de l'Égypte de plus de *cent millions* de francs.

On voit donc, dans tous les cas, qu'il n'y a aucun doute à avoir sur le résultat merveilleux que procurera au pays l'exécution de ces travaux dont les indigènes encaisseront le montant, sous forme de salaire et de ventes de matériaux, nonobstant le numéraire à provenir de l'élargissement du canal de Suez que la Compagnie doit effectuer bientôt et dont le montant est à peu près égal, s'il n'est supérieur, au chiffre de 150 millions. Il est donc à peu près certain que le 1/3 au moins de cette somme resterait dans le pays.

C'est donc en définitive un capital d'environ 250 millions effectifs de numéraire importé qui serait réparti parmi les indigènes et accroîtrait d'autant le stock métallique du pays.

Le gouvernement appréciera s'il lui convient d'entrer dans cette voie large. S'il ne consultait que les intérêts généraux, il le ferait certainement sans hésiter, mais nous savons aussi qu'il lui faut assurer tous les services de l'État et qu'après les dures épreuves que le pays a subies et supportées avec tant de résignation, il a dû forcément déranger l'équilibre du budget et obérer momentanément ses finances, surtout à cause de la rébellion du Soudan qui dure encore, mais dont, il faut l'espérer, on verra bientôt la fin.

Il y a aujourd'hui, en dehors de la dette consolidée en 1880, une nouvelle dette flottante qui atteint environ 200,000,000 de francs. Pour tout autre pays moins bien partagé, ce serait relativement écrasant; mais pour l'Égypte, dont les ressources ont tant d'élasticité, cette

dette nouvelle n'a rien d'excessif, et nous sommes convaincu que, si le gouvernement donnait l'assurance et la
promesse formelle qu'il entreprendrait sans délai le programme des travaux dont nous avons esquissé les grandes
lignes, non seulement il trouverait les 150,000,000 à affecter à ces travaux, mais les 200,000,000 dont il a besoin
immédiatement pour amortir sa dette flottante.

Toutefois, comme pour la réalisation de cette hypothèse,
il faut avoir la foi robuste que nous avons par la connaissance profonde de ce merveilleux pays, et que cette foi
peut ne pas être partagée par ceux qui ignorent tout ce
que ce pays est capable de produire par une prompte et
intelligente répartition des eaux (1), nous donnerons ci-
après une combinaison qui nous est toute personnelle, et
dont le résultat serait d'assurer au gouvernement les
ressources dont il a besoin. C'est l'intervention nouvelle
du canal de Suez, qui trancherait à lui seul le nœud de
la situation, non seulement à l'avantage de la Compagnie, mais encore à l'avantage des créanciers de l'Égypte
et du prestige du gouvernement anglais.

Cette combinaison peut paraître paradoxale, mais elle
repose sur des bases si vraies et si puissantes, que son
adoption nous a paru s'imposer à l'esprit pour la faire
adopter. La première base est, il est vrai, tout simplement
morale; mais, comme on le verra, elle a bien sa valeur;
l'autre, au contraire, est toute d'intérêt et sera acceptée
certainement par tous les intéressés.

L'examen attentif et rétrospectif des faits nous amène
à reconnaître que le gouvernement égyptien est la cause

______

(1) Pour corroborer ce dire, nous rappelons l'effet produit sur les finances
de l'État par la présence pendant quelques années des éminents contrôleurs
MM. de Blignières et Baring, qui, à leur entrée aux affaires, ont trouvé la
dette à 26 £. et l'ont vue s'élever au pair, sans pour cela avoir fait aucun
travail nouveau d'irrigation (ils n'en ont pas eu le temps, mais rien que par
la confiance qu'inspireraient les mesures d'ordre qu'ils avaient su prendre.

initiale de la gloire comme de la fortune de la Compagnie dans le percement et l'achèvement du canal; et si l'œuvre a été menée à bien par les soins diligents, le génie et la persévérance du grand Français Ferdinand de Lesseps, il ne faut pas oublier la part immense qui revient au grand Saïd, bravant l'opposition systématique et menaçante de la puissante Angleterre, ainsi que les prophéties sinistres des envieux et jaloux, petits esprits il est vrai, mais qui n'en étaient pas moins redoutables en ce sens qu'ils cherchaient à insinuer au vice-roi l'idée que, le canal achevé, c'était l'Égypte ouverte à l'invasion de la première puissance européenne venue. Quelle fermeté et quelle force de volonté n'a-t-il pas fallu à ce souverain oriental pour faire bon marché non seulement du mauvais vouloir des Anglais et de ses faux amis, mais aussi pour se mettre en opposition avec le sultan, son suzerain, et soutenir avec constance l'œuvre de son ami de Lesseps! Il ne voyait dans l'exécution du canal, qu'une grande œuvre humanitaire et civilisatrice qui, en rapprochant les peuples, servirait leurs intérêts et enrichirait son pays, tout en lui assurant dans le monde entier une gloire impérissable.

C'est en se plaçant à ce point de vue si élevé qu'il a fait bon marché de tous les obstacles et remontrances, et donné librement la concession du canal; il a même fait plus : il a soutenu la Compagnie de ses deniers en souscrivant à lui seul la moitié des actions, permettant ainsi financièrement l'exécution de cette œuvre immortelle qu'il avait fait sienne dès les avant-projets et qu'il n'a cessé de soutenir pendant son règne, en l'aidant en outre de l'appoint, si appréciable au début, des *contingents militaires,* dont le labeur de la première heure a affirmé la possibilité matérielle de l'œuvre.

La Compagnie, par le fait, a donc, de cette assistance et

de cette coopération de la nation, contracté vis-à-vis d'elle une éternelle reconnaissance.

Dès lors, le gouvernement égyptien ayant assisté la Compagnie de toute la protection qu'il était en son pouvoir de lui donner lorsque le pays était dans la plénitude de ses immenses ressources et de sa liberté d'action, la Compagnie ne doit-elle pas aujourd'hui lui venir en aide, surtout quand ses malheurs réitérés l'ont mis dans la nécessité de céder à vil prix tous les avantages que l'illustre Saïd avait entrevus pour son pays dans l'avenir du canal de Suez. Il est regrettable que ces avantages soient perdus et qu'il n'existe plus entre la nation et la Compagnie du canal aucun lien d'intérêt.

Aussi pensons-nous que la Compagnie ferait non seulement acte de reconnaissance, mais un acte de *haute convenance politique* en associant à nouveau le gouvernement égyptien à sa prospérité.

Cette nouvelle participation toute spontanée de la part de la Compagnie assurerait certainement à l'Égypte son relèvement, en lui permettant de contracter un emprunt auquel elle affecterait momentanément comme gage la part qui lui serait ainsi constituée.

Pour le côté matériel, le raisonnement qui va suivre démontrera facilement les nombreux motifs qui militent en faveur de son adoption.

Le commerce a fait entendre des plaintes tellement acerbes contre les prétendues lenteurs du passage au travers de l'isthme que la Compagnie s'en est émue et a décidé spontanément de procéder au plus tôt au doublement de largeur du canal, quoiqu'elle se soit toujours empressée d'étudier et d'exécuter depuis l'exploitation de continuelles améliorations.

Il ne faut pas oublier que la Compagnie ne possède le canal qu'à titre temporaire et d'usufruit pour un laps de temps relativement court et que, par conséquent, en droit, elle n'est nullement tenue d'augmenter l'importance de la valeur du gage qu'elle détient; la limitation des terrains que le gouvernement égyptien lui a imposée en 1866 a approuvé et sanctionné les dimensions du canal selon le type qu'il a encore aujourd'hui.

Cependant, l'intérêt tout spécial et politique surtout qui s'attache au canal de Suez met la Compagnie dans une situation toute particulière et l'oblige à prendre en considération presque autant les intérêts du monde entier que les siens propres, et c'est ce mode d'interprétation mal compris et mal défini qui a motivé et motive encore entre le comité de la Compagnie et une grande partie des actionnaires un dissentiment d'opinion qui a été jusqu'à une opposition très accentuée, malgré toute la déférence et la confiance que les intéressés professent et ont toujours montrées envers l'illustre président de la Compagnie.

La Compagnie doit donc se préoccuper de l'élargissement du canal et se préoccuper en outre de l'alimentation d'eau de Port-Saïd dont la population croît chaque année ; il y a urgence reconnue depuis longtemps de construire la dérivation du canal d'eau douce projetée depuis 1856 d'Ismaïlia à Port-Saïd.

Le gage qu'elle détient va ainsi augmenter considérablement de valeur. Or, n'est-il pas rationnel que le gouvernement, en reconnaissance de ces avantages apportés à sa propriété, ne considère le canal maritime comme réellement et complètement achevé que le jour où les nouveaux travaux projetés seraient eux-mêmes achevés.

Le programme d'exécution en fait porter la durée à six années,

Le gouvernement égyptien reculerait la date de la durée

de la concession de la Compagnie, en la reportant de 1968 à 1992.

Il délivrerait en outre à M. F. de Lesseps l'autorisation d'exécuter le canal Tewfickieh, en même temps qu'il donnerait la concession des terrains demandés depuis trois ans.

Tous ces avantages motiveraient certainement à eux seuls le principe du nouveau retour du gouvernement égyptien à la participation des bénéfices de la Compagnie, en dehors de ceux exposés au début de cette narration; car il y a un réel avantage d'avoir à nouveau le gouvernement égyptien intéressé à l'exploitation.

Il conviendra dès lors de partir du sage principe établi au programme de Londres par M. de Lesseps, qui délimite d'abord et pour toujours le quantum de 20 p. 100 comme acquis avant tout aux actions. C'est à partir du surplus seul, que le gouvernement serait admis à participer au partage. Quant au quantum à lui réserver, le Conseil d'administration appréciera.

Mais nous sommes convaincu que le trafic ira grandissant chaque année et que la base de 600,000 tonnes adoptée par l'union des actionnaires dans un tableau publié dernièrement est et sera réalisée. En conséquence, si l'on accordait un quart ou un cinquième au gouvernement sur ce dividende spécial, la part du gouvernement représenterait une forte base qui, d'année en année s'accroissant, permettrait dès maintenant au gouvernement égyptien de gager l'emprunt nécessaire pour exécuter les travaux publics que nous avons indiqués et qui lui assureraient indubitablement le merveilleux résultat de doubler et tripler les revenus de l'État en moins de 5 ans et lui permettraient alors l'extinction rapide de toutes ses dettes. Le pays aurait ainsi dans un délai très rapproché la libre disposition de sa nouvelle participation dans les revenus de la Compagnie.

Quant à sa dette flottante, pour laquelle le gouvernement anglais semble si fort embarrassé jusqu'au point d'assembler une conférence européenne, il nous semble au contraire qu'il lui serait très facile d'y faire face sans difficulté et sans qu'il lui en coûte un centime, si nous nous reportons, bien entendu, à l'origine des titres dont nous allons parler.

Nous avons vu que la dette flottante atteignait 200 millions de francs, dont la moitié se constitue des indemnités allouées aux sinistrés d'Alexandrie par suite de la rébellion d'Arabi.

Or, l'Angleterre, qui possède à elle seule comme gouvernement la moitié du capital du canal de Suez, soit 176,000 actions appelées dans dix ans à participer au dividende, touchera de ce chef un revenu annuel dépassant 20 millions de francs et qui a converti la somme de 100 millions environ que lui ont coûté ces 176,000 actions en titres 3 p. 100 de sa dette nationale sur lesquels le gouvernement égyptien lui verse annuellement un intérêt de 5 p. 100 sur ce même capital.

Ne pourrait-elle donc pas avec avantage étendre la mesure généreuse qu'on lui prête de soulager le budget égyptien en faisant désormais l'abandon gracieux de la différence des 3 à 5 p. 100 et appliquer par conséquent à l'extinction *de la dette flottante actuelle les 20 à 25 millions dont elle disposera d'ici peu lorsqu'elle participera aux dividendes de la Compagnie, soit en détachant dès maintenant les coupons comme l'a fait le gouvernement égyptien avec la Compagnie (1), soit par tout autre mode.*

Un pareil engagement de la part de l'Angleterre serait un acte de grandeur et de haute politique qui lui conquerrait les sympathies de tout le monde et lui permettrait de

_____

(1) Ces titres sont connus sous la désignation de délégation.

marcher hardiment et sans entraves dans la voie libéra-
trice qu'elle a entreprise.

L'abandon de cette immense ressource *pourrait n'être
que conditionnel et à titre de prêt momentané,* dont le remboursement serait certainement et relativement prochain
par l'assurance que nous avons dans l'avenir prospère et
rapide que procurerait l'exécution des travaux projetés.

Nous pouvons donc dire avec raison que les moyens que
nous proposons seraient à eux seuls capables de faire face
aux exigences de la dette actuelle de l'Égypte *sans qu'il
soit besoin ni utile de recourir à changer la loi de liquida-
tion ni décréter de nouveaux impôts.*

Il serait en outre loisible à l'Angleterre d'augmenter la
somme à emprunter, « en dehors de la majoration des intérêts à cumuler pendant 10 ans qui restent à courir jusqu'à
ce que le gage des coupons touche leurs revenus », en y
ajoutant un supplément suffisant pour assurer les services
du budget et prévoir une somme totale de 300 millions, au
lieu de 200 millions.

Ces 200 millions, nous l'avons vu, sont constitués pour
moitié de l'indemnité à verser aux mains des sinistrés
d'Alexandrie ; il est donc rationnel d'admettre que les
ayants droit, mis en possession de leur capital, s'empres-
seront de réédifier leurs immeubles détruits, ce qui donnera
à nouveau la vie à Alexandrie, si éprouvée, et par cela même
apportera un nouveau contingent de travaux productifs
pour les indigènes qui y contribueront.

Il y aurait donc ainsi plus de 400 millions de francs *en
espèces métalliques importés et dépensés dans le pays en
moins de 6 années,* tant par le gouvernement égyptien, les
particuliers, que par la Compagnie de Suez.

*Tout ce numéraire ayant pour origine et pour base le
canal de Suez !*

C'est donc le canal de Suez qui peut encore sauver le

pays et contribuer à relever la situation si malheureuse dans laquelle se trouvent ses finances.

N'y a-t-il pas là de quoi être fier pour la Compagnie de Suez, si abhorrée et conspuée jadis, d'entrevoir aujourd'hui la possibilité certaine de régénérer ce pays si intéressant, en l'aidant à rétablir sa prospérité et à ramener le calme et l'apaisement dans les esprits, de telle sorte que l'Angleterre *soit amenée petit à petit à rendre aux autorités légitimes du pays leur liberté d'action.*

Ce sera une grande gloire et un grand honneur pour la Compagnie et principalement aussi pour le gouvernement anglais de contribuer à la réalisation de ce bienfait.

Ainsi le canal de Suez, loin d'avoir contribué à ruiner l'Égypte comme certains esprits étroits l'ont écrit et le pensent peut-être encore, redeviendrait pour le pays ce qu'il aurait toujours été sans l'abandon prématuré des intérêts qui l'unissaient à la Compagnie, le facteur et l'auteur de son relèvement et peut-être de sa liberté et de son indépendance.

FIN.

PLACEMENT

DES

PLANCHES TIRÉES HORS TEXTE

————

TABLE DES MATIÈRES

Paris. — Typ. G. Chamerot, 19, rue des Saints-Pères. — 16336.

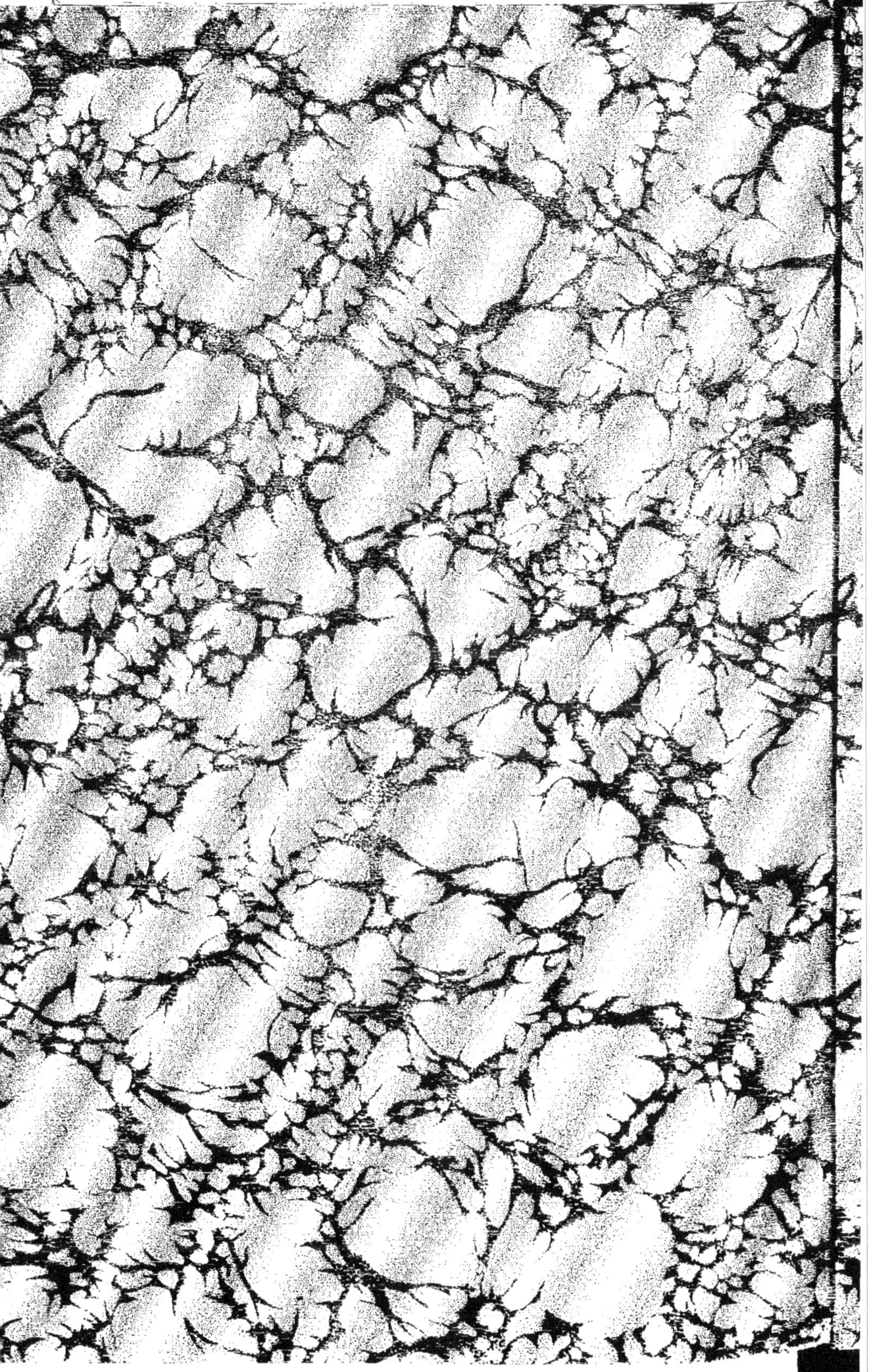

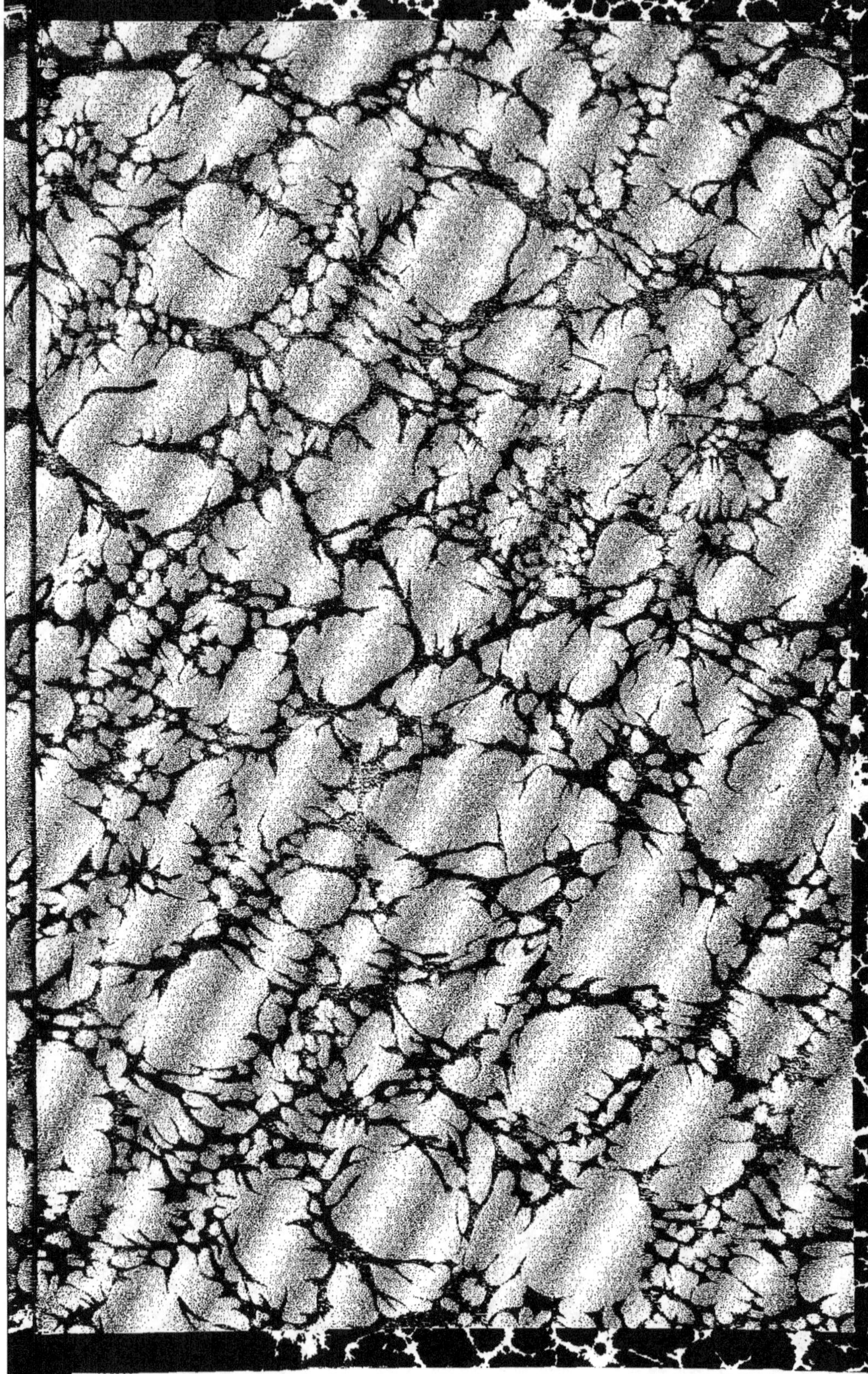

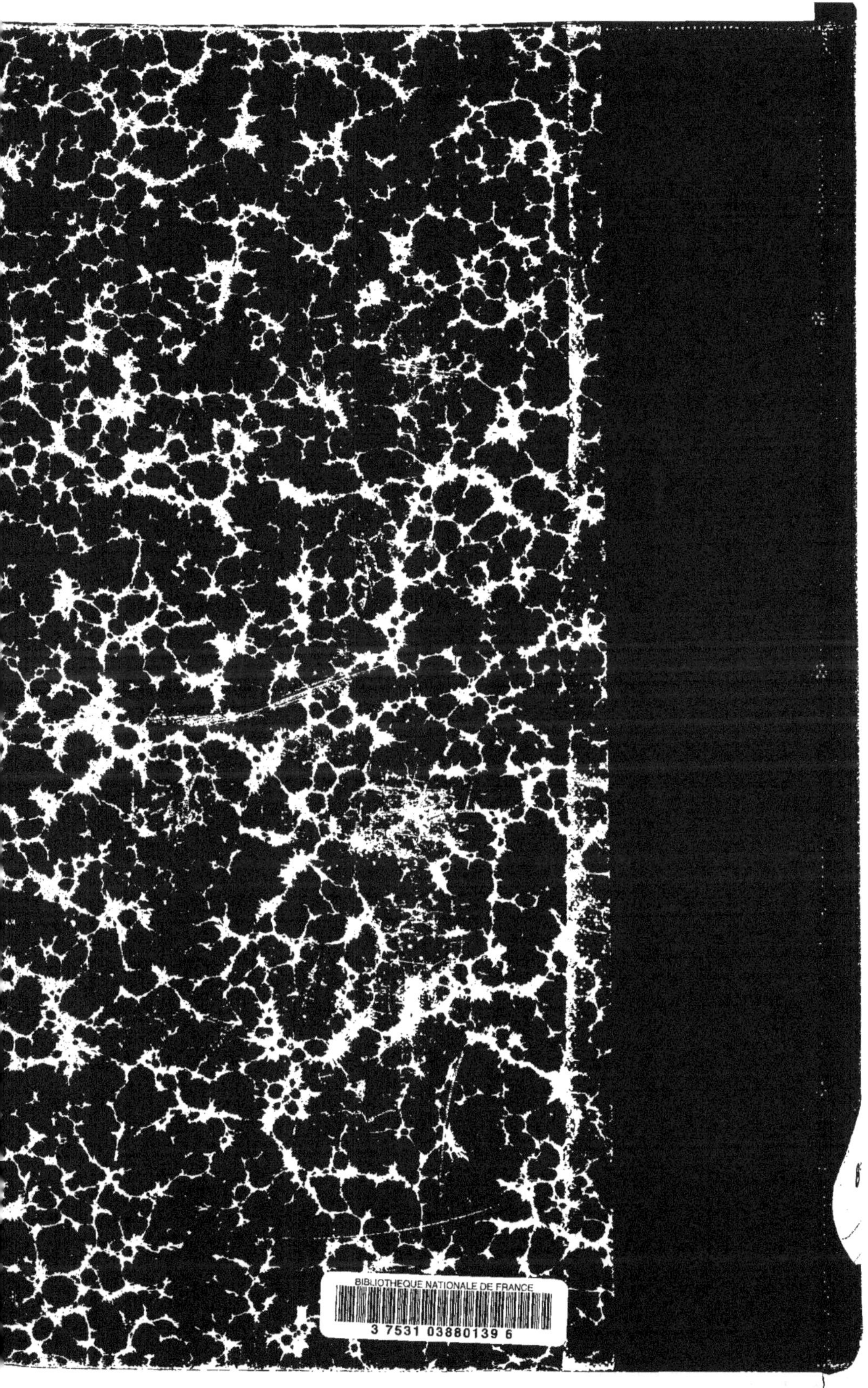